LAURE
PIGEON

LAURE PIGEON

Infiniment bleu
Infinite Blue

COLLECTION DE L'ART BRUT LAUSANNE

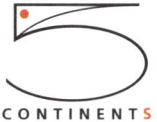

Cet ouvrage paraît à l'occasion de l'exposition
Laure Pigeon, infiniment bleu
présentée à la Collection de l'Art Brut, Lausanne,
du 10 octobre 2025 au 1er février 2026.

This book is published on the occasion of the exhibition
Laure Pigeon: Infinite Blue
presented at the Collection de l'Art Brut, Lausanne,
from 10 October 2025 to 1 February 2026.

Collection de l'Art Brut

Direction de la publication Publication manager
Sarah Lombardi

Coordination scientifique et éditoriale Scientific and editorial
coordination
Josefina Stewart-Harris, Anic Zanzi

Collaboration Assistants
Gregory Monnerat, Vincent Monod

Administration Administration
Catherine Borgeaud

Traduction en anglais des messages de Laure Pigeon
English translation of messages from Laure Pigeon
Scala Wells Sàrl

5 Continents Editions

Rédacteur en chef Editor-in-Chief
Aldo Carioli

Direction artistique et mise en page Art Direction and Layout
Fayçal Zaouali

Rédactrice Editor
Lucia Moretti

Traduction en anglais English translation
Timothy Stroud

Secrétariat de rédaction Editing
Olivier Godefroy, Charles Gute

Photogravure Pre-press
Pixel Studio, Milan, Italy

Achevé d'imprimer en Italie sur les presses de Tecnostampa
– Pigini Group Printing Division Loreto – Trevi, Italie
pour le compte de 5 Continents Editions, Milan, en août 2025
Printed and bound in Italy in August 2025 by Tecnostampa
– Pigini Group Printing Division Loreto – Trevi, Italy
for 5 Continents Editions, Milan

www.artbrut.ch

www.fivecontinentseditions.com

ISBN 978-88-7439-412-8

Distribution en France et pays francophones
BELLES LETTRES / Diffusion L'entreLivres
Distributed by ACC Art Books throughout the world,
excluding Italy. Distributed in Italy and Switzerland
by Messaggerie Libri S.p.A.

Remerciements

Acknowledgements

La Collection de l'Art Brut tient à remercier Philippe Mianes et Jean-Louis Victor de lui avoir permis d'enrichir ses archives à propos du corpus de Laure Pigeon. Elle souhaite rendre hommage à la créatrice à travers cet ouvrage et l'exposition qui l'accompagne.

La Collection de l'Art Brut remercie Flavie Beuvin et Vânia Vaz de Freitas, rédactrices des textes, et adresse un signe particulier à Lise Maurer dont les recherches et les publications sur Laure Pigeon sont des sources majeures d'informations.

Elle exprime également sa gratitude à la Fondation Guignard pour son généreux soutien à l'ouvrage :

The Collection de l'Art Brut would like to thank Philippe Mianes and Jean-Louis Victor for allowing us to enrich its archives about Laure Pigeon's corpus of work. We wish to pay tribute to the creator through this book and the exhibition it accompanies.

The Collection de l'Art Brut thanks Flavie Beuvin and Vânia Vaz de Freitas, authors of the texts, and express a special recognition to Lise Maurer, whose research and publications are major sources of information on Laure Pigeon.

The Collection de l'Art Brut would also like to express its gratitude to Fondation Guignard, whose generous support made this publication possible:

Fondation
Guignard

Table des matières
Table of Contents

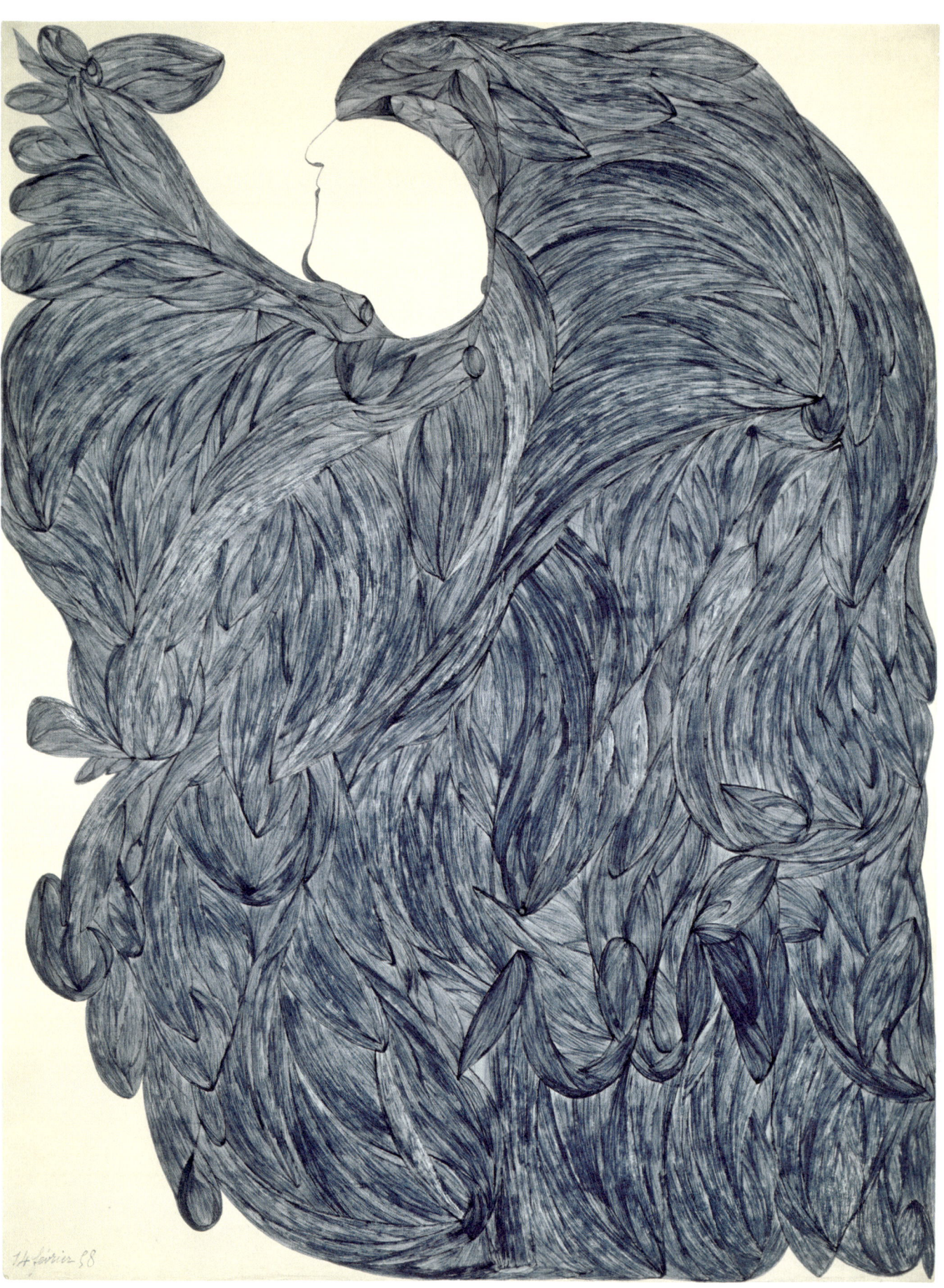

Préface

Ce catalogue d'exposition est entièrement consacré à Laure Pigeon (1882-1965), une autrice française spirite au parcours hors norme, qui a créé sur une période de trente ans et développé un rapport intime à son œuvre.

Ses dessins à l'encre bleue ou noire, d'une très grande densité et poésie, cachent en effet toute une part de mystère que l'exposition monographique et cet ouvrage qui l'accompagne, réalisés par Anic Zanzi, conservatrice à la Collection de l'Art Brut, tentent de dévoiler ; je l'en remercie vivement.

Grâce à de nombreuses reproductions en couleur, la publication restitue l'ampleur et la beauté des nuances de bleus caractérisant les dessins de Laure Pigeon. Un texte de Flavie Beuvin, artiste plasticienne et docteure en arts et esthétique, apporte aussi un nouveau regard sur le travail de Laure en tant que femme dans le champ de l'Art Brut, et une chronologie rédigée par Vânia Vaz de Freitas retrace son parcours de vie. Je les remercie pour leur précieuse contribution, tout comme Josefina Stewart-Harris, assistante conservatrice au musée, qui a coordonné cette publication.

Celle-ci regroupe également en fin de volume l'intégralité des écrits spirites de Laure Pigeon. Réalisés à partir de 1958 avec la complicité de sa belle-sœur Lily, ils constituent un ensemble indépendant désigné par Laure elle-même sous le terme de « messages ».

Preface

This exhibition catalogue is dedicated to Laure Pigeon (1882–1965), a French spirit artist who, during an extraordinary thirty-year career, created an intimate relationship with her work.

Her drawings, executed in blue or black ink and distinguished by great density and poetics, conceal a degree of mystery that this exhibition and accompanying publication – curated by Anic Zanzi, curator at the Collection de l'Art Brut – aim to reveal, for which I am deeply grateful.

The catalogue, through its numerous colour reproductions, conveys the multiplicity and beauty of the shades of blue of Laure Pigeon's drawings. An essay by Flavie Beuvin, a visual artist and a doctor of arts and aesthetics, offers a new perspective on Laure's work as a woman in Art Brut, and a timeline drawn up by Vânia Vaz de Freitas traces the artist's life. My deep thanks go to these writers for their invaluable contributions, as they do also to Josefina Stewart-Harris, assistant curator at the museum, who coordinated the catalogue's production.

The publication also includes all of Laure Pigeon's spiritist writings. Written from 1958 with the assistance of her sister-in-law Lily, these constitute an independent collection that Laure referred to as 'messages'.

Laure Pigeon's artistic production began with her rarely published black-ink drawings, whose ethereal compositions are characterized by lines that still appear exploratory. From

sans titre, 14 février 1958
encre bleue sur papier
65 × 50 cm
cab-1839

untitled, 14 February 1958
blue ink on paper
65 × 50 cm
cab-1839

10

La production de Laure Pigeon débute avec les dessins à l'encre noire, rarement reproduits, où les compositions sont très aérées et où le trait se cherche encore. Elle se poursuit avec les dessins à l'encre bleue évoquant de la dentelle, où inscriptions et figures féminines se mêlent en des lacis sinueux, et s'achève avec la réalisation de plus grandes compositions beaucoup plus denses, où images et écrits deviennent indissociables et ne font parfois plus qu'un. On apprend aussi par la créatrice, qui date presque systématiquement ses travaux, qu'elle entreprend sa production en 1935, et l'achève en 1964, un an avant sa mort.

Jean Dubuffet, l'inventeur du concept d'Art Brut, fut le premier fasciné par les dessins de Laure Pigeon, qu'il a pu sauver de la destruction en en faisant l'acquisition en 1965 pour sa collection. À ses yeux, elle est un cas majeur d'Art Brut ; c'est d'ailleurs l'un de ses dessins qu'il choisira en 1967 parmi les sept cents œuvres présentées au musée des Arts décoratifs de Paris pour réaliser l'affiche de la toute première exposition d'Art Brut dans une institution muséale. Il va aussi minutieusement étudier son travail dans un texte qu'il rédige pour le fascicule *L'Art Brut* n° 6, publié en 1966 par la Compagnie de l'Art Brut à Paris[1].

S'il pensait alors détenir l'ensemble du corpus de cette autrice, soit quatre cent quarante-trois dessins, le dossier conservé dans les archives du musée lausannois révèle un achat de sept pièces en 1987 par Michel Thévoz, premier directeur du musée à son ouverture en 1976, auprès d'un collectionneur privé ; ce qui amène aujourd'hui le nombre total d'œuvres conservées à la Collection de l'Art Brut à quatre cent cinquante pièces.

Au-delà de la force plastique de cette production, il faut relever sa part thérapeutique pour son autrice et sa valeur de journal intime. Les dessins de Laure ont en effet pour fonction de « réparer des vies antérieures », selon ses propres mots, et de trouver un chemin possible vers l'au-delà qui lui permette de renouer avec celles et ceux qu'elle a aimés et perdus trop vite : tout d'abord sa mère Alida, décédée alors qu'elle est âgée de cinq ans, son mari Edmond qu'elle quittera en 1933 lorsqu'elle

these, she progressed to drawings of lacelike motifs in blue ink, sinuously interwoven with inscriptions and female figures. Her production culminated in larger and much denser compositions in which images and inscriptions became inseparable and sometimes merged entirely into one. We know from the artist herself, who almost systematically dated her works, that she commenced drawing in 1935 and ceased in 1964, a year before her death.

Jean Dubuffet, who originated the concept of Art Brut, was the first to be enthralled by Laure Pigeon's drawings, which he was able to save from destruction by acquiring them for his collection in 1965. He considered her production a prime example of Art Brut, and in 1967 he chose one of her drawings from among seven hundred works exhibited at the Musée des Arts Décoratifs in Paris to grace the poster designed for the first museum exhibition of Art Brut. He also wrote a detailed study of her work, which was published in 1966 in the sixth *L'Art Brut* booklet by the Compagnie de l'Art Brut in Paris.[1]

Although at that time Jean Dubuffet believed that he had acquired Laure Pigeon's entire corpus, numbering 443 drawings, the file held in the archives of the Lausanne museum reveals that seven drawings were purchased from a private collector in 1987 by Michel Thévoz, the museum's first director when it opened in 1976. Thus, the total number of works now held in the Collection de l'Art Brut is 450.

Aside from the visual power of Laure Pigeon's drawings, we must be aware of their therapeutic significance for their creator and their value as a personal journal. As she pointed out, one of their functions was to 'repair past lives' and to find a possible path to the beyond that would enable her to reconnect with those she had loved and lost too soon: above all her mother Alida, who died when Laure was only five years old, her husband Edmond, whom she had left in 1933 after discovering his infidelity and who would die in 1953, a year after he returned to live with her, and the Apostle Peter, whom she believed she had been married to in a previous life.

découvrira son infidélité, et qui **décédera en 1953, un an** après qu'il soit revenu vivre à ses côtés, ou encore l'apôtre Pierre avec qui elle aurait été, selon elle, mariée dans une vie antérieure.

À travers une pratique artistique qu'elle mène en autodidacte et dans la plus grande solitude, Laure Pigeon cherche à produire des preuves de la survivance des êtres qui l'ont quittée. C'est pour ces mêmes raisons qu'elle écrit parfois dans ses compositions leurs prénoms ou qu'elle retranscrit dans ses messages spirites les « conversations » qu'elle entretient avec eux, et dont le contenu a la vertu d'apaiser sa profonde douleur liée à leur perte.

SARAH LOMBARDI
Directrice de la Collection de l'Art Brut

Through her self-taught artistic practice, which she pursued in almost total solitude, Laure Pigeon endeavoured to produce evidence of the survival of those people who had gone before her. For this reason, she sometimes inserted their first names in her compositions or transcribed in her spirit messages the 'conversations' she had with them, whose content had the power to assuage the deep pain she suffered as a result of their loss.

SARAH LOMBARDI
Director of the Collection de l'Art Brut

1 En 2014, une nouvelle étude sur Laure Pigeon a été confiée à Lise Maurer, psychanalyste et psychiatre qui a déjà rédigé plusieurs articles sur l'Art Brut. Elle a été publiée dans le fascicule *L'Art Brut* n° 25, entièrement consacré à cette créatrice spirite et coédité par la Collection de l'Art Brut et les éditions Infolio.

1 In 2014, a new study on Laure Pigeon was also commissioned from the psychoanalyst and psychiatrist Lise Maurer, who had already written several articles on Art Brut. Her study was published in *L'Art Brut* booklet no. 25, entirely devoted to this spiritist creator, and co-published by the Collection de l'Art Brut and Editions Infolio.

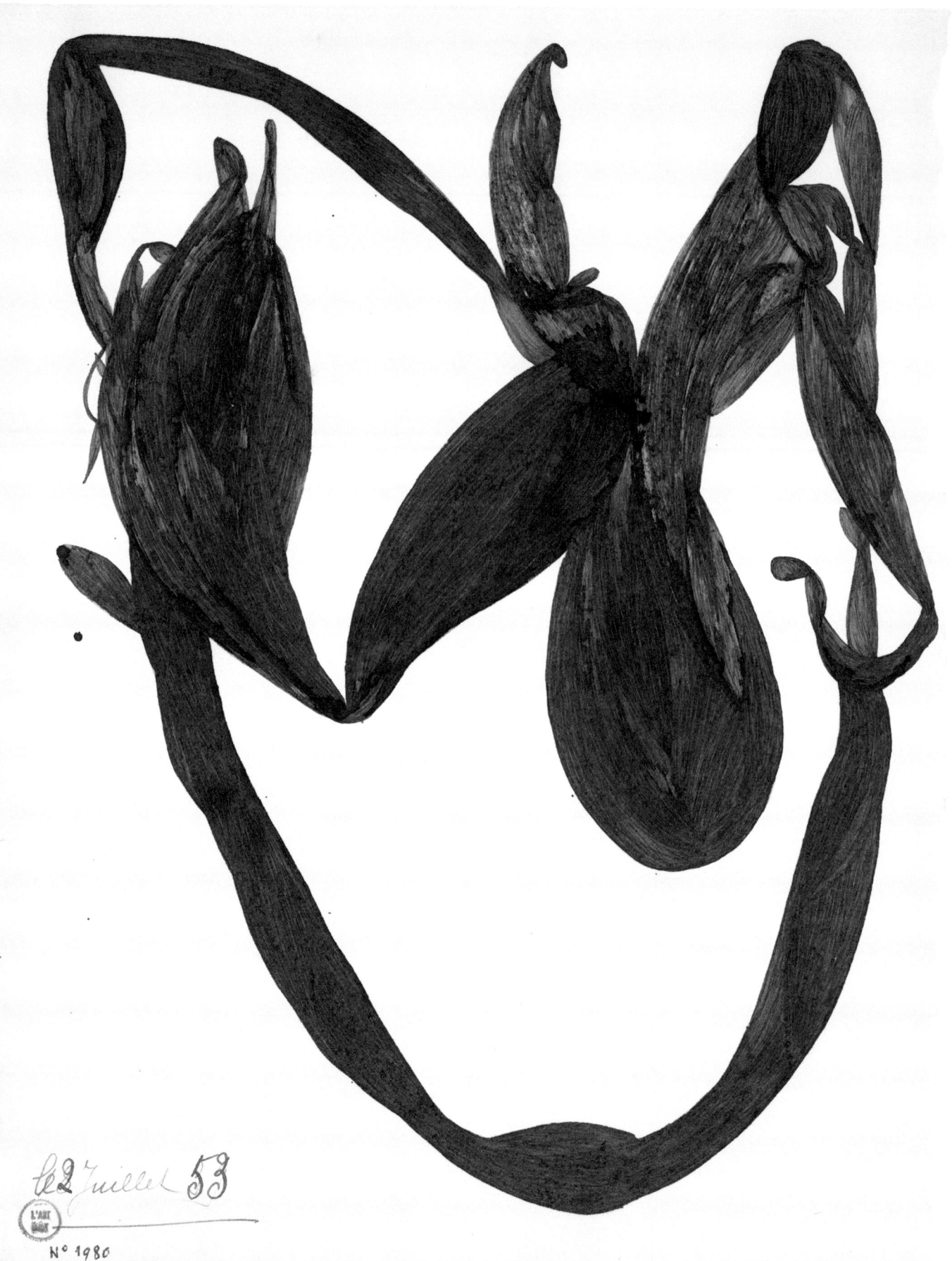

le 2 Juillet 53

N° 1980

Les énigmes de Laure Pigeon

The Enigmas of Laure Pigeon

Laure Pigeon (1882-1965) compte parmi les figures majeures de l'Art Brut, au même titre qu'Aloïse Corbaz ou Adolf Wölfli. La Collection de l'Art Brut possède très probablement l'intégralité de sa production[1], soit plus de quatre cents pièces : écrits, cahiers, dessins de petit format ainsi qu'une importante série de grandes compositions. Ce corpus appartient à la collection d'œuvres réunie par Jean Dubuffet, puis léguée à la Ville de Lausanne, en 1971.

Laure Pigeon, qui a déjà passé la cinquantaine quand elle commence à dessiner, poursuivra son activité créatrice jusqu'à l'année précédant sa mort, à quatre-vingt-trois ans. Dans sa production, on distingue principalement deux types de dessins. Il y a tout d'abord ceux où la ligne se déroule, s'enroule, laisse apparaître des profils, forme des mots et des phrases dans des entrelacs. Dans un second temps, c'est l'éclosion du bleu à travers près de deux cents œuvres où la couleur se décline en bleu lumineux, ou plus dense, jusqu'à tutoyer parfois le noir. Au sein de cet ensemble, les motifs diffèrent. Il y a des masses compactes, des formes végétales ou animales dansantes, des initiales et des mots mêlés aux figures, ainsi qu'un grand défilé de silhouettes féminines masquées ou voilées. Le « souffle si hautement poétique qui les inspire[2] » reste toutefois pareil pour chacune de ces compositions.

Laure Pigeon (1882–1965) is considered one of the major figures of Art Brut, as significant as Aloïse Corbaz and Adolf Wölfli. The Collection de l'Art Brut very likely holds her entire production[1] – more than four hundred works – comprising her writings, sketchbooks, small drawings, and an important series of large compositions. This body of work is part of the collection built up by Jean Dubuffet and bequeathed to the City of Lausanne in 1971.

Laure Pigeon, who was already in her fifties when she began drawing, continued her creative activity until the year before she died at the age of eighty-three. Predominantly, her output distinguishes two types of drawings. The first consists of those in which the line uncoils, winds, suggests profiles, and forms words and phrases within interlacing. At a later date, the artist turned to the use of blue ink in nearly two hundred drawings in which the colour ranges from an luminous blue, or more intense, to something close to black. The motifs in this second set of drawings vary, and include dense masses, vegetal forms, dancing animals, initials and words mingled with figures, and a large procession of masked or veiled female figures. However, their 'highly poetic breath of inspiration'[2] remains the same for all her compositions.

A component of the museum's foundational collection, Laure Pigeon's works are often included in publications and

sans titre, 2 juillet 1953
encre bleue sur papier
31,5 × 24,5 cm
cab-1980

untitled, 2 July 1953
blue ink on paper
31.5 × 24.5 cm
cab-1980

14

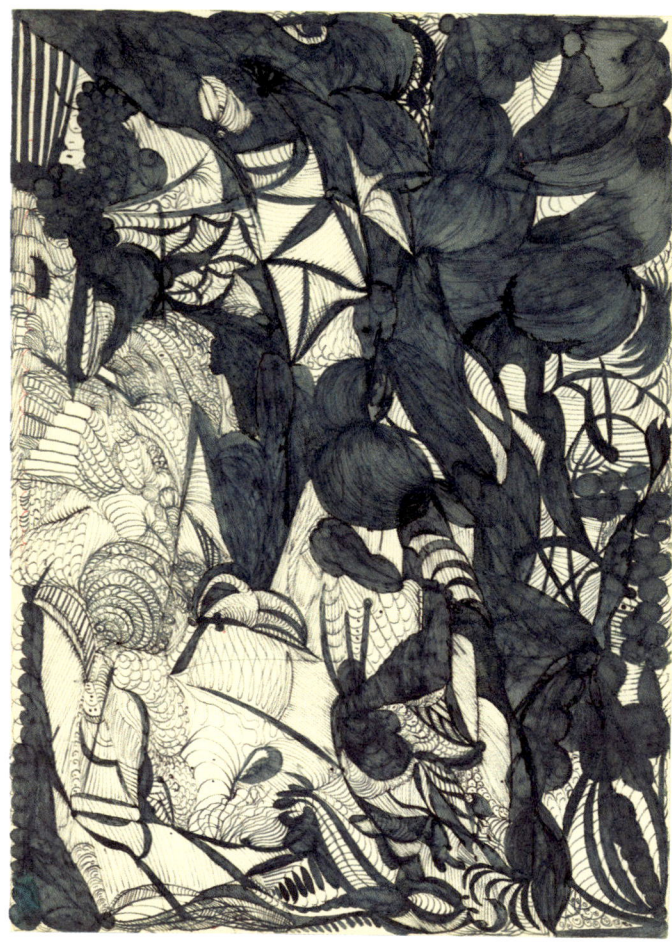

Appartenant au fonds historique à l'origine du musée, des œuvres de Laure Pigeon sont souvent sélectionnées pour les publications et les expositions présentant de manière générale la Collection de l'Art Brut à Lausanne, ou à l'occasion de prêts à des institutions à l'étranger. À l'instar de Madge Gill, Jeanne Tripier, Augustin Lesage, Fleury-Joseph Crépin ou Raphaël Lonné, Laure Pigeon fait partie des spirites, ces autrices et auteurs qui délèguent la responsabilité de leurs créations à des défunts. Elle est de ce fait associée aux ouvrages et aux expositions sur ce thème, comme sur celui de l'écriture dans l'Art Brut, en raison des nombreux textes qui émaillent son œuvre. On relèvera aussi

exhibitions that present a broad view of the Collection de l'Art Brut, both in Lausanne and via loans to foreign institutions. Like Madge Gill, Jeanne Tripier, Augustin Lesage, Fleury-Joseph Crépin, and Raphaël Lonné, Laure Pigeon was a spirit artist, a creator who claimed that the production of her work was guided by the deceased. She is thus associated with books and exhibitions on this theme, and also with the notion of writing in Art Brut, on account of the many inscriptions she included in her works. Several exhibition catalogues have featured one of her blue drawings on the cover, indicative of their conspicuous graphic qualities. Although her work offers numerous means of approach, it has inspired few dedicated studies and only one solo exhibition, in 1978 at the Collection de l'Art Brut – that is, until the 2025 exhibition for which this catalogue has been produced.

The first person to take an interest in Laure Pigeon's work was Jean Dubuffet. A year after acquiring her drawings and writings he published his article 'La double vie de Laure' in the sixth booklet in the series *L'Art Brut*, in 1966.[3] Some twenty years later, Dominique Gilbert Laporte, a French writer and psychoanalyst, published the essay 'Laure ou la Prosopée du ciel'.[4] For the 1978 exhibition, the Collection de l'Art Brut produced a brochure of several pages.[5] Lise Maurer, also a psychoanalyst with an interest in Art Brut,[6] took a deep interest in Laure Pigeon, and produced several publications on her drawings and texts, one example of which was issue 25 of *L'Art Brut*, which was entirely dedicated to the artist. In Lise Maurer's compelling, personal analysis, she approached the artist's work as though it were a highly detailed and chronological journal. Recently, certain studies on women in Art Brut or women spirit artists, some of which were undertaken in an academic context and have remained unpublished, have introduced new approaches, in particular relating to questions of gender.[7] The Collection de l'Art Brut invited Flavie Beuvin, whose thesis 'Végétalité, Art Brut et féminins' has just been published, to contribute to this catalogue in order to give additional perspectives on a body of work that still raises many questions.

Madge Gill
sans titre, sans date
encre bleue sur papier
76 × 56 cm
cab-4336

Madge Gill
untitled, undated
blue ink on paper
76 × 56 cm
cab-4336

que pour plusieurs catalogues, c'est un de ses dessins bleus qui a été choisi pour la couverture, tant leurs qualités graphiques sont manifestes. Si les accès à l'œuvre de Laure Pigeon sont multiples, celle-ci a en revanche suscité peu d'études spécifiques et a fait l'objet d'une seule exposition monographique en 1978, à la Collection de l'Art Brut, avant celle de 2025, qu'accompagne ce catalogue.

Jean Dubuffet est le premier à s'être intéressé à son travail, puisqu'un an après avoir fait l'acquisition de ses dessins et écrits, il lui consacre l'article « La double vie de Laure » dans le fascicule *L'Art Brut* n° 6, paru en 1966[3]. Une vingtaine d'années plus tard, Dominique Gilbert Laporte, écrivain et psychanalyste français, publie l'essai *Laure ou la Prosopopée du ciel*[4]. Lors de l'exposition en 1978, la Collection de l'Art Brut édite une petite brochure de quelques pages[5]. Laure Pigeon est surtout l'un des sujets du domaine de l'Art Brut qui ont passionné Lise Maurer[6]. Ses travaux à propos des dessins et des textes de cette créatrice ont donné lieu à plusieurs publications, dont le numéro 25 de *L'Art Brut*, qui lui est entièrement dédié. Dans ce volume, Lise Maurer développe une analyse personnelle et captivante qui la conduit à parcourir l'œuvre de l'autrice comme un journal intime, de manière très détaillée et chronologique. Récemment, des études, certaines réalisées dans un cadre universitaire et non publiées, ayant pour thème les femmes dans l'Art Brut ou les femmes spirites, proposent de nouvelles approches, en particulier sur la question du genre[7]. Le musée a invité Flavie Beuvin, dont la thèse *Végétalité, Art Brut et féminins* vient de paraître, à participer à ce catalogue, afin de multiplier les regards sur une œuvre qui suscite encore aujourd'hui bien des interrogations.

Le corpus des œuvres de Laure Pigeon à la Collection de l'Art Brut
Lorsque Jean Dubuffet se met à la recherche de ce qu'il nomme à partir de 1945 l'Art Brut, c'est-à-dire des travaux de marginaux, de créatrices et créateurs autodidactes, ne répondant ni aux normes ni aux usages artistiques et culturels homologués, il se constitue un réseau de « collaborateurs ». Ces personnes font office d'intermédiaires et renseignent Jean Dubuffet en

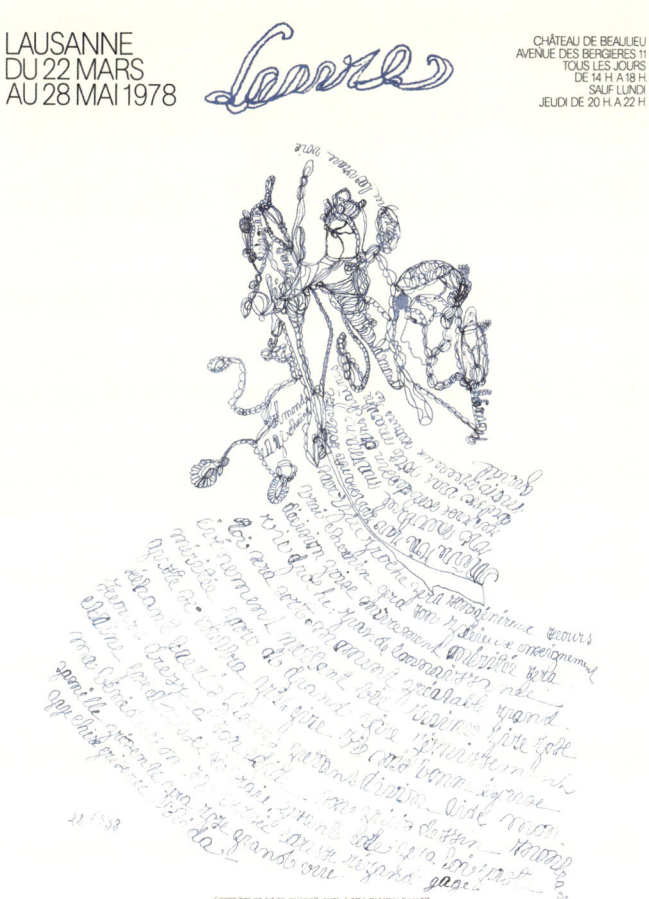

The Corpus of Laure Pigeon's Works at the Collection de l'Art Brut
When Jean Dubuffet began searching for what, as of 1945, he called Art Brut, by which he meant works created by the socially marginalised and self-taught creators who did not correspond to the established artistic and cultural conventions, he developed a network of 'collaborators'. Acting as intermediaries, the members of this network provided Dubuffet, who was on the lookout for original works outside the official art world, with information that allowed him to discover unknown artists and purchase their works. Although he was not interested in asylum art alone, his

Affiche de l'exposition
Laure présentée à la Collection
de l'Art Brut, Lausanne,
du 22 mars au 28 mai 1978.
Archives de la Collection
de l'Art Brut, Lausanne

Poster of the exhibition
Laure held at the Collection
de l'Art Brut, Lausanne,
22 March–28 May 1978.
Archives de la Collection
de l'Art Brut, Lausanne

quête de productions originales en dehors des circuits de l'art officiel. Elles lui permettent de découvrir des autrices et auteurs encore inconnus et d'acquérir leurs créations. Bien qu'il ne s'intéresse pas uniquement à l'art asilaire, il prospecte dans un premier temps en particulier dans les hôpitaux psychiatriques, s'adressant aux médecins psychiatres et au personnel hospitalier.

En 1951, Dubuffet dissout la première Compagnie de l'Art Brut, ne se sentant pas assez soutenu par ses autres membres, et accepte la proposition de l'artiste Alfonso Ossorio de transférer l'ensemble des collections dans sa propriété d'East Hampton, près de New York. Il met alors en veilleuse son activité en lien avec l'Art Brut et c'est seulement dans les années 1960 qu'il donne un nouvel élan à ses recherches avec autant de curiosité et de détermination qu'au départ. En septembre 1962, il fonde la seconde Compagnie de l'Art Brut et installe les collections, rapatriées à Paris, dans un hôtel particulier situé rue de Sèvres, acquis à cet effet. Dubuffet renoue aussi ses contacts avec les médecins et directeurs d'hôpitaux et développe son réseau de correspondant·es en France et à l'étranger, qualifiés d'« auxiliaires et [de] pourvoyeurs [8] ». C'est à cette période qu'il intensifie ses prospections dans le domaine de l'art médiumnique, et que de remarquables créations spirites, comme la première toile d'Augustin Lesage [9] et les œuvres de Laure Pigeon, entrent dans les collections, ainsi que des travaux de Fleury-Joseph Crépin, Joseph Moindre, Raphaël Lonné, Madge Gill, Henriette Zéphir et Jane Ruffié.

Le 5 avril 1963, Jean Dubuffet visite la Maison des Spirites à Paris et fait la connaissance d'Hubert Forestier, qui le met en relation avec un collaborateur du lieu, son ami Jean-François Booss. Les deux hommes, avec qui il entame une correspondance régulière, vont jouer le rôle d'informateurs et de médiateurs pour l'acquisition de nombreuses créations médiumniques [10]. Hubert Forestier, directeur de la *Revue Spirite*, réside dans le Tarn, alors que Jean-François Booss vit à Paris, ce qui facilite ses échanges avec Dubuffet. Enthousiasmé par l'Art Brut, il lui écrit : « En ce qui me concerne, je me considère (avec beaucoup d'intérêt) comme un simple "rabatteur" de

investigations initially in particular led him to psychiatric hospitals, where he approached psychiatrists and hospital staff.

However, feeling insufficiently supported by the other members of the first Compagnie de l'Art Brut, in 1951 Dubuffet dissolved it and accepted the proposal of artist Alfonso Ossorio to transfer the entire Art Brut collection to his estate in East Hampton, near New York. Jean Dubuffet then brought his Art Brut activities to a temporary halt, and it was only in the 1960s that he resumed his research with the same curiosity and determination as before. In September 1962, he founded the second Compagnie de l'Art Brut and returned the collection to Paris, where he installed it in a private townhouse on Rue de Sèvres that he acquired for the purpose. Dubuffet also revived his contacts with hospital doctors and directors and expanded his network of correspondents in France and abroad, whom he referred to as 'auxiliaries and providers'.[8] It was during this period that he focused particularly on mediumistic art, leading to the acquisition of remarkable spiritist creations, such as Augustin Lesage's first painting[9] and works by Laure Pigeon. The collection also came to include creations by Fleury-Joseph Crépin, Joseph Moindre, Raphaël Lonné, Madge Gill, Henriette Zéphir, and Jane Ruffié.

On 5 April 1963, Jean Dubuffet visited the Maison des Spirites in Paris, where he met Hubert Forestier, and Forestier introduced him to his friend Jean-François Booss, who worked at the institution. These two men, with whom Dubuffet soon struck up a regular correspondence, would become informants for Dubuffet and mediators in the acquisition of numerous mediumistic creations.[10] Hubert Forestier, who was the editor of the *Revue Spirite*, lived in the Tarn, and Jean-François Booss in Paris, making communication between Dubuffet and the latter easier. Enthusiastic about Art Brut, Booss wrote: 'As far as I am concerned, I consider myself (with great interest) merely a "tout" on the lookout for spontaneous creations and am, in this modest role, delighted to collaborate with a museum with a great future.'[11] It was Booss who acted as the intermediary with regard to Laure Pigeon's drawings, among other works. On 11 and 14 October 1965, he brought to the Compagnie de l'Art

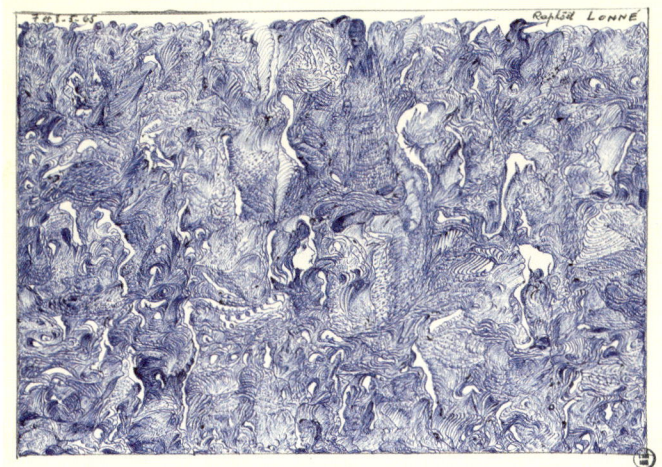

créations spontanées et, dans ce modeste rôle, ravi de collaborer à un Musée plein d'avenir[11]. » C'est lui qui sert d'intermédiaire pour les dessins de Laure Pigeon, ainsi que pour diverses autres créations. Le 11 et le 14 octobre 1965, il apporte consécutivement à la Compagnie de l'Art Brut deux lots de dessins « d'une dame spirite » décédée « à l'âge de 83 ans (Mme Laure Rey, née Pigeon)[12] », puis un dernier le 26 novembre[13]. La Compagnie fait l'acquisition définitive des dessins de Laure Pigeon « offerts par la Maison des Spirites, en contrepartie d'un cadeau de FRS. 4 000 fait par J. D. à cet organisme[14] ».

Toujours avide de se documenter sur les œuvres récemment acquises, Jean Dubuffet se rend rapidement chez Mme Lombard, la belle-sœur de Laure Pigeon, qui vit à Paris. La première fois, le 5 novembre 1965, il est accompagné d'Hubert Forestier et de Jean-François Booss et rédige un bref rapport, comme après sa deuxième visite, qu'il effectue seul, le 13 novembre. Ce même jour, il va également à Nogent-sur-Marne où habitait Laure Pigeon. Il souhaite obtenir des renseignements de la part de la concierge de l'immeuble, mais celle-ci, « méfiante et obtuse », s'y refuse.

Les informations concernant la biographie et le contexte de création de Laure Pigeon sont modestes et parfois erronées, leur source unique étant les souvenirs de sa belle-sœur. Selon

Brut, separately, two sets of drawings 'by a spirit lady' who had died 'at the age of eighty-three (Mme Laure Rey, née Pigeon)',[12] and a third on 26 November.[13] A month later, the Compagnie definitively acquired Laure Pigeon's drawings 'offered by the Maison des Spirites, in return for a donation of 4000 francs made by J. D. to this institute'.[14]

Always keen to gather material about recently acquired works, Dubuffet was quick to visit Mme Célina Lombard, Laure Pigeon's sister-in-law, who lived in Paris. For his first visit, made on 5 November 1965, he was accompanied by Hubert Forestier and Jean-François Booss and wrote a brief report, as he also did following his second visit, made alone on 13 November, the same day that he travelled to Nogent-sur-Marne, where Laure Pigeon had lived. He went in hope of obtaining information from the building's concierge, but, 'suspicious and obtuse', she refused.

The information we have concerning Laure Pigeon's life and the context surrounding her creation is limited and sometimes inaccurate, the sole source being the recollections of her sister-in-law. According to her, in particular, that Laure was born in Val-d'Izé and her mother died due to complications following Laure's birth. Years later, as a result of her personal research, Lise Maurer corrected these two details: Laure Pigeon was born in Paris, and her mother died after giving birth to a stillborn second child when she was five years old.[15]

On an undated sheet of paper, Dubuffet also wrote down a set of questions that he put to Jean-François Booss, regarding in particular any connections Laure may have had with other spiritists. The answers are short and rather vague. We learn that Madame Rey (Laure Pigeon) had visited the Maison des Spirites two or three times 'some five or six years' earlier but that she was not a paid-up member of the organisation. On another sheet of paper, Dubuffet had listed clarifications he wanted from Célina Lombard (whom Laure called Lily): 'Who are: Maman Elvire, Cécile, André Marcel? Are there any other drawings than those we have? Did Laure have any friends I can ask for information? Are there, whether among the people living in her building

Raphaël Lonné
sans titre, 5 et 6 mai 1965
stylo à bille sur papier
22 × 31,5 cm
cab-2226

Raphaël Lonné
untitled, 5–6 May 1965
ballpoint pen on paper
22 × 31.5 cm
cab-2226

elle, notamment, Laure aurait vu le jour à Val-d'Izé et sa mère serait décédée des suites de complications à sa naissance. Des années plus tard, grâce à ses investigations, Lise Maurer rectifie ces deux données : Laure Pigeon est née à Paris et sa mère est décédée après l'accouchement d'un deuxième enfant, mort-né, alors qu'elle avait cinq ans[15].

Sur une feuille non datée, Dubuffet note aussi une série de questions qu'il pose à Jean-François Booss, en particulier à propos des liens que Laure aurait entretenus avec les spirites. Les réponses sont brèves et plutôt vagues. On y apprend que Mme Rey (Laure Pigeon) a visité deux ou trois fois, il y a « environ 5 ou 6 ans », la Maison des Spirites mais qu'elle n'était pas sociétaire cotisante. Une autre feuille liste des précisions qu'il souhaite demander à Mme Lombard (que Laure nomme Lily) : « Qui sont : Maman Elvire, Cécile, André Marcel ? Existe-t-il d'autres dessins que ceux que nous avons ? Laure n'avait-elle aucune amie auprès de laquelle je puisse recueillir des informations ? N'y a-t-il pas, soit parmi les personnes habitant son immeuble, soit parmi les commerçants chez lesquels elle s'approvisionnait, des gens susceptibles de parler utilement d'elle ? » Ces questions, écrites vraisemblablement après la deuxième visite à Mme Lombard, sont restées en suspens.

La Collection de l'Art Brut détient-elle l'ensemble de la création de Laure Pigeon ? C'est l'une des énigmes qui restent non résolues, car s'il est vrai que nous n'avons pas connaissance d'œuvres de l'autrice dans une autre collection, ni publique ni privée, et que nous n'en avons jamais vu sur le marché de l'art, on ne peut totalement exclure la possibilité qu'il en existe ailleurs. En effet, en 1987, alors que le musée lausannois pense conserver la totalité des œuvres, il reçoit une proposition de vente de sept magnifiques dessins de Laure Pigeon dont il va faire l'acquisition. Le propriétaire est un particulier qui ne cache pas son identité, mais reste discret sur la provenance des dessins. En 2024, lorsque le musée reprend contact avec lui, Philippe Mianes[16] apporte volontiers des éclaircissements sur cette vente dont il se souvient très bien. Les dessins lui ont été offerts par sa mère, Aline Berger, professeure de philosophie à Albi, qui les avait elle-même reçus,

or local shopkeepers, people able to add useful information about her?' These questions, presumably written after his second visit to Lily (Célina) Lombard, remained unanswered.

Does the Collection de l'Art Brut hold all of Laure Pigeon's creative output? This is one of the remaining enigmas as, even though we are not aware of any works by the artist in other collections, public or private, and none has been seen on the art market, the possibility that other works exist cannot be excluded. After all, in 1987, when the Lausanne museum believed it already held all of her works, it received an offer to purchase seven magnificent drawings by the artist, which it was pleased to acquire. The seller – Philippe Mianes[16] – was a private individual who did not conceal his identity but remained discreet about the drawings' provenance. In 2024, when the museum contacted him again, Philippe Mianes was willing to provide further information about the sale, which he remembered very well. The drawings were given to him by his mother, Aline Berger, a philosophy teacher in Albi, who had acquired them, together with small mediumistic and Art Brut works, from her friend Jean-Louis Victor, a writer and specialist in the field of parapsychology.[17] While the drawings were in his possession, Philippe Mianes was aware that they were a rare and exceptional set of works. These mediumistic works that had been given to his mother appeared to him to have come from a carefully studied collection belonging to someone who specialised in the matter, as was also suggested by a few issues of the *L'Art Brut* booklets that accompanied the works. For the fortunate recipient of this gift – itself the result of a donation – there was no question of offering Laure Pigeon's works up to the speculation of a public sale. He preferred to propose them to the Collection de l'Art Brut, knowing that it already held an important corpus of her production.[18] In addition to boosting the museum collection, the works' long-term preservation would be ensured. Given that the drawings were all of high quality, the institution's director, Michel Thévoz, acquired them without hesitation. The set comprised seven large compositions in blue ink, created between 1954 and 1964, six of which included texts.

avec de petites œuvres médiumniques et d'Art Brut, de son ami Jean-Louis Victor, écrivain, spécialiste dans le domaine de la parapsychologie[17]. Philippe Mianes a conscience d'être en possession d'un ensemble rare et exceptionnel. Ces œuvres médiumniques données à sa mère lui semblent émaner d'une collection réfléchie, celle d'une amatrice ou d'un amateur en la matière, ce dont témoignent aussi les quelques numéros des fascicules *L'Art Brut* qui y sont associés. Pour l'heureux bénéficiaire de ce cadeau, lui-même issu d'un don, il n'est pas question de livrer les œuvres de Laure Pigeon à la spéculation des ventes publiques. Il préfère les soumettre à la Collection de l'Art Brut, où il sait que se trouve déjà un important corpus[18]. En plus d'enrichir le fonds du musée, cela assurera aux œuvres une conservation pérenne. Les dessins étant tous de qualité, Michel Thévoz, alors directeur de l'institution, les acquiert sans hésiter. Il s'agit de sept grandes compositions à l'encre bleue, créées entre 1954 et 1964, dont six comportent des écrits.

Après avoir obtenu ces nouvelles informations, nous avons voulu poursuivre l'« enquête » en demandant à l'écrivain Jean-Louis Victor comment il avait obtenu les dessins. Était-ce par l'intermédiaire de son ami Jean-François Booss ou d'Hubert Forestier, et en avait-t-il d'autres ? Malheureusement, cette époque est si lointaine que les souvenirs lui font défaut[19]. Nous n'en saurons pas plus… Quoi qu'il en soit, certains dessins de Laure ont été « soustraits » de l'ensemble récupéré par Jean-François Booss, probablement entre le 26 août (jour du décès de Laure) et le 11 octobre 1965, date à laquelle il en a apporté un premier lot à la Compagnie de l'Art Brut. Il est donc possible qu'en plus des œuvres offertes à Aline Berger par Jean-Louis Victor, il en existe d'autres que celles conservées à la Collection de l'Art Brut.

Lorsqu'il découvre la création de Laure Pigeon, Jean Dubuffet, enthousiasmé par sa qualité et son abondance, se met d'emblée à l'étudier avec le projet d'écrire un texte pour un numéro des fascicules *L'Art Brut*. Il vient de lancer, en 1964, cette série éditoriale réunissant des monographies, exclusivement consacrées à des autrices et auteurs issus des collections, qui complètent son travail de collecte par des textes documentant

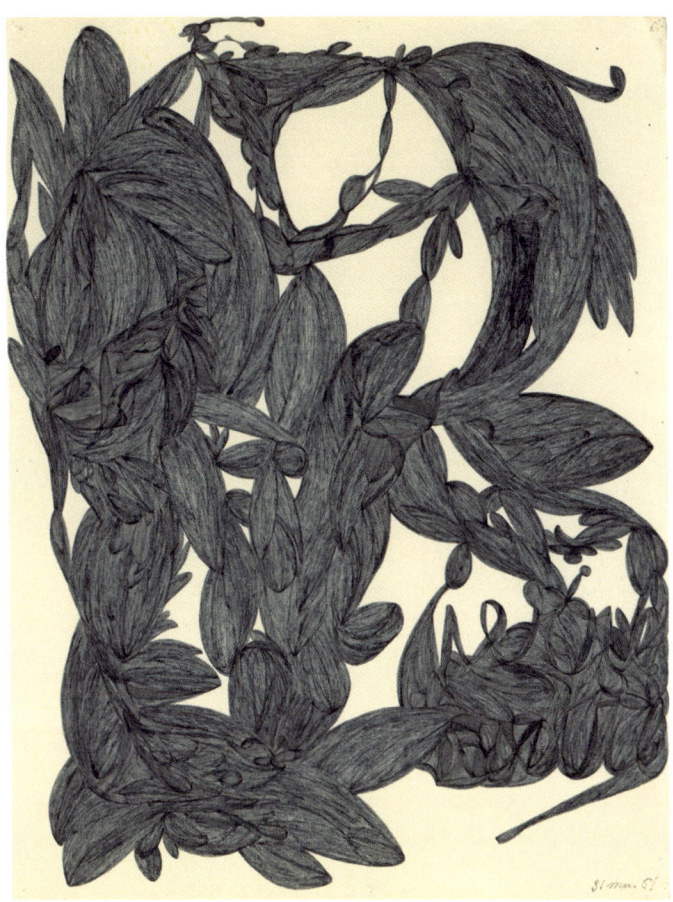

After receiving this new information, I wished to take this 'enquiry' further by asking the writer Jean-Louis Victor how he had come by the drawings. Had it been through his friend Jean-François Booss or Hubert Forestier, and were there other works involved? Sadly, the events had taken place so long ago that he no longer remembered and I learned nothing more.[19] Nonetheless, certain drawings by Laure must have been 'removed' from the collection recovered by Jean-François Booss, probably between 26 August 1965 (the day she died) and 11 October the same year, the day Booss brought a first set of her drawings to the Compagnie de l'Art Brut. It is therefore possible that, in addition to the works gifted to Aline Berger

sans titre (Pierre), 31 mars 1961
encre bleue sur papier
65 × 50 cm
cab-7093

untitled (Pierre) 31 March 1961
blue ink on paper
65 × 50 cm
cab-7093

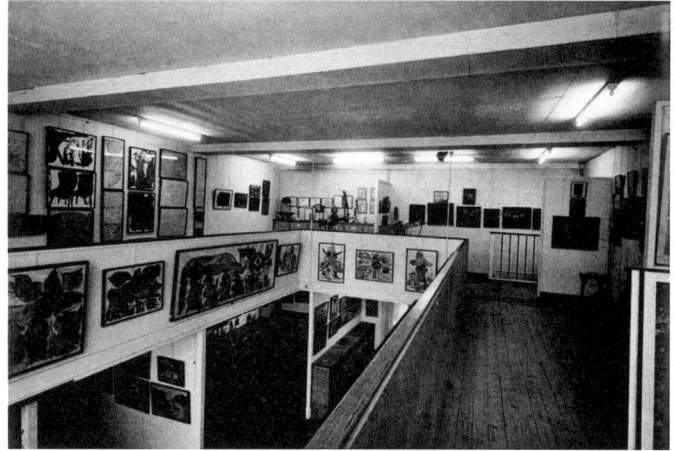

les œuvres[20]. Pour la préparation de son article, Jean Dubuffet analyse en détail les créations de Laure ; il les classe par ordre chronologique, les décrit, souvent brièvement, et indique celles qu'il souhaite voir reproduites dans l'ouvrage à paraître. Il décrypte aussi les mots, les noms qui apparaissent dans les dessins ou les messages écrits parfois séparément. Son étude se concentre plutôt sur la production des premières années, en majorité des dessins contenus dans les cahiers. Les grandes compositions bleues des années 1953 à 1964 sont peu représentées en regard de leur nombre dans le corpus. Curieusement, le titre de son article, « La double vie de Laure », ne donne pas le nom de famille de la créatrice, alors qu'il est mentionné dans le premier paragraphe du texte. Le patronyme n'est pas caché comme celui d'autrices ou d'auteurs d'Art Brut qui ont fait des séjours dans des hôpitaux psychiatriques, et dont il s'agit de ne pas divulguer l'identité en raison du secret médical. Pourtant, le travail de Laure Pigeon a longtemps été présenté sous son seul prénom[21].

Dès leur acquisition en 1965, des dessins de Laure Pigeon sont exposés dans les locaux parisiens de la Compagnie de l'Art Brut, rue de Sèvres, dont l'accès est volontairement limité. Désireux de « protéger » ses découvertes de regards non avertis, Dubuffet s'explique en ces termes : « Je suis toujours très émerveillé par les dessins de votre belle-sœur ; et je ne suis

by Jean-Louis Victor, there are other works besides those held in the Collection de l'Art Brut.

When Jean Dubuffet discovered Laure Pigeon's artworks, he was delighted by its quality and abundance and began immediately to study it with the intention of writing an article for an issue of the *L'Art Brut* booklets. In 1964, he had recently launched this series of monographic publications devoted exclusively to artists represented in the Companie de l'Art Brut, with the aim of supplementing the collection with documentation of the works.[20] To prepare his article, Dubuffet analysed Laure's drawings in detail: he set them out in chronological order, described them (often briefly), and selected the ones he wished to be reproduced in the future booklet. He also deciphered the words and names included in the drawings and any separately written messages. His study chiefly concentrated on the works from Laure Pigeon's early years, which were mostly drawings in sketchbooks. The large blue compositions made between 1953 and 1964 are under-represented in relation to their frequency in the corpus. Oddly, the title of his article – 'La double vie de Laure' – does not include the artist's surname, although it is mentioned in the first paragraph and in an alternative title – 'L'état second de Laure Pigeon' – found in his handwritten notes. In these writings, Laure's surname is not left unmentioned, as was done for those Art Brut artists who had spent time in psychiatric hospitals, and therefore whose identities were concealed for reasons of medical confidentiality. Nevertheless, for a long time Laure Pigeon's work was presented under her first name alone.[21]

At the time of their acquisition in 1965, Laure Pigeon's drawings were exhibited at the premises of the Compagnie de l'Art Brut on Rue de Sèvres in Paris, where access was deliberately restricted. Wishing to 'protect' his discoveries from the eyes of the uninitiated, Dubuffet explained his attitude to Lily Lombard in these terms: 'I am always astounded by your sister-in-law's drawings, and I am not the only one – many people around me are also very impressed by her works. However, the Art Brut collections are not open to the public. Visits can only be made on request and by qualified individuals. I believe that the organisation's activities should be

La Collection de l'Art Brut installée rue de Sèvres, Paris, vers 1965. Archives de la Collection de l'Art Brut, Lausanne

The Collection de l'Art Brut on Rue de Sèvres, Paris, ca. 1965 Archives de la Collection de l'Art Brut, Lausanne

pas seul dans ce cas ; beaucoup de gens de mon entourage sont aussi très impressionnés par ces œuvres. Cependant les collections de l'Art Brut ne sont pas ouvertes au public. La visite n'en est permise que sur demande, à des personnes qualifiées. Je crois bon que l'activité de l'organisme soit préservée de la publicité. Je crois que Laure Pigeon aurait approuvé qu'il en soit ainsi, et que l'accès à ses œuvres ne soit pas livré au grand public, mais réservé à des personnes susceptibles de les apprécier pleinement [22]. »

Il avait néanmoins accepté l'invitation de son ami François Mathey, directeur du musée des Arts décoratifs de Paris, qui souhaitait organiser une grande exposition consacrée à sa collection. C'est ainsi qu'entre le 7 avril et le 5 juin 1967, vingt mille personnes découvrent une sélection d'environ sept cents peintures, dessins et sculptures d'Art Brut. Le travail de Laure Pigeon y est représenté par un nombre important de dessins et de cahiers, de périodes différentes, et l'une de ses grandes compositions à l'encre bleue est choisie pour l'affiche. La presse écrite couvre largement cet événement qui constitue un moment capital dans l'histoire de l'Art Brut et de sa réception. Parmi les nombreux articles, on relève quelques commentaires à propos de notre créatrice : « Les œuvres les plus saisissantes sont dues à Laure Pigeon, une solitaire, qui en cachette, jusqu'à sa mort à 83 ans, exécuta en état médiumnique d'admirables dessins à l'encre à stylo. Ce sont des chefs-d'œuvre que l'on peut confronter avec certains dessins de Paul Klee [23]. » Et dans un autre article : « Aux inventions de Laure, vieille spirite, qui dessinait encore à 83 ans, quelle Marie-Laure, quel Hartung, quel Henri Michaud pourrait avec succès confronter ses fabrications littéraires ? Une seule matière : l'encre, bleue ou violette, lui suffisait pour faire grouiller de vie tout un monde de feuillage à fines nervures, d'éponges, de coraux, de roseaux aux tiges articulées, entretissées de nids d'oiseaux, dont la variété, les ajours, les effets de transparence, n'ont point d'équivalent dans la peinture d'aujourd'hui [24]. » Si les comparaisons avec les œuvres de Paul Klee, Hans Hartung ou Henri Michaud semblent peu pertinentes, on retient néanmoins le ton enthousiaste, voire dithyrambique, des deux

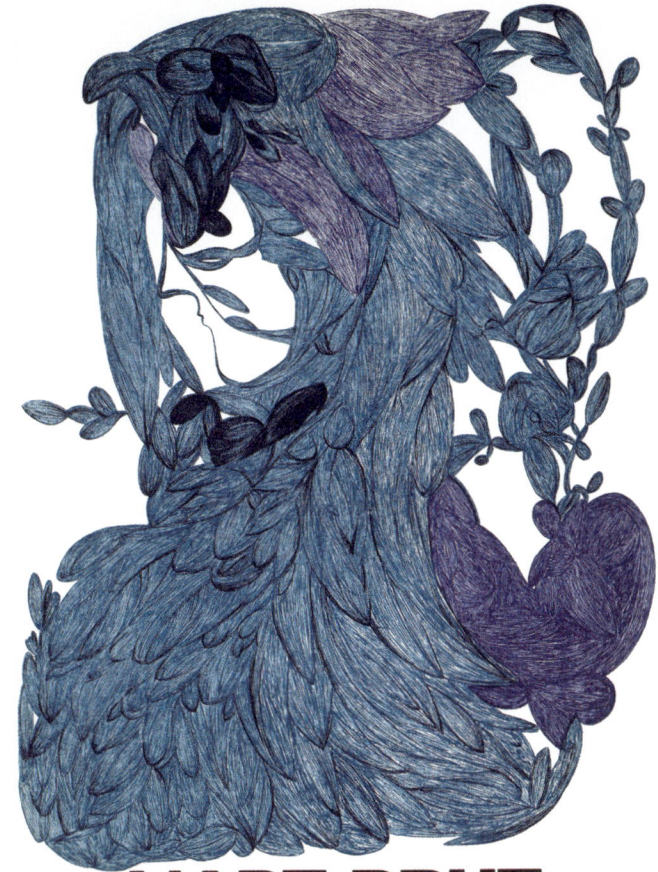

withheld from public awareness. I think Laure Pigeon would have approved of this arrangement – that access to her works should not be granted to the public as a whole but reserved for those able to appreciate them properly.' [22]

He had nevertheless accepted the invitation made by his friend François Mathey, the director of the Musée des Arts Décoratifs in Paris, who wished to organise a major exhibition

Affiche de l'exposition
L'Art Brut présentée au musée
des Arts décoratifs, Paris,
du 7 avril au 5 juin 1967.
Archives de la Collection
de l'Art Brut, Lausanne

Poster of the exhibition
L'Art Brut held at the Musée
des Arts Décoratifs, Paris,
7 April–5 June 1967.
Archives de la Collection
de l'Art Brut, Lausanne

critiques d'art et la forte impression que laissent les compositions de Laure Pigeon.

En février 1976, la Collection de l'Art Brut est inaugurée à Lausanne. Son premier directeur Michel Thévoz organise très rapidement des expositions temporaires, en parallèle de la présentation permanente d'une partie des collections. Il propose ainsi au printemps 1978 la première exposition monographique dédiée à Laure avec une soixantaine d'œuvres couvrant toute la période de création de l'autrice et, en particulier, les grands dessins bleus. La presse est sensible à cette œuvre, comme en témoignent deux extraits d'articles : « Étonnante cartographe des songes, géographe du surnaturel, Laure créait peu à peu des textures denses et complexes, fabuleux itinéraires mentaux où l'on se perd avec délices et fascination, y inscrivant ses formes et ses phrases avec un sens très sûr de l'occupation de l'espace. La ligne semble s'y dérouler de manière continue, comme si le stylo n'avait jamais quitté le papier, fil d'une trame qui se poursuit d'un dessin à l'autre, fil merveilleusement poétique reliant intimement le monde des vivants à celui, proche et familier, des morts[25]. » Et, dans une autre critique : « Tous ces dessins, encore une fois, ont une beauté fascinante, Laure a su tirer des "gouffres de la survie" un flot d'images et d'écrits dont les énigmes bleues ont le pouvoir de nous enchanter littéralement[26]. » Depuis cette présentation, des dessins de Laure Pigeon sont, comme nous l'avons mentionné, régulièrement sélectionnés pour des expositions collectives et thématiques à Lausanne comme ailleurs.

Laure Pigeon et le spiritisme

Outre Laure Pigeon, la Collection de l'Art Brut conserve des œuvres de divers artistes spirites comme Madge Gill, Jane Ruffié, Jeanne Tripier, Fleury-Joseph Crépin, Augustin Lesage, Raphaël Lonné et bien d'autres encore. Ils forment un groupe distinct, ce qui est exceptionnel dans le domaine de l'Art Brut, puisque chaque autrice et auteur, indépendant·e de tout mouvement, se singularise généralement par son originalité et sa liberté. Elles et eux ont en commun le fait de confier la responsabilité de leurs créations à une entité extérieure, se

dedicated to Dubuffet's collection. And thus, between 7 April and 5 June 1967, twenty thousand visitors were introduced to a selection of some seven hundred Art Brut paintings, drawings, and sculptures. Laure Pigeon's work was represented in the exhibition by a large number of drawings and sketchbooks from different periods. Furthermore, one of her large blue-ink compositions was chosen for the exhibition poster. The event received extensive coverage by the press, making it a key event in the history of Art Brut and its reception. A few of these articles specifically commented on Laure Pigeon's contribution: 'The most striking works are those of Laure Pigeon, a solitary artist who, in secret, until her death at the age of eighty-three, created remarkable ballpoint pen ink drawings in a mediumistic state. These are masterpieces that can be compared to certain drawings by Paul Klee.'[23] And in another article: 'To the inventions of Laure, an elderly spiritist who was still drawing at eighty-three, what Marie-Laure, what Hartung, what Henri Michaux could successfully compare their literary fabrications? A single material – blue or violet ink – was enough for her to bring to life an entire world of fine-veined foliage, sponges, corals, reeds with articulated stems, interwoven with bird nests, whose variety, openwork and effects of transparency have no equivalent in painting today.'[24] While comparisons with the works of Paul Klee, Hans Hartung, and Henri Michaux may seem inapposite, what comes across strongly is the enthusiastic, and even eulogistic tone of the two art critics and the strong impression made by Laure Pigeon's compositions.

In February 1976, the Collection de l'Art Brut opened in Lausanne and its first director, Michel Thévoz, very quickly organised temporary exhibitions that ran in parallel to the permanent exhibition of some of the works in the collection. In spring 1978 he presented Laure Pigeon's first solo exhibition, showing approximately sixty works that spanned her entire creative period, including in particular her large blue drawings. The press was dazzled by Laure's works, as the following two extracts demonstrate: 'An astonishing cartographer of dreams and geographer of the supernatural, Laure gradually created dense, complex textures, fabulous mental passages

sentant « désigné·es » par des messages venus de l'au-delà et affirmant répondre à une injonction, aux voix qu'elles et ils entendent. Leur main, guidée, ne fait qu'exécuter ce que lui dictent les esprits[27].

Les quelques renseignements réunis à propos de Laure Pigeon nous apprennent qu'elle a été initiée au spiritisme par une femme nommée Marthon, dont elle a fait la connaissance dans la pension de famille où elle est partie vivre lorsqu'elle s'est séparée de son mari en 1933. Selon Lise Maurer : « Cette rencontre va orienter son avenir. Elle renouvelle l'ambiance spirituelle de l'enfance et prolonge l'atmosphère, riche en croyances spirites, connue dans le Nord[28]. » En effet, à la suite du décès de sa mère, Laure, âgée de cinq ans, est envoyée en Bretagne chez sa grand-mère paternelle. On ne sait toutefois combien de temps elle y reste, peut-être jusqu'à la mort de celle-ci en 1913, ou jusqu'en 1917, quand Laure, alors âgée de trente-quatre ans, épouse Edmond Rey à Paris. Elle séjourne dans la capitale pendant la mobilisation de son mari, puis le couple va habiter dans le Nord à Lille et plus tard à Roubaix, avant de s'installer à nouveau près de Paris, à Nogent-sur-Marne. Edmond était dentiste, mais également radiesthésiste et guérisseur et, selon sa sœur, il aurait soigné des malades jusqu'à la veille de sa mort en 1953. Parfois utilisée pour établir un diagnostic médical, la radiesthésie, pratique selon laquelle on détecte et mesure, généralement à l'aide d'un pendule, les champs d'énergie qu'émettraient différents corps, semble être très en vogue dans les années 1930 et 1940. Augustin Lesage, Fleury-Joseph Crépin et Victor Simon, tous trois originaires du nord de la France, exercent eux aussi une activité de guérisseur. Pour Dubuffet, le fait que le mari de Laure « se croyait des dons de radiesthésiste et s'essayait à faire le guérisseur » représente, comme souvent, un premier pas « dans la voie où elle [Laure] allait s'engager[29] ».

Les ouvrages en lien avec le spiritisme retrouvés chez Laure Pigeon témoignent de sa volonté de se documenter sur cette pratique[30]. Quand elle se rend à la Maison des Spirites, elle dessine déjà depuis une vingtaine d'années. Cette démarche dénote son désir d'appartenance à ce mouvement, voire de re-

in which we lose ourselves with delight and fascination, and where the forms and phrases are incised with a sure feeling for spatial composition. The lines seem to unfurl continuously, as though the pen never left the paper, a thread in a weave that runs on from one drawing to the next – a marvellously poetic thread that intimately links the world of the living to the close and familiar world of the dead.'[25] And in another review: 'Once again, all these drawings display a fascinating beauty; Laure has drawn from the "chasms of survival" a flow of images and writings whose blue enigmas have the power to literally enchant us.'[26] Since this exhibition, Laure Pigeon's drawings have, as mentioned, been regularly selected for group and thematic exhibitions in Lausanne and further afield.

Laure Pigeon and Spiritism

In addition to Laure Pigeon, the Collection de l'Art Brut holds works by other spirit artists, such as Madge Gill, Jane Ruffié, Jeanne Tripier, Fleury-Joseph Crépin, Augustin Lesage, and Raphaël Lonné, among many. The spirit artists form a distinct group, which is exceptional in the realm of Art Brut, as each Art Brut artist – none of whom has links with any art movement – is generally distinguished by their originality and freedom. What they have in common is that they attribute responsibility for their creations to an external entity, feeling themselves to have been 'designated' by messages they receive from the beyond and claiming that they respond to a command and to the voices they hear. Their hand is guided and simply executes what the spirits dictate.[27]

The few bits of information we have about Laure Pigeon tell us that she was introduced to spiritism by a woman named Marthon, whom she met in the boarding house where she went to live after separating from her husband in 1933. According to Lise Maurer, 'This encounter would shape her future. It revived the spiritual atmosphere of her childhood and continued the atmosphere imbued with spiritist beliefs that she had known in the North'.[28] When Laure was just five, her mother died and the young girl was sent to Brittany to live with her paternal grandmother. We do not know how long she remained there, perhaps until her grandmother's death in 1913, or until 1917 when Laure,

connaissance de son travail. Si, selon sa belle-sœur (que Laure nomme Lily), l'avis des autorités spirites aurait été élogieux, Jean Dubuffet rapporte quant à lui « que des spirites experts, des docteurs de la chose, à qui les dessins et les écrits de Laure ont été soumis, concluent à un petit spiritisme élémentaire de valeur médiocre[31] ». Nous n'avons malheureusement aucune archive confirmant ces commentaires, mais d'une certaine manière, comme l'écrit Lise Maurer, « la reconnaissance posthume se fera grâce à ce premier pas. Les suivants seront dus à la fidèle Lily, au responsable de la Maison des Spirites et finalement à Jean Dubuffet[32] ». Au décès de Laure Pigeon, la belle-sœur, se souvenant de ces visites, prend contact avec la Maison des Spirites pour les informer que des dessins restés dans l'appartement sont voués au débarras. Sauvés de la destruction par les spirites, ils sont aussitôt proposés à Dubuffet, qu'on sait être intéressé par ce type de productions, et seront de la sorte reconnus comme des œuvres.

Dans un premier temps, Laure opère seule dans la pension de famille où elle réside. Elle fait usage du « oui-ja », un procédé auquel ont recours les spirites, qui désigne lettre après lettre les messages dictés par les esprits. Ce dispositif fait office de déclencheur et favorise le dessaisissement de soi. Par la suite, il est délaissé pour que la main puisse parcourir la feuille à sa guise, révélant des dessins et des textes entremêlés. La créatrice est plongée dans un état qui libère l'inconscient, les souvenirs refont surface et se confondent avec son monde imaginaire. Elle se dit guidée par sa mère Alida, qui aurait été peintre dans une autre vie, et par le Pseudo-Denys l'Aréopagite[33]. Dans ses compositions, comme dans ses messages, apparaissent aussi les noms de Pierre, l'apôtre à qui elle fut mariée dans une vie antérieure, André et Annette, son frère et sa sœur dans d'autres vies, et bien sûr Edmond, l'époux infidèle dans la vie réelle, ainsi que Lily, la belle-sœur bienveillante et complice, dont le prénom est orthographié Lili quand il est inscrit dans les dessins.

Les autrices et auteurs spirites déclarent être en communication aussi bien avec les esprits de personnes de leur famille qu'avec des personnages célèbres, historiques et parfois des

then aged thirty-four, married Edmond Rey in Paris. She stayed in the capital during her husband's mobilisation, after which the couple moved to northern France, first to Lille, and later to Roubaix, before returning to the Paris region and settling in Nogent-sur-Marne. Edmond was a dentist but he was also a practitioner of radiesthesia and a healer, and, according to his sister, treated the sick until the eve of his death in 1953. Sometimes used to establish a medical diagnosis, radiesthesia – based on detecting, usually with the aid of a pendulum, and measuring energy fields said to be emitted by different bodies – seems to have been very much in vogue during the 1930s and '40s. Augustin Lesage, Fleury-Joseph Crépin, and Victor Simon, all of whom were from northern France, also practised healing. For Dubuffet, the fact that Laure's husband 'believed himself to have abilities as a radiesthesist and tried to practise as a healer' was, as was often the case, a first step 'on the path where she [Laure] was to follow'.[29]

The books on spiritism found at Laure Pigeon's home attest to her desire to learn more about the practice.[30] When she visited the Maison des Spirites, she had already been drawing for some twenty years. This step reflects her desire to belong to this movement, and perhaps also to have her work recognised. Although, as reported by her sister-in-law (which Laure calls Lily), the opinion of the spiritist authorities was complimentary, Jean Dubuffet, for his part, stated that 'spiritist experts, the high priests of the subject, to whom Laure's drawings and writings were submitted, concluded that they amounted to a limited and simplistic form of spiritism of mediocre value'.[31] Unfortunately, no records exist to confirm these remarks, however, in some way, as Lise Maurer writes, 'posthumous recognition would come thanks to this first step. The following ones occurred thanks to the faithful Lily, to the head of the Maison des Spirites, and finally to Jean Dubuffet'.[32] Following Laure's death, her sister-in-law, recalling these visits, contacted the Maison des Spirites to inform them that any drawings left in Laure's apartment were destined to be thrown out. Rescued by the spiritists from destruction, they were immediately offered to Dubuffet – who it was known had an interest in such works – and were thus recognised as artworks.

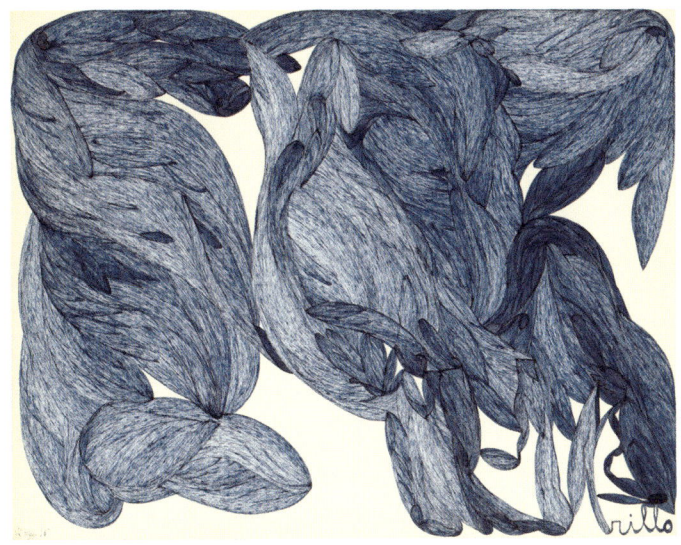

At first, Laure worked alone in the boarding house where she lived. She used a Ouija board, a method used by spiritists that spells out, a letter at a time, messages dictated by spirits. This device helped Laure to attain a state in which the activity of her ego was quelled. However, she later abandoned this method, so that her hand could move freely across the page and thus produce drawings interwoven with inscriptions. She would thus enter a state in which her unconscious operated freely, allowing memories to resurface and mingle with her imagination. She claimed to be guided by her mother, Alida, who, she believed, had been a painter in a previous life, as well as by Pseudo-Dionysius the Areopagite.[33] In both her drawings and her messages, other names also appeared: the apostle Peter, to whom she believed she had been married in a past life, André and Annette, her brother and sister in other lives, and, of course, Edmond, her unfaithful husband in her real life, as well as Lily, her kind and supportive sister-in-law, whose name she spelled 'Lili' in her drawings.

Spirit artists maintain they are in communication not only with the spirits of their own family members but also with famous historical figures and sometimes with artists. For example, Augustin Lesage signed his early drawings with the name of his sister, Marie, who had died aged three, and later claimed that he was executing the work of Leonardo da Vinci. In the case of Laure Pigeon, the name Utrillo appears opposite a woman's profile in a drawing from 1955. A year later, in another work, it is inscribed at bottom left, like a signature. Was this her way of attributing the works to him, or, as Lise Maurer suggests, was she responding to current events – Maurice Utrillo, the artist and son of painter Suzanne Valadon, having passed away on 5 November 1955?

When her separation left her without financial means, Edmond's sister Célina maintained Laure. In addition to providing this material support, her sister-in-law occupied a central place in both Laure's life and creative work. The pair met regularly on Sundays, at the home of one or the other. As Laure did not seem to have seen other people, she must have looked forward to these meetings eagerly, as she found solitude

artistes. Augustin Lesage signe, par exemple, ses premiers dessins avec le prénom de sa sœur « Marie », morte à l'âge de trois ans, et plus tard se dit être l'exécutant de Léonard de Vinci. Chez Laure Pigeon, c'est le nom d'Utrillo qui fait face à un profil de femme dans un dessin de 1955, puis un an après, dans un autre, il est inscrit en bas à gauche, telle une signature. Est-ce de sa part une manière de lui attribuer les œuvres ou, comme le note Lise Maurer, se saisit-elle de l'actualité : l'artiste Maurice Utrillo, fils de la peintre Suzanne Valadon, étant décédé le 5 novembre 1955 ?

Alors que Laure se retrouve sans ressources après la séparation conjugale, Célina Émilie Lombard, la sœur d'Edmond, l'entretient financièrement. En plus de ce soutien matériel essentiel, sa belle-sœur occupe une place centrale tant dans son existence que dans son travail de création. Les deux femmes se retrouvent régulièrement le dimanche, chez l'une ou chez l'autre. Comme elle ne semble pas voir d'autres personnes, ces rencontres doivent être très attendues par Laure à qui la solitude pèse : « […] je mesure ta vie, ta solitude est un secret voulant le drainage avec séparation (je suis si seule) ! Non petite sœur tu n'es pas seule, tu as tes amis du ciel […][34] ». Laure initie Lily au spiritisme et

sans titre, 12 mai 1956
encre bleue sur papier
50 × 65 cm
cab-1795

untitled, 12 May 1956
blue ink on paper
50 × 65 cm
cab-1795

toutes deux vont former le « duo des sœurs[35] » qui, de 1958 à 1962, écrit et retranscrit les communications reçues[36]. Les derniers messages s'adressent d'ailleurs à maintes reprises à Lily et l'invitent à faire comme Laure. Seule témoin et presque seule source des informations dont nous disposons, la belle-sœur est aussi, du vivant de la créatrice, l'unique regard sur ses œuvres, lequel sera à l'origine de leur sauvegarde.

Infiniment bleu

Laure Pigeon se met à dessiner tardivement, elle a cinquante-trois ans et poursuit jusqu'à l'année précédant son décès. Elle date presque toujours ses dessins, précisant parfois le premier et le dernier jour de la réalisation. D'autres spirites font pareil, comme pour marquer le moment où la rencontre avec les esprits a eu lieu. On note ainsi qu'il y a plusieurs interruptions dans le travail de création de Laure, dont on ne connaît pas la raison[37]. Celles-ci pourraient être la conséquence d'événements liés à sa vie privée, à la guerre, à une pénurie quelconque ou à un manque de moyens pour obtenir du matériel, ou encore à une perte ou à une destruction de certaines œuvres.

Dès le début, Laure emploie principalement de l'encre bleue. Jusqu'en 1951, la ligne est prédominante, semblable par endroits à un fil tricoté, noué ou à un ruban qui se déploie avec moult plis et replis. Elle court souvent jusqu'au bord de la feuille, dessine de multiples et délicats entrelacs, laissant par endroits le papier vierge apparaître à travers l'abondant réseau de traits. Ici ou là émergent des profils de femmes, l'un des rares motifs figuratifs chez l'autrice, et, ailleurs, nous pouvons lire des mots, des noms. Dans les cahiers, de nombreuses pages sont recouvertes de dessins mêlés à l'écriture. Ininterrompue, la ligne trace parfois des textes assez longs où les lettres dansent sur la page.

À partir de 1953, un changement important s'opère ; Laure Pigeon n'emploie plus de cahiers et utilise exclusivement des feuilles de grandes dimensions (50 × 65 cm). La différence réside dans ces nouveaux formats, mais avant tout dans le style. Environ deux cents grandes compositions à l'encre bleue réalisées en une dizaine d'années, à un rythme soutenu, correspondent à peu de chose près à la moitié de sa

oppressive: 'I measure your life, your solitude is a secret seeking release through separation (I am so alone)! No, little sister, you are not alone – you have your friends from the beyond.'[34] Laure introduced Lily to spiritism, and together they formed the 'duo of sisters',[35] who, between 1958 and 1962, wrote down and transcribed the messages they received.[36] The final messages were in fact addressed repeatedly to Lily, urging her too to become a medium. As the sole witness and nearly the only source of the information we have, Laure's sister-in-law was also, during the artist's lifetime, the only person to see her work, and as such would be key to ensuring its preservation.

Infinite Blue

Laure Pigeon began drawing late, at the age of fifty-three, and continued to do so until the year before her death. She dated almost all her drawings, and even sometimes specified the dates she started and ended them. Other spirit artists do the same thing, as though to indicate the moment their encounter with the spirits occurred. Several interruptions to her production are also noticeable, for which we do not know the reasons.[37] They may have been caused by events in her personal life, by the war, by some shortage or a lack of financial means to buy materials, or the lack of works may have been because they were destroyed.

Right from the outset, Laure mainly used blue ink. Until 1951, her preference was for lines, which in places resemble a thread or yarn either knitted or knotted, or a ribbon folded many times over. It often ran to the very edge of the page, with intricate and delicate interlacing, leaving glimpses of the paper beneath the dense lattice of lines. Profiles of women are occasionally apparent – one of the rare figurative motifs in her work – and elsewhere, words and names can be read. Many pages of her sketchbooks are covered with drawings mixed with writing. The unbroken line sometimes forms lengthy texts in which letters dance across the page.

Beginning in 1953, an important change took place: Laure Pigeon abandoned sketchbooks for the exclusive use of large sheets of paper (50 × 65 cm), a development that also and above all extended to her style. Around two hundred large com-

production. Pour Jean Dubuffet, ces dessins « constituent sans aucun doute, à son égard, la vraie moisson de ses travaux, dont tous les dessins antérieurs n'étaient que les préliminaires[38] », et pour Lise Maurer : « Laure trouve là toute sa maturité[39]. » Ces œuvres composent un ensemble exceptionnel qui révèle l'assurance du geste et l'affirmation d'un travail artistique. Chaque dessin est d'une qualité équivalente, à tel point qu'on pourrait se demander si Laure a procédé à une sélection, en ne conservant que ceux qu'elle jugeait les plus réussis.

Dans cette dernière série, on observe plutôt des formes denses constituées de formes plus petites composées d'une multitude de traits, tels des écheveaux. Dubuffet s'exprime en termes élogieux sur la facture des grandes compositions bleues : « Sa nouvelle technique est très imposante. Il est remarquable qu'elle semble l'avoir mise au point d'emblée et sans tâtonnements, et elle s'y tiendra désormais. Elle en obtient toutes sortes d'effets subtilement variés et qu'elle gouverne avec une dextérité stupéfiante. Nous revient en mémoire le propos de Lily selon lequel Laure était si maladroite et si inapte aux travaux d'art, propos assurément singulier devant des ouvrages où se manifeste une invention de pareille puissance doublée d'une adresse manuelle prodigieuse. Nous ne parvenons d'ailleurs pas, tous yeux écarquillés et loupes interposées, à déceler comment sont au juste obtenues ces textures fibreuses finement striées qui font parfois penser à des marqueteries de bois précieux. Sans doute opérait-elle sur papier humecté. Il semble qu'un recours à des griffures, à l'aide de quelque fine pointe, a lieu pour certains ouvrages, mais pas pour tous. On a l'impression que le travail est toujours conduit avec grande aisance et grande sûreté. On nous affirme que Laure n'y faisait intervenir rien d'autre que son stylographe et qu'elle n'utilisa jamais le pinceau.[40] » Admiratifs, comme Dubuffet, devant l'habileté de Laure Pigeon, nous nous interrogeons encore sur la manière dont elle a pu obtenir de tels résultats. C'est en particulier le cas de ces aplats de couleur entre les traits, où l'emploi d'un pinceau humide pour diluer l'encre semble nécessaire. L'hypothèse d'un travail en deux temps s'impose, un processus assez complexe dont le mystère et la magie demeurent.

positions made in blue ink, which she created at a steady pace over a decade, represent approximately half of her total production. For Jean Dubuffet, these drawings 'without a doubt represent the true harvest of her work, for which all her earlier drawings were merely preliminaries'.[38] By the same token, Lise Maurer commented, 'Here, Laure reached her full maturity'.[39] These works form an exceptional body of work that reveals both the confidence of her artistry and the affirmation of a distinctive artistic practice. Each drawing is of the same high quality, to the point that the question arises of whether Laure herself made a selection of these works, retaining only those she considered the most successful.

In this last series, the dense forms are composed of smaller forms comprising countless lines, like skeins of thread. Dubuffet praised the craftsmanship of these large blue compositions greatly: 'Her new technique is very impressive. It is remarkable that she seems to have brought it to perfection immediately and without experimentation, and she remained true to it from that point on. She achieved all sorts of subtly varied effects, which she administered with extraordinary dexterity. We are reminded of Lily's remark that Laure was very clumsy and unskilled in artistic work, an incredible comment in view of these works, in which powerful invention goes hand in hand with astonishing manual skill. Even with full concentration and the use of a magnifying glass, it is not at all clear how these finely striated, fibrous textures – sometimes suggestive of marquetry in precious wood – were actually produced. She probably worked on moistened paper. It seems that fine scratches were made in some of her works using a sharp point, though not in all of them. The impression is given that the work involved was carried out with great ease and assurance. We are told that Laure used nothing but her stylograph and never employed a brush.'[40] Like Dubuffet, we are dazzled by Laure Pigeon's manual dexterity and still wonder how she achieved such results. This is especially true of the flat tints between the lines, where the use of a damp brush to dilute the ink seems to have been indispensable. This suggests the possibility of a two-stage process, thus a somewhat complex technique whose mystery and magic remain.

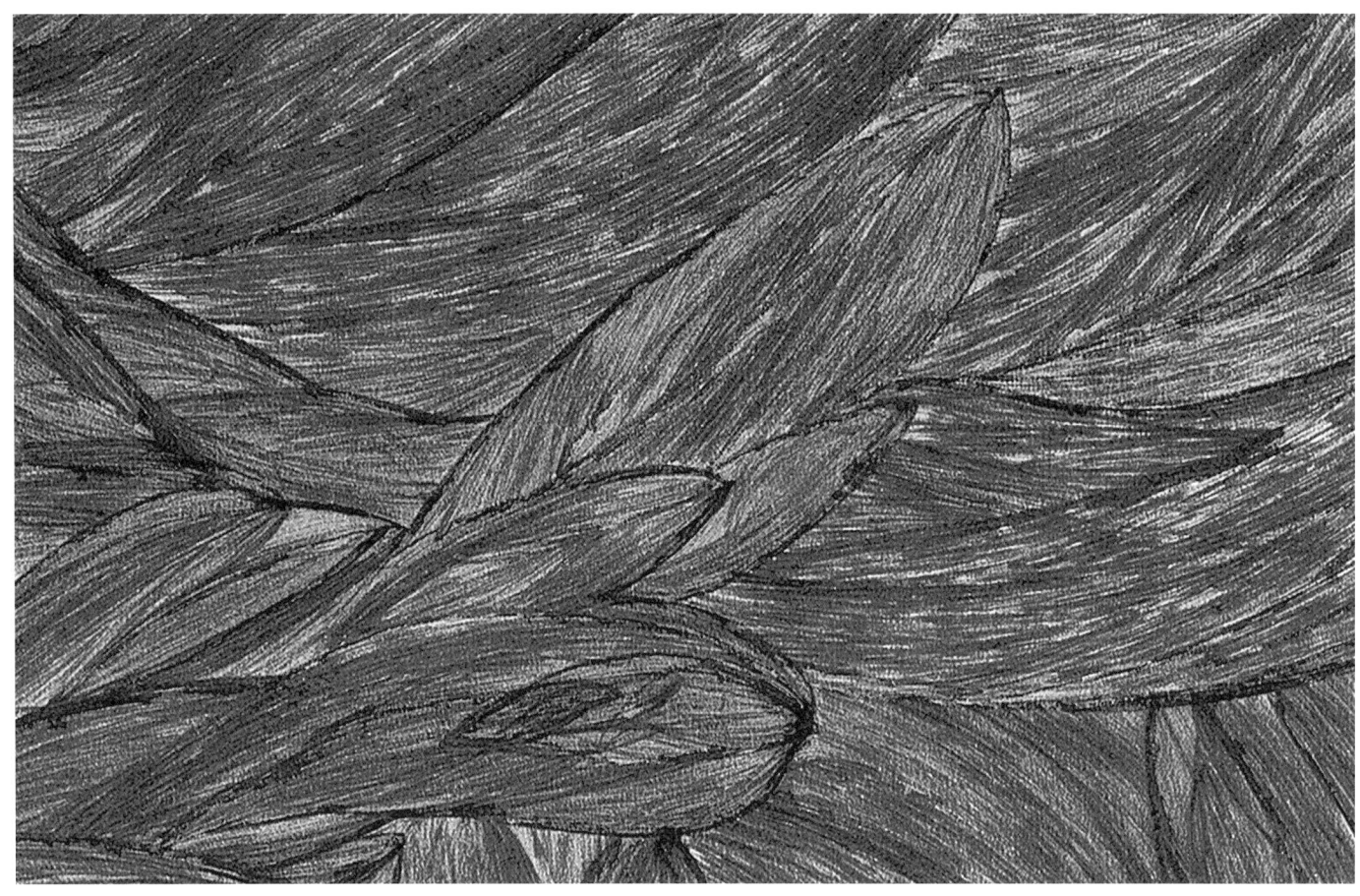

sans titre (détail), 18 avril 1956
encre bleue sur papier
50 × 65 cm
cab-1794

untitled (detail), 18 April 1956
blue ink on paper
50 × 65 cm
cab-1794

On ne sait pas si Laure Pigeon a fait des études ou si elle a pratiqué une activité professionnelle, et l'on peut d'ailleurs se poser la question de savoir de quoi elle a vécu jusqu'à son mariage, à l'âge de trente-quatre ans. Elle se lance dans la création sans expérience et sans formation artistique, et acquiert donc seule, par la pratique, des compétences et une réelle aptitude. Contrairement à l'emploi courant dans le domaine de l'Art Brut de matériaux de récupération, Laure se procure du matériel spécifique pour la réalisation de ses œuvres : des cahiers à dessin, du papier format raisin filigrané de diverses marques, de l'encre… Elle effectue quelques tentatives sur des toiles, qu'à raison elle a dû juger insatisfaisantes. Il y a chez elle une détermination évidente, même si elle n'ose s'affirmer artiste que par l'intermédiaire des messages dictés par les esprits [41].

Pour Jean Dubuffet, les dessins de Laure Pigeon sont « un long hymne à la mort ». Laure invoque les absents, dialogue avec les défunts. Son travail a certes une valeur thérapeutique qui lui permet de « réparer des vies antérieures », en donnant la possibilité aux différents deuils de se faire, mais la création lui offre aussi un espace de grande liberté où son élan vital s'exprime avec force. Dans l'infiniment bleu, Laure Pigeon se révèle.

ANIC ZANZI

It is unknown if Laure Pigeon studied or engaged in some kind of professional work, and unclear how she supported herself before her marriage at the age of thirty-four. She launched herself into a creative practice without experience or artistic instruction, and thus acquired her skills and a true aptitude through nothing but practice. Unlike the common practice in Art Brut of recycling salvaged materials, Laure procured specific supplies for her work: sketchbooks, large-format watermarked paper made by different companies, and ink. She made a few attempts on canvas, which rightly she must have judged unsatisfactory. Her work demonstrates clear determination even though she never dared to call herself an artist, except through the messages dictated by the spirits. [41]

For Jean Dubuffet, Laure Pigeon's drawings were 'a long hymn to death'. She summoned the absent and communicated with the dead. While her work clearly had a therapeutic value that allowed her to 'atone for previous lives' by allowing different processes of mourning to play out, creation also offered her great freedom to express her vital impetus. In the infinitely blue, Laure Pigeon revealed herself.

ANIC ZANZI

30

1 Voir les précisions plus loin dans le texte.
2 Jean Dubuffet, « La double vie de Laure », *L'Art Brut*, n° 6, Paris, Compagnie de l'Art Brut, 1966, p. 72.
3 Jean Dubuffet, « La double vie de Laure », *op. cit.*, p. 68-101.
4 Dominique Gilbert Laporte, *Laure ou la Prosopopée du ciel*, Lausanne, Furor, 1982.
5 *Laure*, 22 mars - 28 mai 1978, exposition à la Collection de l'Art Brut, Lausanne.
6 Lise Maurer, psychanalyste, anciennement psychiatre des hôpitaux, a écrit plusieurs monographies sur des autrices et auteurs d'Art Brut, comme « Émile Josome Hodinos », *L'Art Brut*, n° 18, Lausanne, Collection de l'Art Brut, 1994, *Le Remémoirer de Jeanne Tripier*, Paris, Éd. érès, 1999, et « Laure Pigeon, la femme plume », *L'Art Brut*, n° 25, Lausanne/Gollion, Collection de l'Art Brut/Infolio, 2014. Elle anime depuis 2003 à Paris un séminaire de recherche pluridisciplinaire intitulé « De la trinité en déroute au sinthome ».
7 Voir en particulier dans la bibliographie les travaux de Cécile Cunin.
8 Registre manuscrit, rédigé par Jean Dubuffet à partir du 29 avril 1963, Archives de la Collection de l'Art Brut, [ACAB], Lausanne.
9 Cf. Lucienne Peiry « Dubuffet et les œuvres spirites. Lesage. Crépin. Simon. » in *Lesage. Simon. Crépin. Peintres spirites et guérisseurs*. Villeneuve d'Ascq, LaM – Lille Métropole Musée d'art moderne, d'art contemporain et d'art brut, 2019, p. 218-223.
10 Le 9 février 1965, Jean Dubuffet écrit à Jean-François Booss : « J'espère notamment que Monsieur Hubert Forestier voudra bien me donner suite à son aimable offre d'informations concernant les cas de création d'art à caractère médiumnique dont il m'avait entretenu lors de ma visite à la Maison des Spirites », [ACAB].
11 Lettre de Jean-François Booss à Jean Dubuffet, 22 mai 1965, [ACAB].
12 Journal de Bord, 1963, p. 48, [ACAB].
13 Notes manuscrites de Jean Dubuffet, [ACAB].
14 Journal de Bord, 1963, p. 49, [ACAB].
15 Cf. la chronologie en p. 172.
16 Amateur d'art, Philippe Mianes étudie depuis 30 ans l'œuvre de Christian Bérard (1902-1949), peintre, dessinateur de mode, décorateur d'intérieur, décorateur et costumier de théâtre.
17 Philippe Mianes précise que sa mère étant versée en philosophie bouddhiste, proche d'Arnaud Desjardins et du poète suiveur de Gandhi, Lanza del Vasto, Jean-Louis Victor lui avait demandé de contribuer à l'encyclopédie dont il avait le projet, *L'Univers de la Parapsychologie et de l'Ésotérisme*, et qui paraîtra en 1976. La grand-mère de Jean-Louis Victor (1943) était elle-même médium et avait connu Augustin Lesage.
18 Les autres dessins médiumniques hérités par Philippe Mianes ont été acquis plus tard par le galeriste nîmois Philippe Pannetier.
19 Courriel de Jean-Louis Victor à Anic Zanzi, 9 décembre 2024.
20 Dans les premiers numéros de *L'Art Brut*, il a déjà rédigé des articles sur des spirites : Raphaël Lonné dans *L'Art Brut*, n° 1, Paris, Compagnie de l'Art Brut, 1964 ; Augustin Lesage dans *L'Art Brut*, n° 3, Paris, Compagnie de l'Art Brut, 1965 ; et Joseph Crépin dans *L'Art Brut*, n° 5, Paris, Compagnie de l'Art Brut, 1965.

1 See details given in the text.
2 Jean Dubuffet, 'La double vie de Laure', *L'Art Brut*, no. 6 (Paris: Compagnie de l'Art Brut, 1966), p. 72.
3 Dubuffet, 'La double vie de Laure', pp. 68–101.
4 Dominique Gilbert Laporte, *Laure ou la Prosopopée du ciel* (Lausanne: Furor, 1982).
5 *Laure*, 22 March – 28 May 1978, exhibition at the Collection de l'Art Brut, Lausanne.
6 Lise Maurer, psychoanalyst, formerly a hospital psychiatrist, has written several texts on Art Brut artists: 'Émile Josome Hodinos', *L'Art Brut*, no. 18 (Lausanne: Collection de l'Art Brut, 1994); *Le Remémoirer de Jeanne Tripier* (Paris: Éd. érès, 1999); 'Laure Pigeon, la femme plume', *L'Art Brut*, no. 25 (Lausanne/Gollion: Collection de l'Art Brut/Infolio, 2014). Since 2003 she has run a multidisciplinary research seminar with the title 'De la trinité en déroute au sinthome'.
7 In the bibliography, see in particular the titles by Cécile Cunin.
8 In a handwritten register, drawn up by Jean Dubuffet from 29 April 1963 onwards, Archives de la Collection de l'Art Brut, [ACAB], Lausanne.
9 See Lucienne Peiry, 'Dubuffet et les œuvres spirites. Lesage. Crépin. Simon', in *Lesage. Simon. Crépin. Peintres spirites et guérisseurs* (Villeneuve d'Ascq: LaM – Lille Métropole Musée d'art moderne, d'art contemporain et d'art brut, 2019), pp. 218–23.
10 On 9 February 1965, Jean Dubuffet wrote to Jean-François Booss: 'I hope in particular that Monsieur Hubert Forestier will be good enough to follow up on his kind offer of information regarding instances of mediumistic art that he had discussed with me during my visit to the Maison des Spirites', [ACAB].
11 Letter from Jean-François Booss to Jean Dubuffet, 22 May 1965, [ACAB].
12 *Journal de Bord*, 1963, p. 48, [ACAB].
13 Handwritten notes by Jean Dubuffet, [ACAB].
14 *Journal de Bord*, p. 49, [ACAB].
15 See the chronology on p. 172.
16 An art lover, Philippe Mianes studied the work of the painter, fashion illustrator, interior decorator, and set and costume designer Christian Bérard (1902–1949) for thirty years.
17 Philippe Mianes specified that as his mother was knowledgeable about Buddhist philosophy and was close to Arnaud Desjardins and the poet and follower of Gandhi, Lanza del Vasto, Jean-Louis Victor had asked her to contribute to the encyclopaedia he was working on – *L'Univers de la Parapsychologie et de l'Ésotérisme* – which was eventually published in 1976. The grandmother of Jean-Louis Victor (1943) was also a medium and had known Augustin Lesage.
18 The other mediumistic drawings inherited by Philippe Mianes were later acquired by the gallerist Philippe Pannetier of Nîmes.
19 Email from Jean-Louis Victor to Anic Zanzi, 9 December 2024.
20 He had already written articles on spirit artists in the early issues of *L'Art Brut*: Raphaël Lonné in *L'Art Brut*, no. 1 (Paris: Compagnie de l'Art Brut, 1964), Augustin Lesage in no. 3 (Paris: Compagnie de l'Art Brut, 1965), and Joseph Crépin in no. 5 (Paris: Compagnie de l'Art Brut, 1965).
21 For example, in 1978 in her first solo exhibition at the Collection de l'Art Brut in Lausanne.

21 Par exemple, en 1978, lors de sa première exposition monographique à la Collection de l'Art Brut à Lausanne.
22 Lettre de Jean Dubuffet à Mme Lombard, Paris, 15 mars 1969, [ACAB].
23 Jean-Paul Crespelle, *Journal du dimanche*, 16 avril 1967.
24 Georges Hilaire, *Le Spectacle du monde*, juin 1967.
25 Françoise Jaunin, *La Tribune de Lausanne*, 17 mai 1978.
26 André Kuenzi, *24 Heures*, 24 avril 1978.
27 Le spiritisme, cette doctrine ou pratique médiumnique qui ritualise la communication avec les morts, est fort répandue en Europe et aux États-Unis à la fin du XIXe et au début du XXe siècle.
28 Lise Maurer, « Laure Pigeon, la femme plume », *op. cit.*, p. 11.
29 Jean Dubuffet, « La double vie de Laure », *op. cit.*, p. 71.
30 Selon les notes de Jean Dubuffet, il s'agit de « *Madame Piper* par M. Sage ; *Le livre des médiums* d'Allan Kardec, *L* ; plusieurs livres de Charles W. Leadbeater ; *Comment devenir médium* ; *Oui les morts vivent* ; *Les missionnaires de l'astral.* », [ACAB].
31 Jean Dubuffet, « La double vie de Laure », *op. cit.*, p. 83.
32 Lise Maurer, « Laure Pigeon, la femme plume », *op. cit.*, p. 50.
33 Auteur au VIe siècle de traités chrétiens de théologie mystique en grec.
34 Cf. Laure Pigeon, message du 29 octobre 1961, p. 163.
35 Cf. Laure Pigeon, message du 8 octobre 1961, p. 161-162.
36 Cf. l'ensemble des messages p. 153-169.
37 Le corpus comprend des œuvres de 1935 à 1936, de 1938 à 1941, de 1946 à 1949, de 1951 et de 1953 à 1964.
38 Jean Dubuffet, « La double vie de Laure », *op. cit.*, p. 87.
39 Lise Maurer, « Laure Pigeon, la femme plume », *op. cit.*, p. 54.
40 Jean Dubuffet, « La double vie de Laure », *op. cit.*, p. 90-91.
41 « Va, secret moins amer Laure artiste ». Cf. Laure Pigeon, message du 15 août 1960, p. 159.

22 Letter from Jean Dubuffet to Mme Céline Lombard, Paris, 15 March 1969, [ACAB].
23 Jean-Paul Crespelle, *Journal du dimanche*, 16 April 1967.
24 Georges Hilaire, *Le Spectacle du monde*, June 1967.
25 Françoise Jaunin, *La Tribune de Lausanne*, 17 May 1978.
26 André Kuenzi, *24 Heures*, 24 April 1978.
27 Spiritism, or spiritualism, was a mediumistic doctrine or practice that ritualised communication with the dead and was widespread in Europe and the United States in the late nineteenth and early twentieth centuries.
28 Maurer, 'Laure Pigeon, la femme plume', p. 11.
29 Dubuffet, 'La double vie de Laure', p. 71.
30 According to Dubuffet's notes, these books were *Madame Piper* by M. Sage; *Le livre des médiums* by Allan Kardec; and several books by Charles W. Leadbeater, *Comment devenir médium*, *Oui les morts vivent*, and *Les missionnaires de l'astral*, [ACAB].
31 Dubuffet, 'La double vie de Laure', p. 83.
32 Maurer, 'Laure Pigeon, la femme plume', p. 50.
33 Sixth-century author of Christian treatises on mystical theology in Greek.
34 See Laure Pigeon, message dated 29 October 1961, p. 163.
35 See Laure Pigeon, message dated 8 October 1961, pp. 161–62.
36 See the full set of messages, pp. 153–69.
37 The corpus consists of work from these periods: 1935–36, 1938–41, 1946–49, 1951, and 1953–64.
38 Dubuffet, 'La double vie de Laure', p. 87.
39 Maurer, 'Laure Pigeon, la femme plume', p. 54.
40 Dubuffet, 'La double vie de Laure', *op. cit.*, pp. 90–91.
41 'Va, secret moins amer Laure artiste' (Go, secret less bitter Laure artist). See Laure Pigeon, message dated 15 August 1960, p. 159.

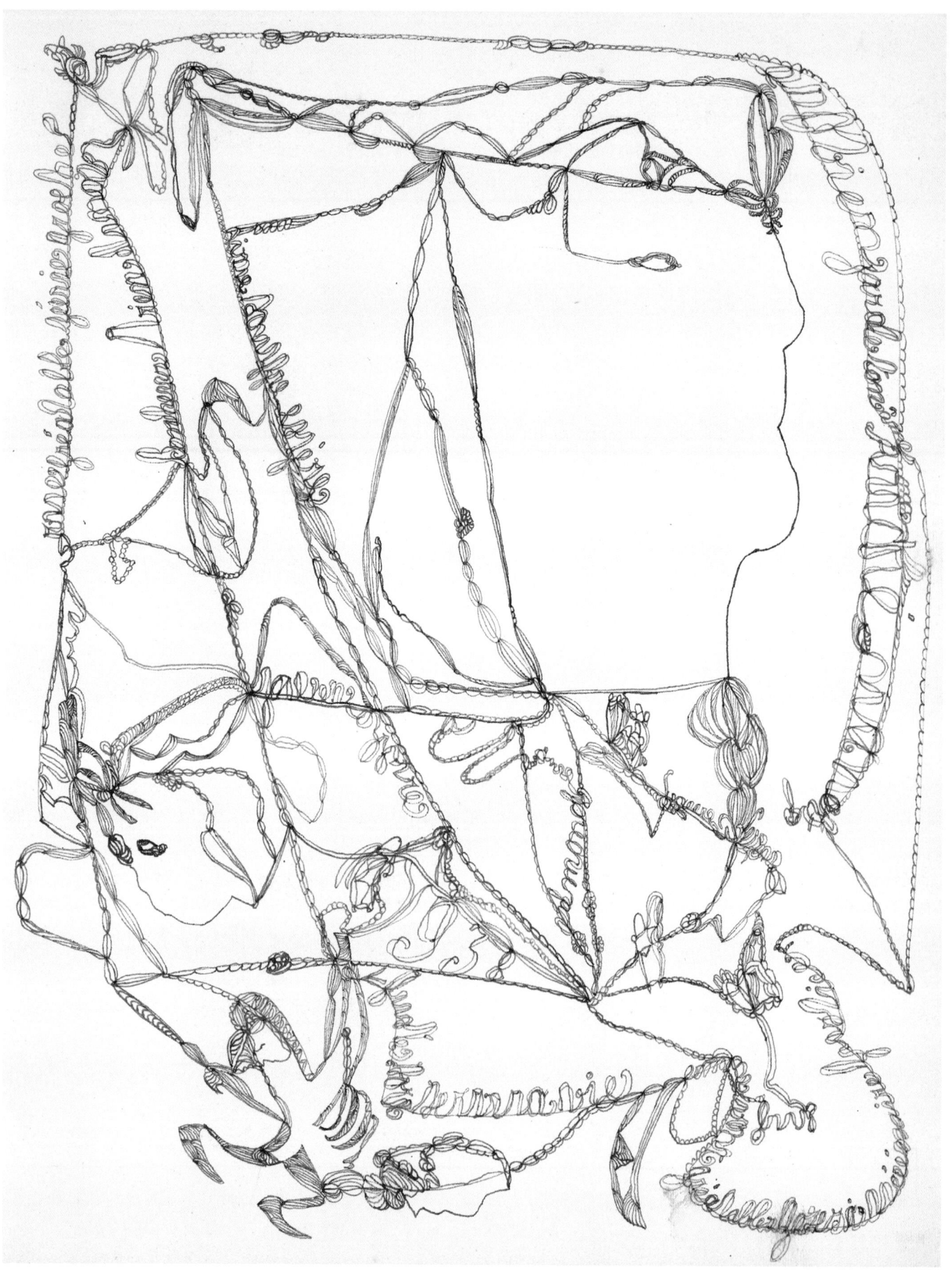

Laure Pigeon, le maillage des corps

Laure Pigeon: The Mesh of Bodies

« Les justes leçons créées dans le fécond art montrent la vie lacérée avec force, criant les émois amers, que les vies ont laissé [sic] derrière elles[1]. » Par ces mots émis le 1er août 1960, l'un des esprits s'adressant à Laure Pigeon ne peut offrir meilleure évocation de son œuvre. En 1960, la créatrice est déjà aguerrie au geste dessiné et teinté d'encre qui lace les vies de bleu et de noir, la sienne, celles des êtres qui ont parcouru son existence : Edmond, Lily, celles des femmes disparues – la mère et la grand-mère – qui donnent voix et corps aux dessins. Si l'on en croit les divers textes ayant relayé la biographie de Laure Pigeon, elle réalise ses premiers dessins vers 1934-1935. En 1960, elle mène donc depuis quelques dizaines d'années déjà un maillage patient, ayant peut-être vocation à « réparer des vies très antérieures[2] », comme une voix le suggère le 8 août 1961. Celle-ci, décrivant sa présence auprès de l'artiste médiumnique, ajoute : « mon rôle est de t'apporter des toiles qui te ferons [sic] progresser[3]. » La polysémie du terme « toile » laisse songeur. Laure Pigeon utilise en effet l'encre pour tisser un réseau de mots et de figures. Elle trame. Laure Pigeon annote, accroche, détoure le blanc. Elle construit des liens, des chaînes, une lignée de femmes dont les destins et les voix s'entremêlent, comme le suggère la psychiatre et psychanalyste Lise Maurer[4]. Cette généalogie retrouvée par le geste artistique forme un vaste et patient « tricotage verbal[5] ».

'The right lessons created in fertile art reveal life, ripped forcefully to shreds, crying out the bitter emotions that lives have left behind them.'[1] With these words, spoken on 1 August 1960, one of the spirits addressing Laure Pigeon could not have offered a better description of her work. In 1960, she was already proficient in the manner of her blue- and black-ink drawings that laced together lives: her own, those of the people present in her existence – Edmond and Lily – as well as those of her mother and grandmother, who had already passed on, that together gave voice and body to her drawings. If we are to believe the texts that relate Laure Pigeon's life, she made her first drawings around 1934 to 1935. By 1960, therefore, she had already spent more than two decades patiently weaving together a mesh, perhaps with the aim of 'repairing lives from long ago',[2] as a voice suggested to her on 8 August 1961. That same voice, describing its presence in the mind of the mediumistic artist, added: 'My role is to bring you canvases that will help you progress.'[3] The different meanings of the word used for 'canvases' – *toile* – give cause for reflection. Indeed, Laure Pigeon used ink to weave a web of words and figures. She annotated, hitched, and outlined the white. She constructed links, chains, a line of women whose destinies and voices interlace, as the psychiatrist and psychoanalyst Lise Maurer suggests.[4] This genealogy, revealed through her artistic gesture, forms a vast and patient 'verbal knitting'.[5]

sans titre (cahier n° 2), 1938
encre bleue sur papier
31 × 24 cm
cab-1956

untitled (sketchbook no. 2), 1938
blue ink on paper
31 × 24 cm
cab-1956

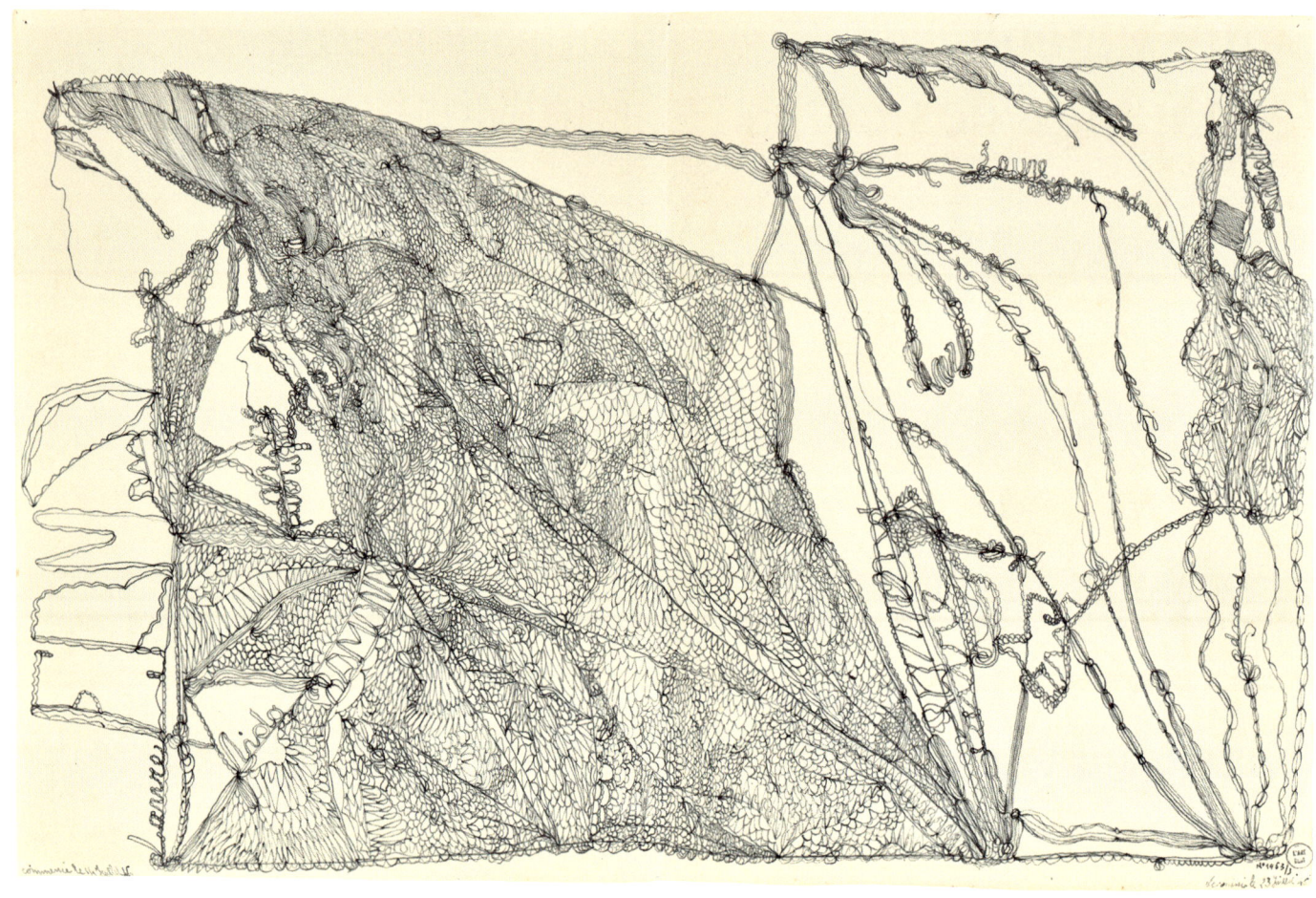

Laure Pigeon découvre le spiritisme dans une pension de famille dans laquelle elle s'installe après s'être séparée de son mari Edmond. Elle déménage ensuite dans un appartement en région parisienne où elle explore ses qualités de médium en solitaire. C'est sa belle-sœur, Lily, avec laquelle elle est restée en lien toutes ces années durant, qui subvient à ses besoins et continue de la visiter régulièrement. Lily a également prêté sa main afin de prendre en note les messages des esprits convoqués par Laure Pigeon. Lily est par ailleurs la principale intermédiaire de Jean Dubuffet lorsque celui-ci engage des recherches afin de récolter

Laure Pigeon discovered spiritism while staying in a boarding house after separating from her husband, Edmond. She later moved to a flat in the Paris region, where she explored her abilities as a medium alone. It was her sister-in-law, Lily, with whom she had remained in contact over the years, who saw to her needs and visited regularly. Lily also recorded in writing the messages Laure Pigeon received from the spirits she summoned. Furthermore, Lily was Jean Dubuffet's main source when he began to gather the information needed to write an article about the artist. In his text, Jean Dubuffet

sans titre (cahier n° 9), 1946
encre bleue sur papier
32 × 50 cm
cab-1963

untitled (sketchbook no. 9), 1946
blue ink on paper
32 × 50 cm
cab-1963

les informations nécessaires à l'écriture de l'article concernant la créatrice. Dans ce texte, Jean Dubuffet décrit un processus de révélation et de métamorphose qui prend corps par le geste artistique. Le titre du texte, « La double vie de Laure », est d'ailleurs éclairant, le propos étant en effet pris dans un double mouvement. Laure Pigeon y est d'abord décrite comme une femme estimée de son quartier, « digne et paisible », « avenante et gaie » et « des mieux équilibrée[6] ». Rapidement, Jean Dubuffet note une disharmonie entre la présentation sociale de la créatrice et ses représentations dessinées qui, elles, sont d'une humeur « funèbre[7] ». Elle était, d'après Lily, « cultivée, bonne administratrice et bonne ménagère », bien que montrant une totale « inaptitude aux activités artistiques[8] ». On constate que le peintre procède à une rhétorique de la normalisation de la créatrice afin, dans un premier temps, de mettre en évidence son appartenance aux hommes et femmes du commun qui forgent la « fiction théorique[9] » de l'Art Brut. Peu à peu, Laure Pigeon se distingue et se trouve mise en opposition avec sa belle-sœur Lily. Ainsi, la créatrice « formait frappant contraste avec les goûts de Lily elle-même, qui pratiqua naguère le dessin et l'aquarelle, en même temps que le chant et le piano[10] ». De son côté, Laure Pigeon ne montre apparemment aucun talent de dessinatrice et se trouve incapable de tenir entre ses mains « une paire de ciseaux pour coudre[11] ». De façon à peine implicite, Jean Dubuffet note donc que contrairement aux femmes de son temps comme sa belle-sœur, Laure Pigeon ne pratique pas la couture comme art d'agrément. Jean Dubuffet utilise des attendus de la société hétéropatriarcale de son temps pour mettre en lumière l'écart dans lequel se situe Laure Pigeon par rapport à ces normes. Il suggère ainsi une forme de déviance par rapport à l'ordre social établi. Finalement, Laure Pigeon n'est donc pas tout à fait « comme une autre[12] » et se trouve peut-être même, en tant que femme, médium et artiste, à « la marge de la marge[13] ». Cette valorisation, voire sacralisation, de la différence des artistes femmes de l'Art Brut souhaite montrer l'originalité de leur statut en tout point divergent de celui auquel elles pourraient prétendre dans l'art culturel. Un art bourgeois et académique qui fait d'elles des muses, des objets du regard et des représentations artistiques, selon Jean Dubuffet. Par cette accentuation de

described a process of revelation and metamorphosis that was given substance through Laure Pigeon's artistic gesture. The title of his essay, 'La double vie de Laure', is illuminating, as the account follows twin trajectories. The artist is first described as a woman respected in her neighbourhood – 'dignified and calm', 'pleasant and cheerful', and 'one of the most well-balanced'.[6] However, Dubuffet quickly notes a disparity between the artist's social figure and her drawings, which he describes as having a 'funereal' mood.[7] According to Lily, she was 'cultured, organised, and a good housekeeper', despite displaying a complete 'inaptitude for artistic activities'.[8] It is clear that Dubuffet was attempting to normalise Pigeon, at first stressing her kinship with the ordinary men and women who contrive the 'theoretical fiction'[9] of Art Brut. Gradually, Dubuffet sets Laure Pigeon apart from and contrasts her with her sister-in-law Lily. Thus, the artist 'formed a striking contrast with Lily's own tastes, as Lily had formerly practised drawing and watercolours, as well as singing and playing the piano'.[10] In contrast, Laure Pigeon apparently showed no talent as a draughtswoman and was incapable of holding 'a pair of sewing scissors'.[11] Jean Dubuffet thus notes – though only subtly – that, unlike the women of her own time, typified by her sister-in-law, Laure Pigeon did not sew for pleasure. Dubuffet employs the expectations of the heteropatriarchal society of his time to show up the discrepancy between Pigeon and those norms, and, in so doing, he suggests that a form of deviance existed from the established social order. In the end, he describes Laure Pigeon as not being quite 'like any other'[12] and that, as a woman, a medium, and an artist, she may have existed on 'the fringe of the fringe'.[13] The aim of this accentuation – even sacralisation – of the non-conformity of women Art Brut artists was to highlight the originality of their status, which completely diverged from the position they might have enjoyed in the realm of cultural art. According to Dubuffet, bourgeois and academic art cast them as muses, objects to be studied, and artistic representations. However, by accentuating their difference, they received the right to enter the collections of the Compagnie de l'Art Brut. In a letter

leur différence, elles trouvent par ailleurs leur droit d'entrée dans les collections de la Compagnie de l'Art Brut. Dans une lettre écrite à Jean Paulhan en janvier 1947, Jean Dubuffet explique que, selon lui, « les "féministes" (se nomment ainsi les tenants de la non-différence) [...] font tort aux femmes[14] ». Trente ans plus tard, en 1977, dans une lettre cette fois adressée à l'écrivain Marcel Moreau, Jean Dubuffet poursuit sur sa lancée : « J'attends avec émotion le Sacre de la femme et la Liberté. Je suis frappé par le fort sentiment que la féminité [...] est extrêmement étrangère à tout homme. Bien sûr que c'est par là – le sentiment de cette profonde, irrémédiable étrangeté – que le statut féminin nous émerveille tant, comme nous fascine et nous attire tout ce qui nous est étranger[15]. » Méfions-nous de ces majuscules, qui peuvent teinter les propos de Jean Dubuffet d'ironie. Cependant, cette idée de la différence des sexes qui devient réclusion des femmes dans la marge semble pour le moins persistante dans la pensée du collectionneur. Le territoire « étranger » qu'occupent les femmes est, pour reprendre les termes de Simone de Beauvoir[16], la région de « l'Autre » marquée par l'étrangeté et le sacré. Les artistes femmes de la Compagnie de l'Art Brut, comme leurs œuvres, sont parfois décrites par Jean Dubuffet avec des adjectifs et métaphores indiquant qu'elles appartiennent à d'autres espaces-temps, parfois en dehors du règne humain. Jean Dubuffet voit la créatrice vivre « ravie » dans « les eaux noires de la mort[17] ». Elle apparaît comme Ophélie, dans le poème du même nom de Rimbaud, qui « passe, fantôme blanc, sur le long fleuve noir ». Jean Dubuffet procéderait-il, par là, à une mythification de Laure Pigeon ?

Relire Jean Dubuffet depuis le contexte socioculturel dans lequel il a développé ses écrits en mesurant les préoccupations sociales et genrées de son époque nous permet de saisir qu'il flirte incessamment avec un ton imprégné de réflexes patriarcaux. Le processus de création des autrices et auteurs d'Art Brut ne peut d'ailleurs pas se penser sans une simultanéité de l'expérience de classe et de genre. Il en va de même pour la pratique spirite qui se développe dans les régions nouvellement industrialisées du nord de la France, de l'Angleterre et de la Belgique, dans la deuxième moitié du xxe siècle. Il n'est donc pas

he wrote to Jean Paulhan in January 1947, Jean Dubuffet explained that, to his eyes, 'the "feminists" (as the upholders of non-difference call themselves) [. . .] do women a disservice.'[14] Thirty years later – in 1977 – in a letter to the writer Marcel Moreau, Dubuffet pursued the same argument: 'I await with emotion the Consecration of Woman and Freedom. I am struck by the strong feeling that femininity [. . .] is completely alien to all men. Of course, it is precisely because of this – the feeling of this deep, irremediable strangeness – that we find the female condition so amazing, just as we are fascinated and attracted by everything that is foreign to us.'[15] Be chary of those capital letters, which may suggest Dubuffet's views are tinged with irony. Even so, the idea that the difference between the sexes leads to women's confinement on the fringe seems to persist in the collector's thinking. The 'foreign' territory occupied by women is, to borrow Simone de Beauvoir's terms,[16] the realm of 'the Other' – marked by strangeness and the sacred. Like their works, the women artists in the Compagnie de l'Art Brut are at times described by Jean Dubuffet using adjectives and metaphors that suggest they belong to other times and spaces, sometimes even outside the human realm. Jean Dubuffet views Laure Pigeon as living 'enchanted' in 'the black waters of death'.[17] She appears like Ophelia in Rimbaud's eponymous poem, who for more than a thousand years 'passed, a white phantom, down the long black river'. Might Jean Dubuffet here be attempting to mythicize Laure Pigeon?

Rereading Jean Dubuffet in view of the socio-cultural context in which he produced his writings, while also taking into account the social and gender-related concerns of his era, reveals that he dabbled incessantly with a tone steeped in patriarchal reflexes. The creative process of Art Brut artists cannot be considered unaffected by their simultaneous experience of class and gender issues. The same goes for the spiritualist practice that thrived in the newly industrialised regions of northern France, England, and Belgium during the second half of the twentieth century. It is not insignificant, therefore, that mediumistic practice was more frequently practised by women,

anodin que la pratique médiumnique soit davantage investie par les femmes, qui ont vu leur parenté masculine partir au front et ne pas revenir. La pratique spirite est une des manières d'investir le domaine du *care*[18], en prenant soin des absents, des disparus et des présents, tout en menant un travail de transmission. Laure Pigeon commence à dessiner quelques années après avoir été trompée par son mari et après la mort de ses beaux-parents qui comptaient beaucoup pour elle. Sa création est guidée par les voix de femmes de sa famille, sa grand-mère et sa mère, qui apparaissent régulièrement par l'intermédiaire de la pratique médiumnique. D'après Michel Thévoz, les médiums seraient majoritairement issus de milieux populaires et ne se permettraient pas, en raison de leur classe sociale, de développer et d'investir l'« autre en eux[19] ». Il formule alors l'hypothèse de la pratique médiumnique comme alibi. La délégation de la production artistique à des esprits rendrait possible la création encouragée par la voix d'un autre que soi. Ce terme « alibi » n'est cependant pas neutre. Il convoque avec lui l'idée qu'une personne suspectée d'un fait doit se justifier qu'elle ne pouvait pas le commettre afin d'en être disculpée. L'alibi est donc une manière de rendre des comptes à la société afin de ne pas être rendu coupable d'un geste qui nous accuse. Nous formulons une première hypothèse qui souhaite dépasser cette notion d'alibi et la sémantique qu'elle charrie, en proposant l'idée que la pratique spirite permettrait de performer une identité d'artiste. La voix spirite n'est donc pas seulement un prétexte derrière lequel se cacher pour créer secrètement sans être accusé d'emprunter une voie professionnelle qui semble impensable dans les milieux populaires. Elle est plutôt l'ouverture initiatique à une construction sociale en devenir, à une mise en scène de soi, à une identité d'artiste qui s'affirme à chaque geste de nouveau répété. La performativité[20] est un processus par lequel un énoncé se réalise en acte du fait même qu'il est énoncé. Ainsi, le discours produit un effet dans le réel, dans et sur les corps. Pensons à Augustin Lesage qui entend, dans le fond de la mine, une voix lui annonçant qu'il va devenir peintre. La corrélation entre la pratique artistique et le statut de médium interroge, le médium joignant, d'une certaine manière, le geste à la parole annonciatrice. Laure Pigeon dessine

who saw their male relatives leave for the front but not return. Spiritism was one way to engage with the domain of care,[18] in which practitioners could minister to the absent, the lost, and those present alike, while also carrying out the work of transmission. Laure Pigeon began to draw a few years after her husband's infidelity and the death of her parents-in-law, to whom she had been very close. Her production was guided by the voices of the women in her family – her grandmother and her mother – who regularly appeared to her during her practice as a medium. Michel Thévoz argues that mediums were chiefly from working-class backgrounds and, due to their social class, would not allow themselves to develop and encourage the 'others within them'.[19] He thus suggested that mediumistic practice was being used as an alibi. Delegation of artistic production to spirits made it possible for creation to occur, but encouraged by the voice of another being rather than the practitioner herself. However, the term 'alibi' is not neutral. It bears within it the idea that an individual suspected of having committed a reprehensible act must demonstrate that they could not have committed it in order to be vindicated. An alibi is therefore a way of explaining oneself to society so as to avoid being judged guilty of an incriminatory act. Here, an initial hypothesis is advanced with the purpose of overcoming the notion of the alibi and its semantics by proposing the idea that spiritualist practice enables an artistic identity to be productive. The spirit voice is thus not simply a pretext behind which the practitioner hides in order to create in secret, and to avoid being accused of indulging in a professional activity that would be deemed unthinkable in a working-class milieu. Not at all. It instead serves as an initiatory opportunity to develop a constantly evolving social construction, a staging of the self, an artistic identity that becomes more strongly established with each repeated creative act. Performativity[20] is a process in which an utterance is realized through the very act of being spoken. In this way, discourse produces an effect in the real, both within and upon the body. Take the example of Augustin Lesage, who, when deep in a mine, heard a voice tell him he would become a painter. The correlation between artistic practice and the status of a medium

une vaste étendue de fils et de fibres à l'encre et réalise, par son geste, la parole énoncée par les esprits convoqués. L'initiation au spiritisme agit donc comme un événement performatif qui dévoile un désir. La médiumnité ouvre ainsi une temporalité et un espace par lequel performer une autre identité sociale et culturelle, un statut d'artiste. La médiumnité n'est donc pas exactement un prétexte choisi et conscient pour entrer en création mais une affirmation, en partie inconsciente, du « je », par l'adoption et l'affirmation d'un nouveau jeu social. Nous pensons que les artistes médiumniques rendent finalement visible l'unité de leur désir par le fameux « je est un autre » que nous empruntons à Arthur Rimbaud.

Une autre hypothèse, par ailleurs tout à fait compatible avec la première, peut être formulée. Ne faut-il pas entendre, dans les voix convoquées par le médium, la sollicitation d'un ou d'une alliée ? Les voix spirites ne seraient-elles pas un équivalent de la « voix de la navette » ? Le mythe de Philomèle est paradigmatique de cette expression, qui fait également référence à la tragédie *Térée* de Sophocle, un texte perdu mais dont il reste quelques fragments importants. Philomèle est victime d'un viol commis par Térée et les sévices engagés sur son corps ne cessent pas. Son agresseur lui coupe la langue, lui ôtant toute possibilité de raconter ce qu'elle a subi. Empêchée, dans son corps, de verbaliser son histoire, Philomèle décide de l'exprimer à sa sœur en tissant une toile. Par ailleurs, l'helléniste et mythologue Françoise Frontisi-Ducroux[21] dégage quelques grandes associations qui médiatisent la relation entre le textile et les femmes dans les mythes. La première est la rencontre, puis l'absence ou l'éloignement de l'amoureux masculin qui motive la mise au travail textile. Pensons aux mythes d'Ariane, d'Hélène et de Pénélope. Françoise Frontisi-Ducroux rappelle également qu'en grec, les termes « trame » et « chaîne » n'appartiennent pas au même genre, la trame étant un terme féminin et la chaîne un terme masculin. Aussi, selon certaines versions du mythe, Philomèle utiliserait l'écriture pour dévoiler son histoire. Les textes grecs ne permettent pas de préciser ce geste puisqu'écrire et dessiner sont désignés par un même verbe, *graphein*. Si Laure Pigeon

raises questions because, in a way, the medium unites artistic practice with the prophetic word. Laure Pigeon created ink drawings of a vast expanse of threads and fibres, putting into material form the words spoken by the spirits she summoned up. Her initiation into spiritism thus functions as a performative event that reveals a desire. Mediumship creates a temporality and a space through which another social and cultural identity – here the status of an artist – can perform. It is not exactly a consciously chosen pretext to practise creation but a partly unconscious assertion of the self, through the adoption and affirmation of a new social role. It is my belief that mediumistic artists ultimately made visible the unity of their desire through Arthur Rimbaud's well-known phrase 'je est un autre'.[21]

Another hypothesis, fully compatible with the first, can also be formulated. Should the voices summoned up by the medium not call for an ally? Could spirit voices not be equivalent to the 'voice of the shuttle'? The myth of Philomela is paradigmatic of this expression, which also makes reference to Sophocles's lost tragedy *Tereus*, a few fragments of which remain. In this, Philomela is raped by Tereus but the abuse does not cease there: her attacker cuts out her tongue to deprive her of any possibility of informing anyone of the crime. Unable to verbalise her story, Philomela chooses to tell her sister about it by weaving a tapestry. In other respects, the Hellenist and mythologist Françoise Frontisi-Ducroux[22] identifies several major associations that mediatise the relationship between textiles and women in myths. The first is the woman's encounter with her male lover, followed by his absence or departure, a storyline that serves as the catalyst for the creation of the textile – consider, for example, the myths of Ariadne, Helen, and Penelope. Françoise Frontisi-Ducroux also notes that the Greek words for 'weft' and 'warp' have different genders, with weft being feminine and warp masculine. In addition, in some versions of the myth, Philomela recounts her story by weaving words, not images. Greek texts are unable to specify which medium she uses, as the verb *graphein* is used to signify both writing and drawing. Although Laure Pigeon did not actually weave, her

n'adopte pas à proprement parler une pratique textile, ses dessins développent une longue trame au maillage plus ou moins souple. Ils évoquent un processus radiographique qui nous fait voir en détail les boucles qui nouent les fils d'un tricot ou d'une broderie. Une même physiologie du geste accompagne donc le geste textile, celui de l'écriture et du dessin. Nous suivons évidemment la pensée de la psychiatre et psychanalyste Lise Maurer[22] qui développe l'idée que la vocation médiumnique et l'art de Laure Pigeon opèrent comme une « greffe ». En suivant la métaphore de la greffe, on peut penser que l'œuvre de la créatrice est l'organe grâce auquel elle peut continuer à vivre par ramification, restant ainsi en lien avec sa généalogie, c'est-à-dire avec son tissu familial. Ce terme « greffe » est retranscrit tel quel par la créatrice dans un message reçu en 1962 : « mon cœur qui veut retrouver celle que la greffe (c.à.d. la famille) te forcera à devenir[23]. » Greffer, c'est faire corps. Dessiner, c'est faire famille.

Cette notion de « greffe » fait le lien avec celle de végétalité[24] qui nous est chère. Nous appréhendons la végétalité comme un phénomène de représentation et comme une modalité d'incarnation de féminins en devenir. Il s'agit donc d'une forme mouvante et non d'un féminin figé dans le territoire de l'autre. Le phénomène végétal ouvre la possibilité de faire territoire et généalogie à des féminins multiples, voire démultipliés. L'esthétique de la végétalité ouvre la possibilité de tisser des formes et des territoires à la fois avec et en dehors d'un corps vécu au féminin et habité par les normes et aliénations de genre. La végétalité est ainsi un phénomène de représentation qui apparaît dans certaines œuvres traversées par une poussée végétale qui devient forme graphique et textile. Dans les messages retranscrits et mis en image par Laure Pigeon, tout un vocabulaire évoquant le monde textile et végétal circule : « semer » est un verbe employé à maintes reprises tout comme le « nœud », les « liens », le « fil », la « ficelle », les « fibres », les « épis » et « gerbes » de « blé ». Lise Maurer rappelle d'ailleurs que le terme « greffe » est issu du latin *graphium* dont la racine a donné « graphie ». Cela nous amène de nouveau à cette contiguïté du geste écrit et du geste dessiné.

drawings unfurl like an extended weft with a relatively flexible mesh. They are like a radiographic process that provides a detailed view of the loops that bind the threads of a piece of knitting or embroidery. The same physiological movement thus underlies the creation of a textile, a piece of writing, and a drawing. I, of course, follow the thinking of the psychiatrist and psychoanalyst Lise Maurer,[23] who develops the idea that Laure Pigeon's vocation as a medium and her art serve as a 'graft'. Following this metaphor, it could be said that Pigeon's work was the vehicle that allowed her to continue living through ramification, thereby maintaining a link with her genealogy, that is to say, with her familial fabric. The term 'graft' appears in the artist's transcription of a message she received in 1962: 'My heart longs to find the one whom the graft [i.e. the family] will force you to become.'[24] To graft is to make a body. To draw is to make a family.

This notion of 'graft' connects with that of 'vegetality',[25] which is particularly significant. Vegetality is to be understood as both a representational phenomenon and a mode of embodying feminine beings in the making. It is, therefore, a shifting form rather than a feminine fixed within the territory of the *other*. The vegetal phenomenon opens the possibility of making territory and genealogy with multiple, even proliferating, feminines. The aesthetics of vegetality make it possible to weave forms and spaces both with and external to a body experienced in the feminine, and inhabited by the norms and alienations of gender. Vegetality thus emerges as a representational phenomenon that appears in certain works in which a vegetal evolution assumes graphic and textile form. The messages transcribed and illustrated by Laure Pigeon contain an entire vocabulary that evoke the textile and vegetal worlds: the verb 'sow' is used repeatedly, alongside 'knots' (in a branch), 'bonds', 'thread', 'string', 'fibres', 'ears' (of corn), and 'sheaves' of 'wheat'.

Lise Maurer also reminds us that the term 'graft' is derived from the Latin *graphium*, whose root gave rise to '-graphy', which once again brings us back to the close relationship between the acts of writing and drawing.

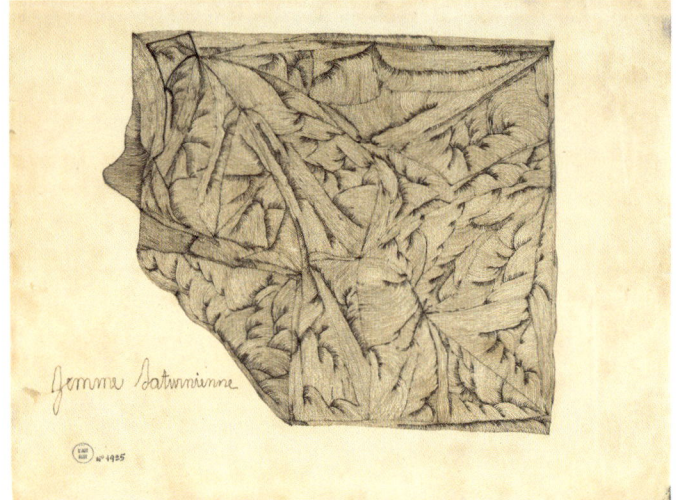 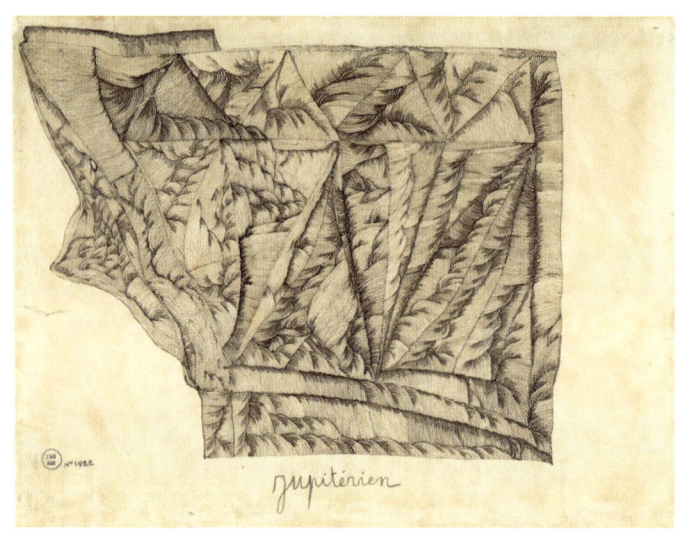

Entre la terre et le ciel, Laure Pigeon cartographie un ordre céleste. Le dessin *Femme Saturnienne* plie et déplie un univers volumineux. Saturne est la deuxième planète la plus grande du système solaire, après Jupiter mentionnée dans un autre dessin. Saturne est aussi le dieu romain de l'agriculture et du temps. Les corps célestes gravitent autour de Laure Pigeon, qui convoque des présences et dessine leur trace depuis sa généalogie personnelle et le temps terrien. La créatrice est attachée à « l'heure [qui] nivelle la route si longue[25] » et à « semer ces paroles[26] ». Laure Pigeon dessine, de feuille en feuille, ancrée.

FLAVIE BEUVIN

Between earth and sky, Laure Pigeon maps out a celestial order. The drawing *Femme Saturnienne* contains and unfurls a voluminous universe. After Jupiter, which is featured in another of her drawings, Saturn is the second-largest planet in the solar system, as well as being the Roman god of agriculture and time. Celestial bodies orbit around Laure Pigeon, who summons presences and represents their traces stemming from her personal genealogy and earthly time. The creator tied to 'the hour [that] levels the long road'[26] and to 'sow these words'.[27] Laure Pigeon draws, sheet by sheet, rooted.

FLAVIE BEUVIN

Femme Saturnienne, ca. 1935
encre noire sur papier
24 × 31 cm
cab-1925

Femme Saturnienne, ca. 1935
black ink on paper
24 × 31 cm
cab-1925

Jupitérien, ca. 1935
encre noire sur papier
24 × 31,5 cm
cab-1922

Jupitérien, ca. 1935
black ink on paper
24 × 31.5 cm
cab-1922

1 Cf. Laure Pigeon, message du 1er août 1960, p. 157-158.

2 Cf. Laure Pigeon, message du 8 octobre 1961, p. 161-162.

3 *Ibidem.*

4 Lise Maurer, « Laure Pigeon, la femme plume », *L'Art Brut*, n° 25, Lausanne/Gollion, Collection de l'Art Brut/Infolio, 2014, p. 91.

5 Jean Dubuffet, « La double vie de Laure », *L'Art Brut*, n° 6, Paris, Compagnie de l'Art Brut, 1966, p. 81.

6 Jean Dubuffet, « La double vie de Laure », *op. cit.*, p. 69.

7 *Ibidem.*

8 Jean Dubuffet, « La double vie de Laure », *op. cit.*, p. 70.

9 Céline Delavaux, *L'art brut, un fantasme de peintre*, Paris, Flammarion, 2018, p. 297.

10 Jean Dubuffet, « La double vie de Laure », *op. cit.*, p. 70.

11 *Ibidem.*

12 *Ibidem.*

13 Léonore Fresnois, *À la marge de la marge, la place des artistes femmes au sein de l'Art Brut*, master de spécialisation en études de genre sous la direction d'Audrey Lasserre, Université catholique de Louvain, 2024.

14 Jean Dubuffet, *Prospectus et tous écrits suivants*, Paris, Gallimard, 1995, t. IV, p. 109.

15 Jean Dubuffet, *Prospectus…*, *op. cit.*, p. 361.

16 Simone de Beauvoir, *Le deuxième sexe I*, Paris, Gallimard, 1986.

17 Jean Dubuffet, « La double vie de Laure », *op. cit.*, p. 69.

18 Parmi les philosophes ayant enrichi ce concept, Carol Gilligan et Sandra Laugier sont à lire.

19 Michel Thévoz, *Art brut, psychose et médiumnité,* Paris, La Différence, p. 142.

20 Judith Butler, *Trouble dans le genre. Le féminisme et la subversion de l'identité*, Paris, La Découverte, 2006.

21 Françoise Frontisi-Ducroux, *Ouvrages de dames. Ariane, Hélène, Pénélope…*, Paris, Le Seuil, 2009.

22 Lise Maurer, « Laure Pigeon, la femme plume », *op. cit.*, p. 93.

23 Cf. Laure Pigeon, message du 29 avril 1962, p. 167-168.

24 Flavie Beuvin, *Végétalité, Art Brut et féminins*, Villeneuve d'Ascq, Presses Universitaires du Septentrion, 2024.

25 Cf. Laure Pigeon, message du 30 novembre 1959, p. 156-157.

26 Cf. Laure Pigeon, message du 21 septembre 1960, p. 159-160.

1 See Laure Pigeon, message dated 1 August 1960, pp. 157–58.

2 See Laure Pigeon, message dated 8 October 1961, pp. 161–62.

3 Ibid. In the original French sentence – 'mon rôle est de t'apporter des toiles qui te ferons [*sic*] progresser' – the word *toiles* can mean canvases and cloth, but also webs, as in a spider's web (translator's note).

4 Lise Maurer, 'Laure Pigeon, la femme plume', *L'Art Brut*, no. 25 (Lausanne/Gollion: Collection de l'Art Brut/Infolio, 2014), p. 91.

5 Jean Dubuffet, 'La double vie de Laure', *L'Art Brut*, no. 6 (Paris: Compagnie de l'Art Brut, 1966), p. 81.

6 Ibid., p. 69.

7 Ibid.

8 Dubuffet, 'La double vie de Laure', p. 70.

9 Céline Delavaux, *L'art brut, un fantasme de peintre* (Paris: Flammarion, 2018), p. 297.

10 Dubuffet, 'La double vie de Laure', p. 70.

11 Ibid.

12 Ibid.

13 Léonore Fresnois, *À la marge de la marge, la place des artistes femmes au sein de l'Art Brut*, master's thesis with specialisation in gender studies, under the direction of Audrey Lasserre, Université catholique de Louvain, 2024.

14 Jean Dubuffet, *Prospectus et tous écrits suivants*, vol. IV (Paris: Gallimard, 1995), p. 109.

15 Ibid., p. 361.

16 Simone de Beauvoir, *Le deuxième sexe I* (Paris: Gallimard, 1986).

17 Dubuffet, 'La double vie de Laure', p. 69.

18 Several philosophers have contributed to this concept, notably Carol Gilligan and Sandra Laugier.

19 Michel Thévoz, *Art brut, psychose et médiumnité* (Paris: La Différence, 1990), p. 142.

20 Judith Butler, *Trouble dans le genre. Le féminisme et la subversion de l'identité* (Paris: La Découverte, 2006).

21 Literally 'I is another'. Rimbaud was effectively saying 'The self is other' or 'The self is another' (translator's note).

22 Françoise Frontisi-Ducroux, *Ouvrages de dames. Ariane, Hélène, Pénélope...* (Paris: Le Seuil, 2009).

23 Maurer, 'Laure Pigeon, la femme plume', p. 93.

24 See Laure Pigeon, message dated 29 April 1962, pp. 167–68.

25 Flavie Beuvin, *Végétalité, Art Brut et féminins* (Villeneuve d'Ascq: Presses Universitaires du Septentrion, 2024).

26 See Laure Pigeon, message dated 30 November 1959, pp. 156–57.

27 See Laure Pigeon, message dated 21 September 1960, p. 160.

Catalogue

La production de Laure Pigeon comprend des œuvres graphiques et des messages spirites. Différentes publications mentionnent que l'ensemble de ses travaux s'élève à cinq cents dessins. En 2014, un recensement plus précis en comptait quatre cent quatre-vingt-huit, dont deux cent trente-neuf répartis au sein de seize cahiers. Dix ans plus tard, une différence dans le calcul des dessins dans les cahiers en réduit le nombre à deux cent un, portant la somme totale d'œuvres à quatre cent cinquante.

Laure Pigeon date presque toujours ses dessins, ce qui permet d'établir une chronologie avec un début d'activité créative en 1935. En revanche, elle n'a que très rarement attribué des titres à ses œuvres. Dans le fascicule *L'Art Brut* n° 25, des dates de création ont parfois été indiquées entre guillemets comme titres. Dans ce catalogue, nous avons mentionné en italique les quelques rares titres donnés par l'autrice et, entre crochets, le titre donné après coup par Jean Dubuffet, s'il y en a un.

Laure Pigeon's production comprises graphic works and spirit messages. Various publications mention that her total output numbers some 500 drawings. In 2014, a detailed inventory counted 488, of which 239 are distributed among 16 sketchbooks. Ten years later, a different approach to counting the drawings in the sketchbooks reduced the number to 201, bringing the overall total of her works to 450.

Laure Pigeon almost always dated her drawings, which has allowed them to be ordered chronologically from the start of her creative activity in 1935. In contrast, she very rarely gave titles to her works. In *L'Art Brut* booklet no. 25, the dates are sometimes placed between inverted commas, like titles. In this catalogue, the few titles given to her drawings by the artist herself are shown in italics, and the title subsequently given by Jean Dubuffet, if mentioned, is given in square brackets.

Dessins
Drawings

(1935–1951)

Durant cette première période de production, Laure Pigeon réalise un peu plus de deux cent cinquante œuvres, dont la grande majorité sont réparties dans des cahiers (voir p. 59).

Le dessin le plus ancien a été commencé le 9 janvier et terminé le 23 janvier 1935 (voir p. 46). D'un point de vue stylistique, il se rapproche de dessins de la même époque, aux titres d'inspiration astrologique (voir p. 48-49), et constitués d'imposantes masses qui occupent la surface de la feuille. Ces œuvres anticipent certaines grandes compositions bleues réalisées à partir de 1953, mais sont toutefois une exception dans la production des premières années.

Jusqu'en 1951, Laure Pigeon crée des œuvres dans lesquelles la ligne est prédominante. Semblable à un fil tricoté, noué, ou à un ruban, elle court souvent jusqu'au bord de la feuille, trace de délicats entrelacs, laissant un peu partout le papier vierge apparaître à travers le grand réseau de traits. Ici ou là émergent des profils de femmes, un des rares motifs figuratifs chez l'autrice. Dans de nombreux dessins, figures et textes sont entièrement mêlés. On distingue des inscriptions, des noms et quelques fois aussi des textes assez longs où les mots dansent sur la page, mais il arrive que l'écriture demeure illisible.

During this first period of her production, Laure Pigeon created a little more than two hundred and fifty works, the great majority in her sketchbooks (see p. 59).

The earliest was begun on 9 January 1935 and completed on 23 January (see p. 46). From a stylistic viewpoint, it has similarities with other drawings of the same period, all of which she gave astrological titles (see pp. 48–49). Composed of large masses, these drawings heralded certain large works in blue she produced from 1953 onwards but were an exception in the production of her early years.

The works Laure Pigeon created up until 1951 are characterized by the predominant use of lines. Resembling knitted or knotted threads, or ribbons, they often stretch to the edges of the paper, tracing delicate interlacing and leaving blank spaces where the paper is seen through the network of lines. Here and there, profiles of women are apparent, one of the artist's rare figurative motifs. Many of the drawings of this period feature figures and text entirely interlinked. Also visible are inscriptions, names and – occasionally – longer texts where the words seem to dance across the page, though the writing at times remains illegible.

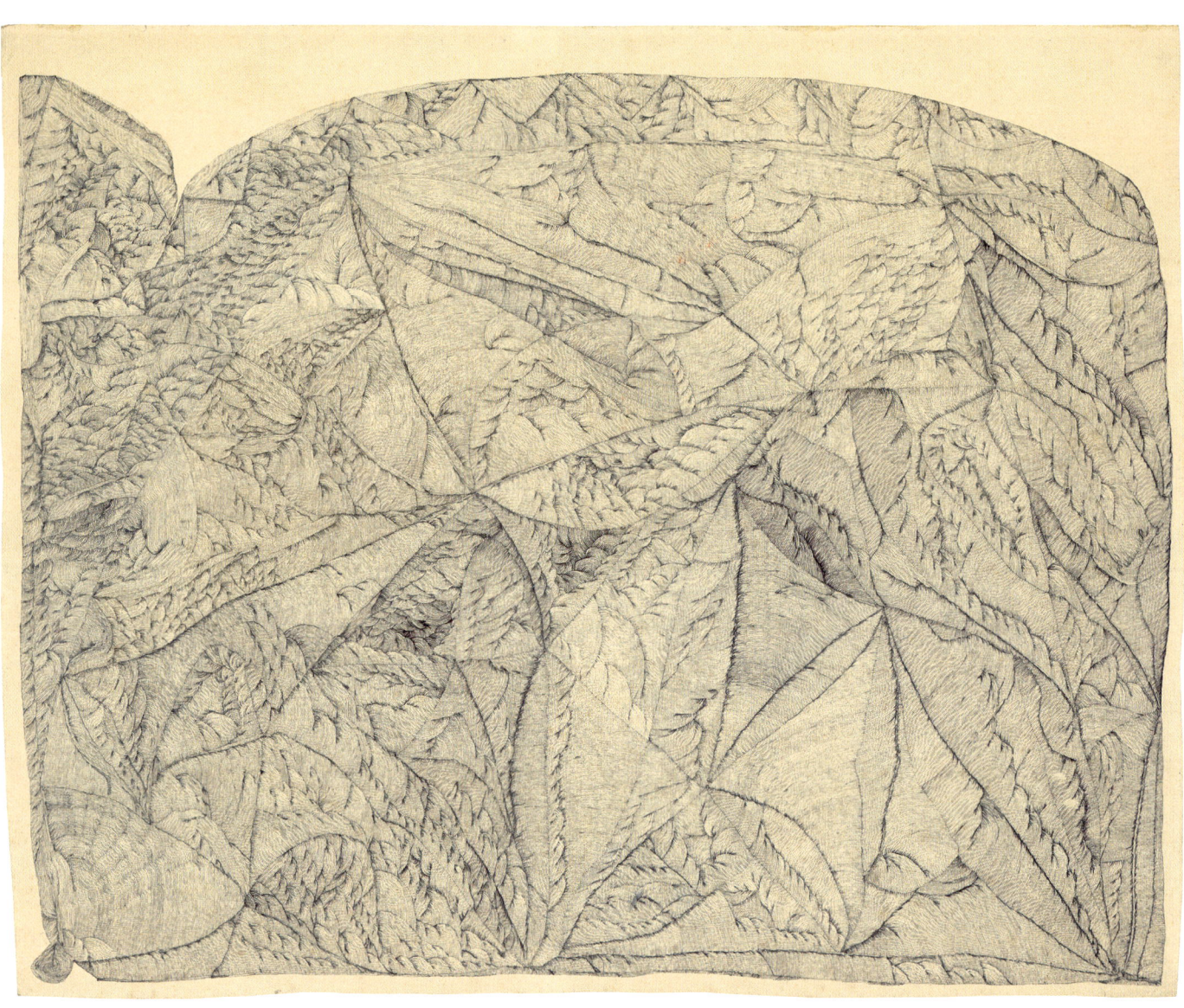

sans titre untitled, du 9 au 23 janvier 9–23 January 1935
encre noire et bleue sur papier black and blue ink on paper
48,5 × 61 cm
cab-1733

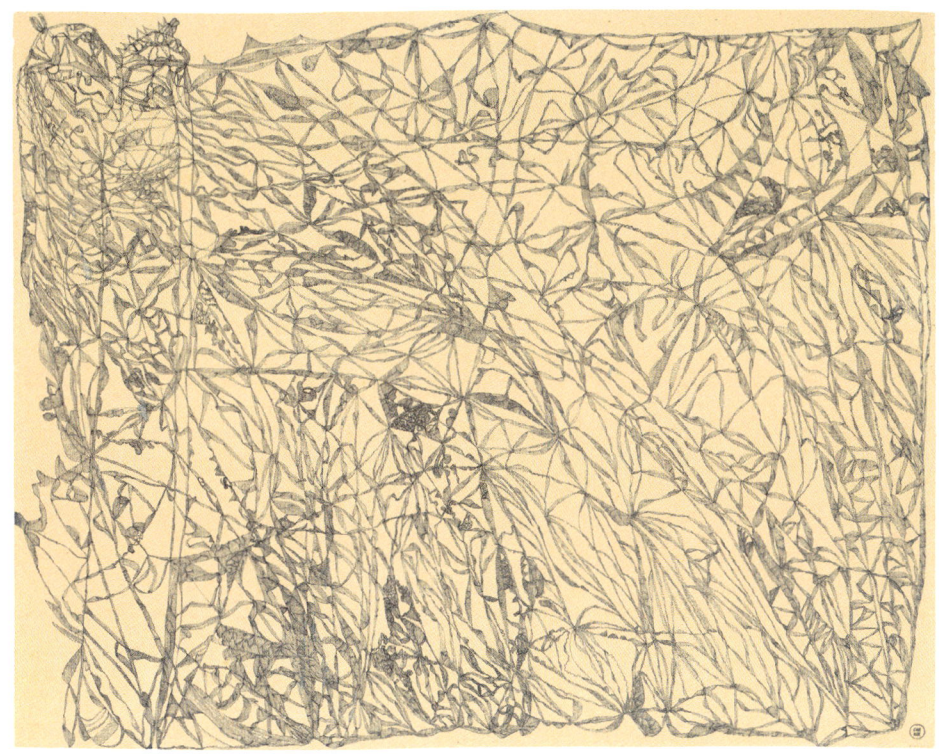

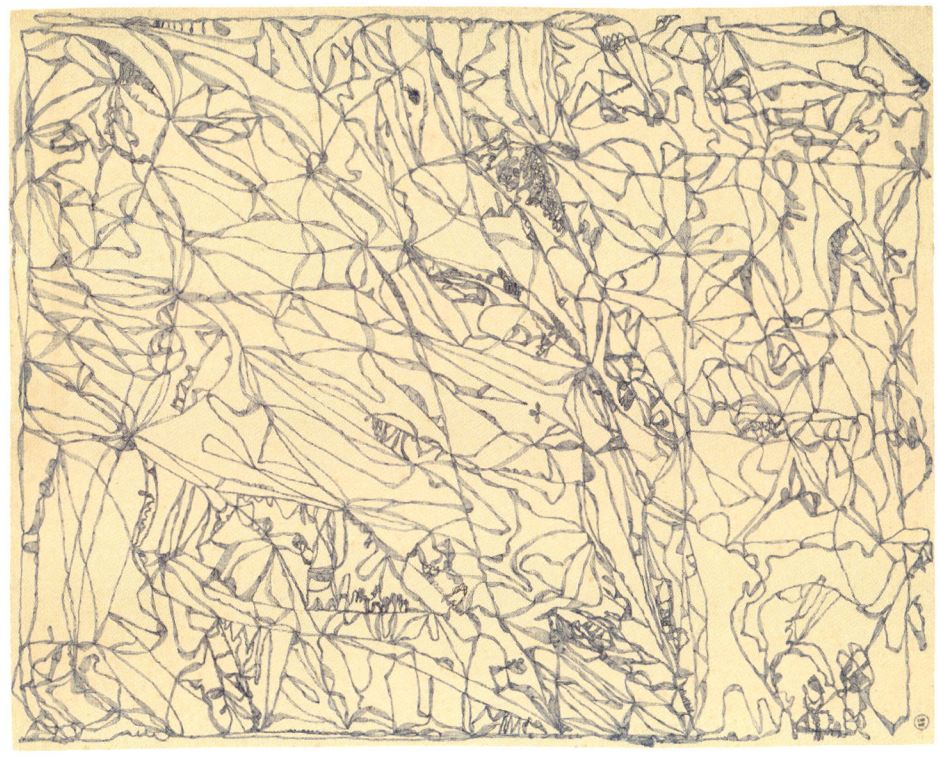

sans titre untitled, du 3 juillet au 21 septembre
3 July–21 September 1935
encre noire et bleue sur papier black and blue ink on paper
48,5 × 62,5 cm
cab-1735

sans titre untitled, du 9 novembre au 8 décembre
9 November–8 December 1935
encre noire et bleue sur papier blue ink and graphite on paper
48,5 × 62,5 cm
cab-1736

48

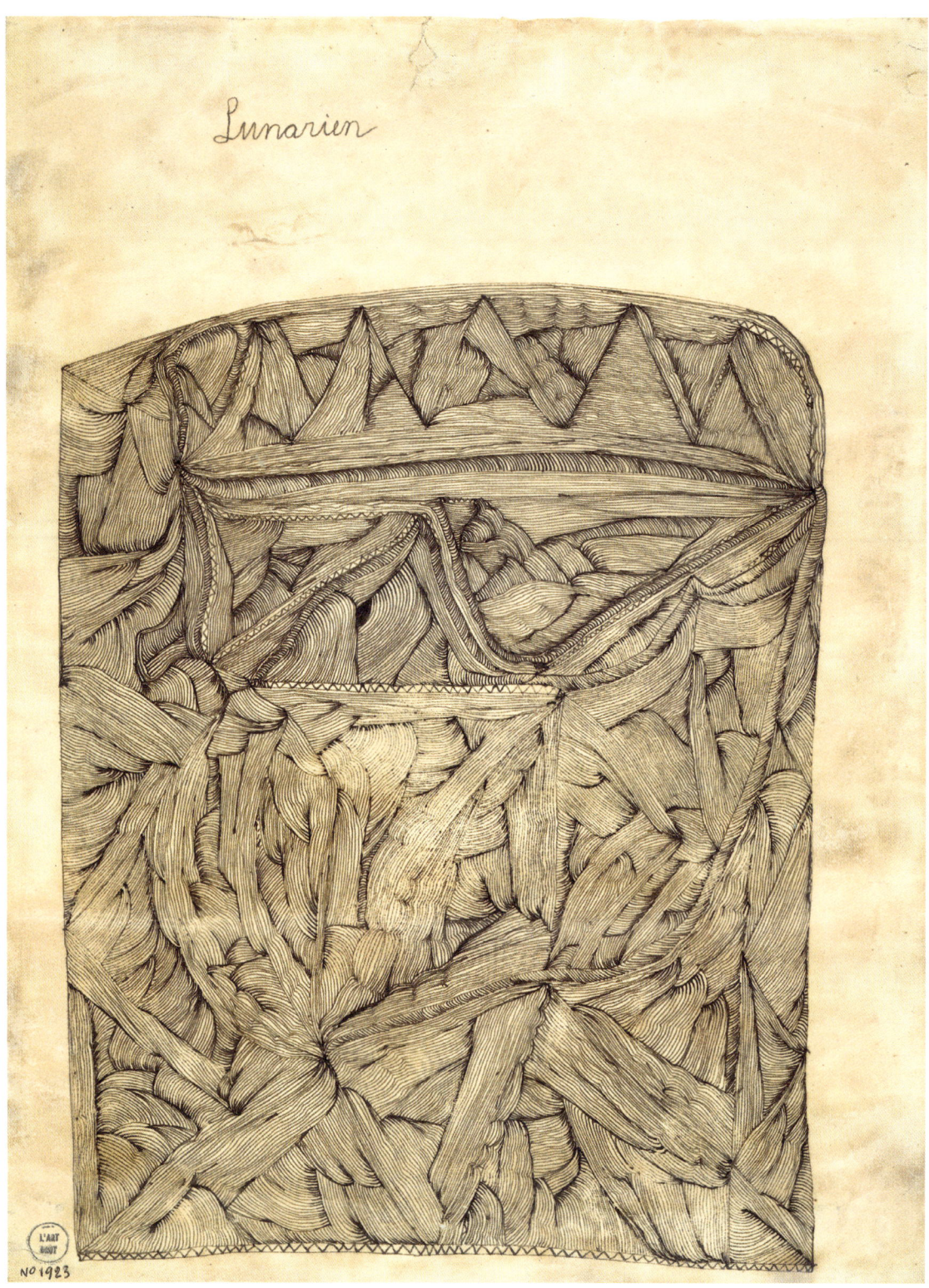

Lunarien, ca. 1935
encre noire sur papier black ink on paper
31 × 24 cm
cab-1923

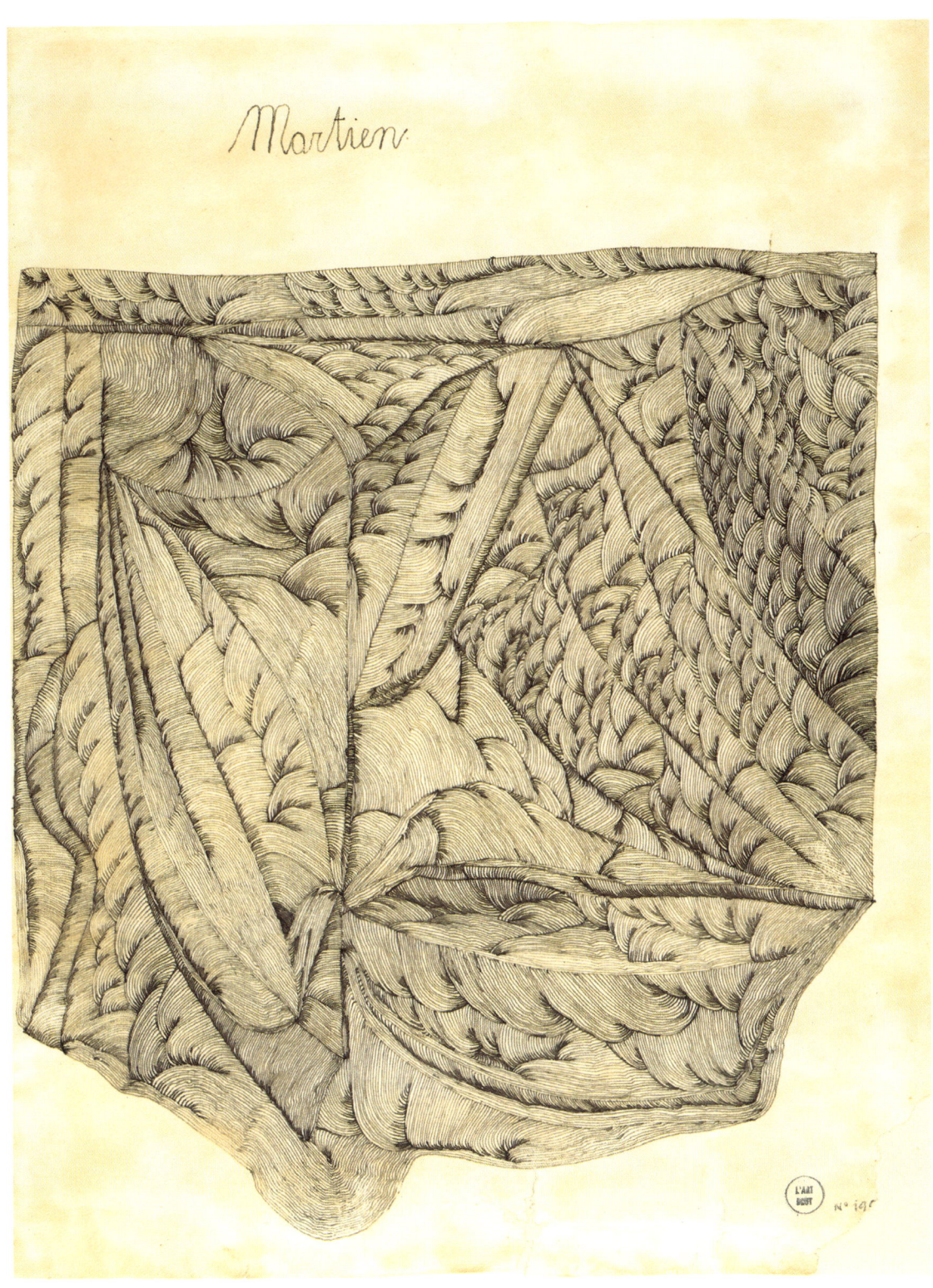

Martien, ca. 1935
encre noire sur papier black ink on paper
31 × 24 cm
cab-1926

50

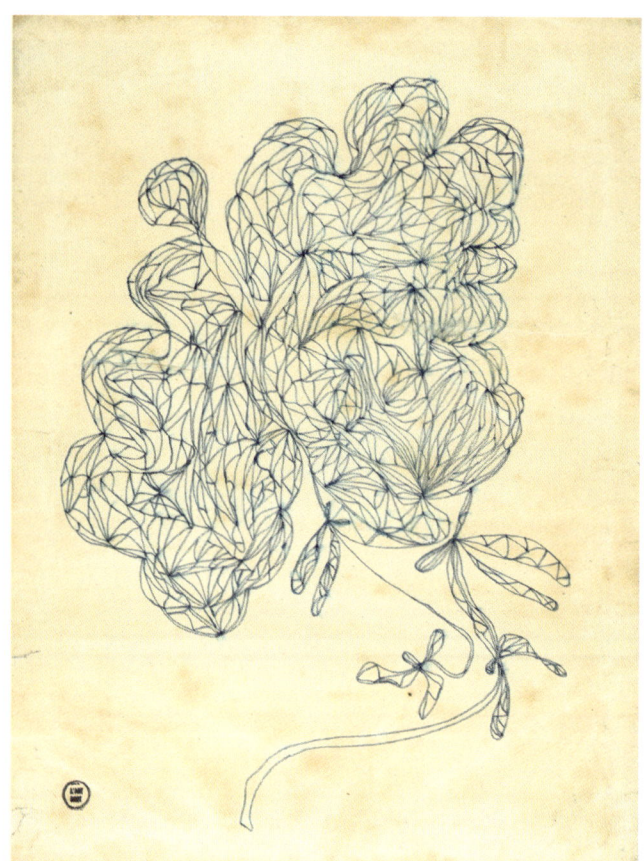

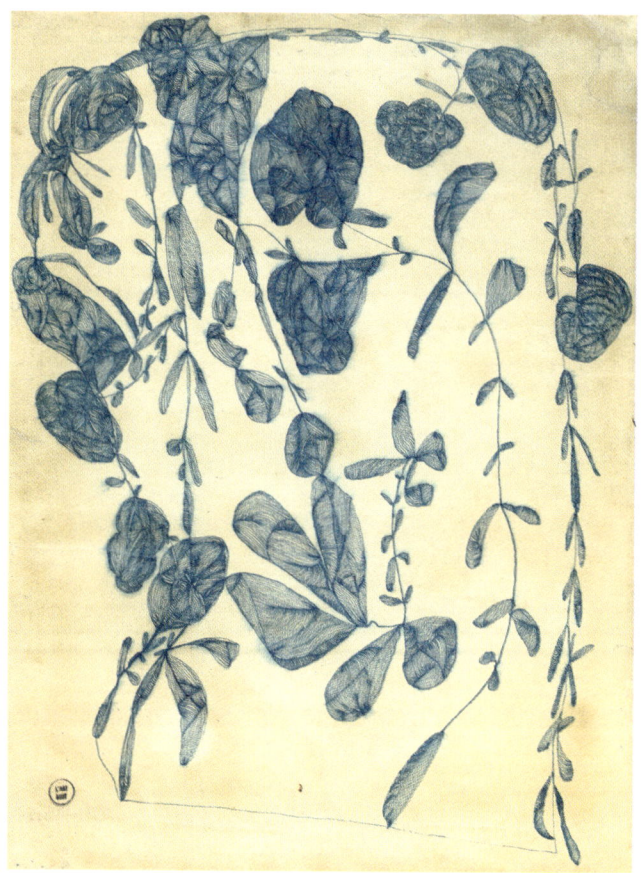

sans titre untitled, 5 février 5 February 1935
encre bleue sur papier blue ink on paper
31 × 24 cm
cab-1929

sans titre (Éléments floraux) untitled (Floral elements),
2 mars 2 March 1935
encre bleue sur papier blue ink on paper
31 × 24 cm
cab-1930

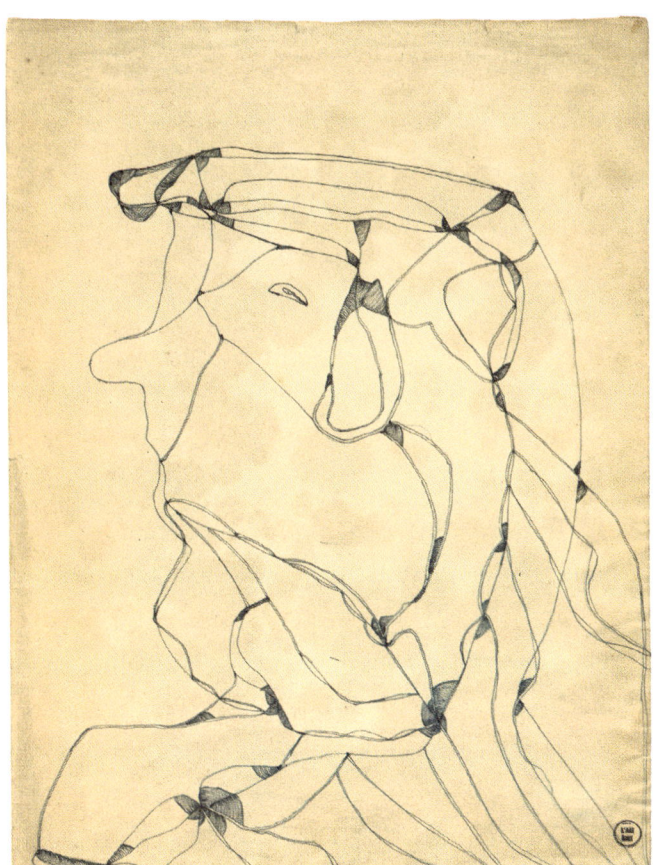

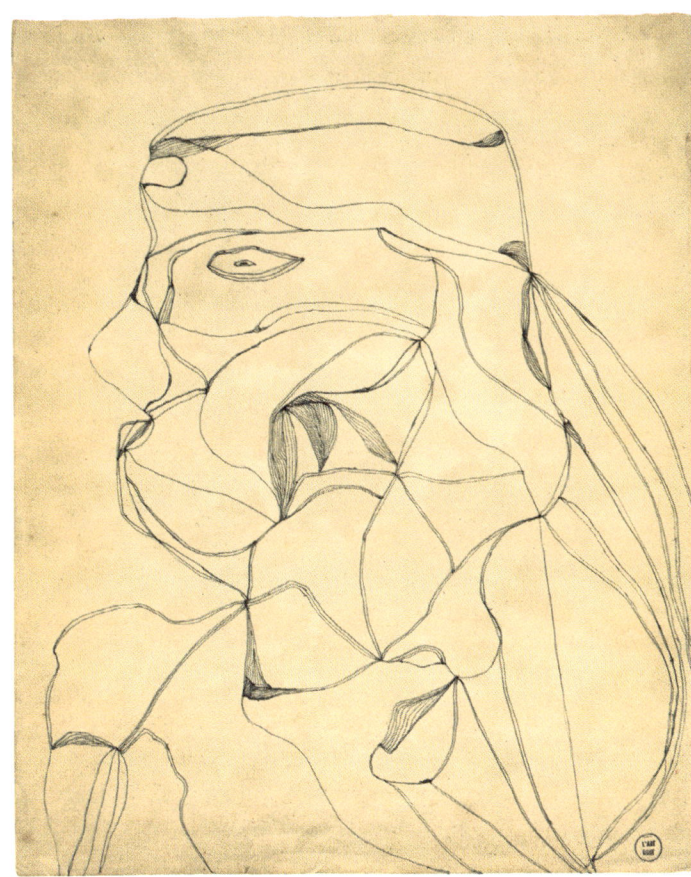

sans titre (Effigie de femme) untitled (Figure of a woman), ca. 1935
encre noire et bleue sur papier black and blue ink on paper
31,5 × 24 cm
cab-1941

Jeune romaine, 29 janvier 29 January 1935
encre noire sur papier black ink on paper
30 × 24,5 cm
cab-1927

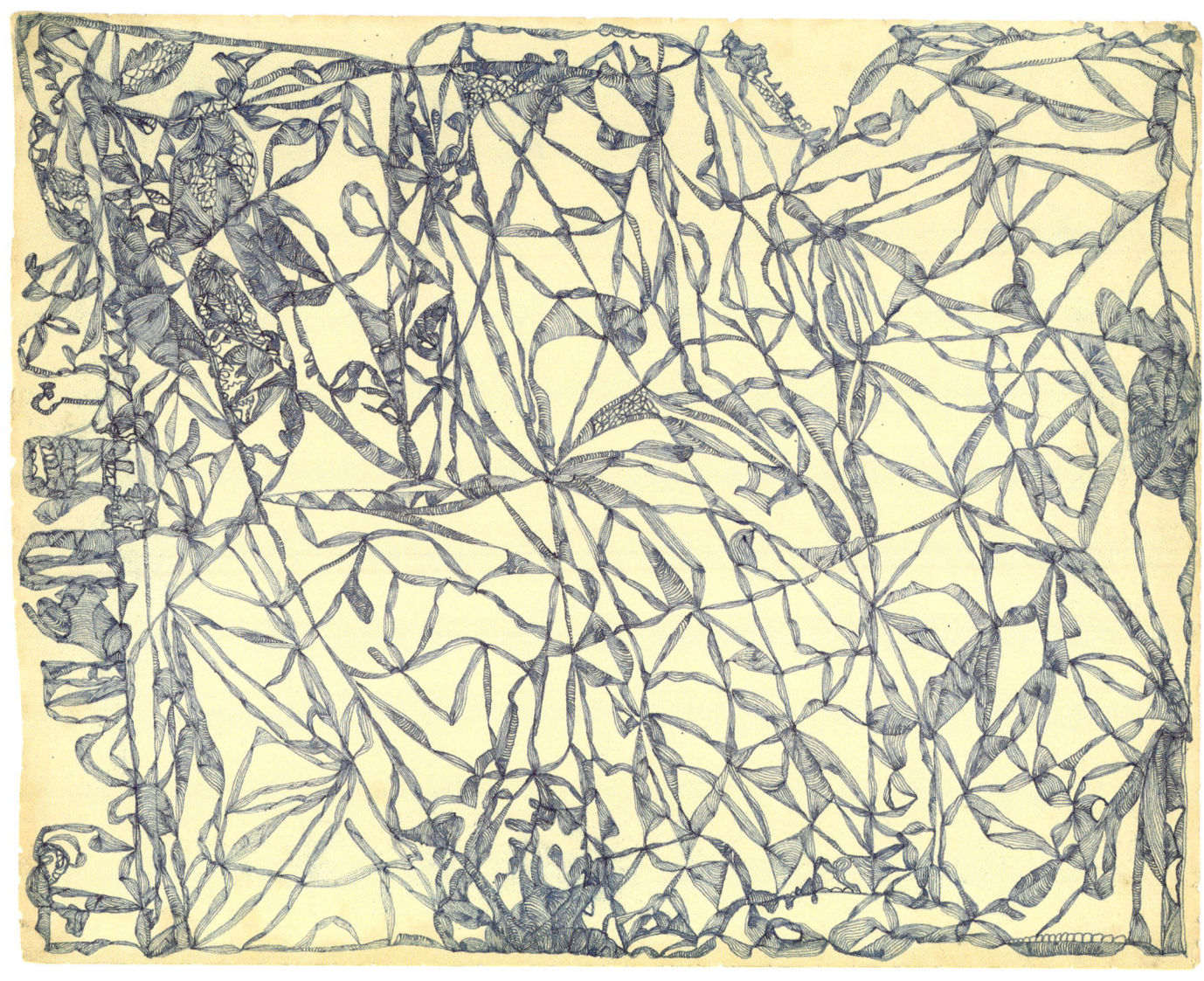

sans titre untitled, 16 août 16 August 1935
encre bleue sur papier blue ink on paper
24,5 × 31,5 cm
cab-1938

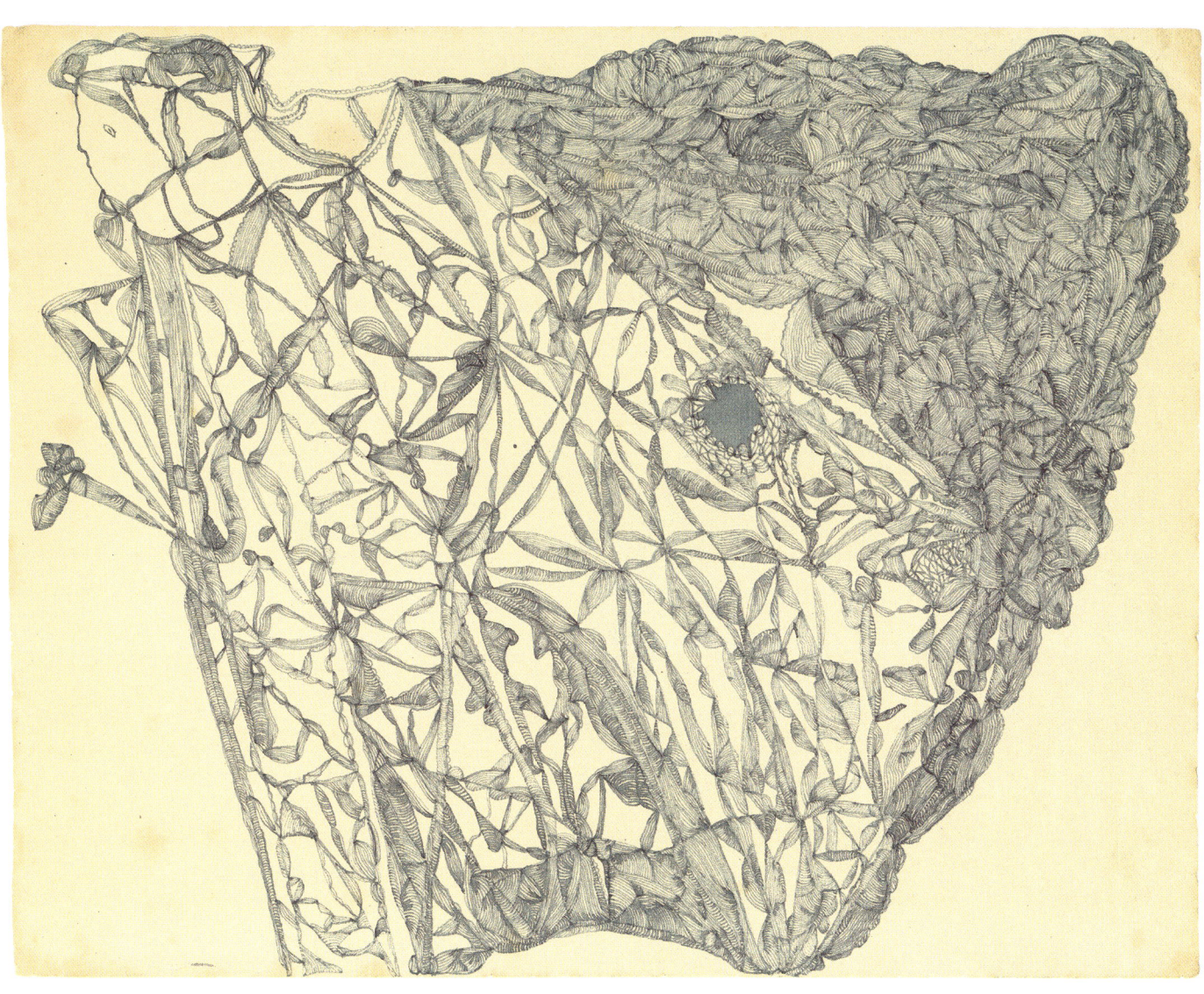

sans titre untitled, 17 juillet 17 July 1935
encre bleue sur papier blue ink on paper
24,5 × 31,5 cm
cab-1936

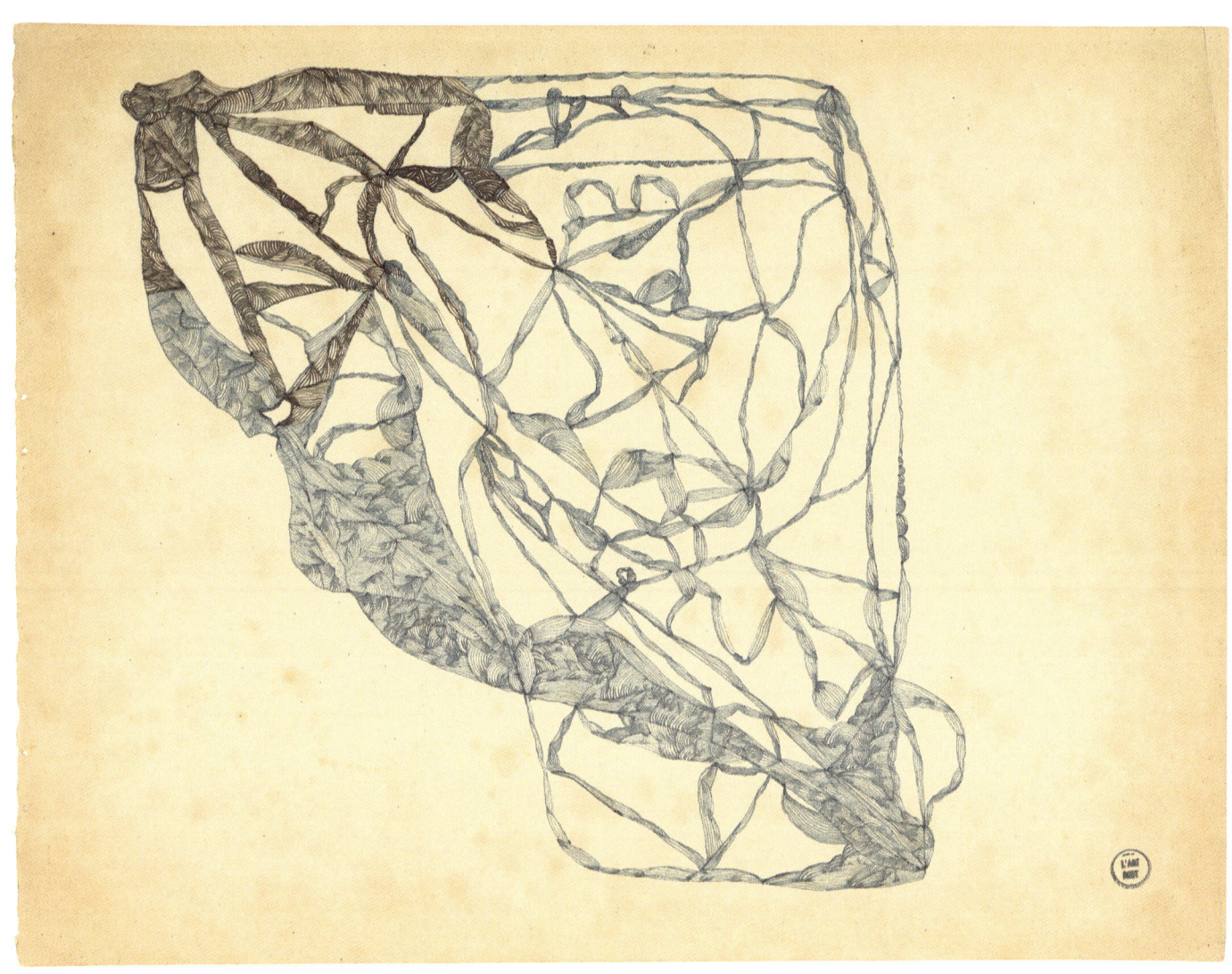

Vénusien, 15 octobre 15 October 1935
encre noire et bleue sur papier black and blue ink on paper
24 × 32 cm
cab-1939

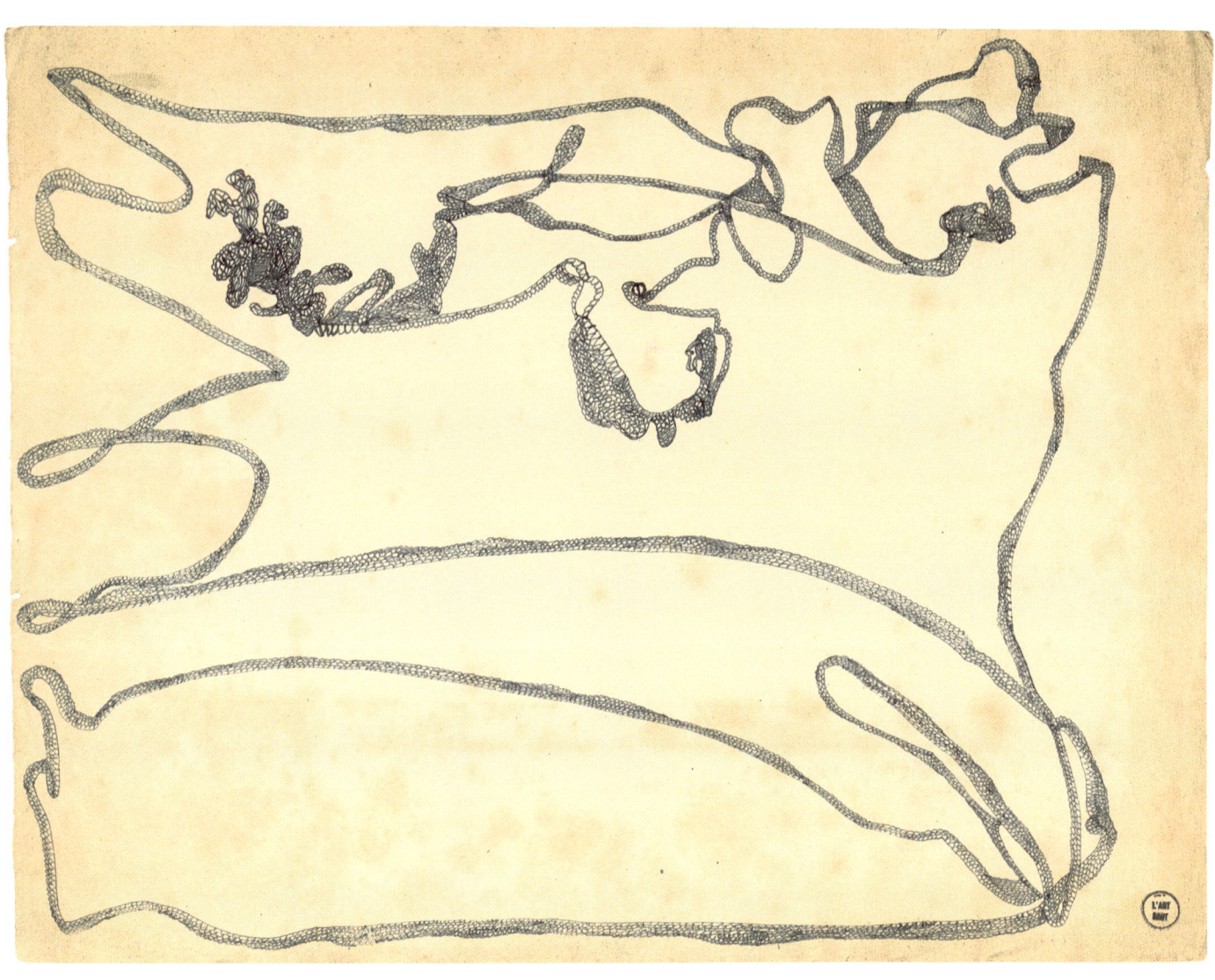

sans titre untitled, 23 et 24 mars 23–24 March 1936
encre bleue sur papier blue ink on paper
24 × 32 cm
cab-1946

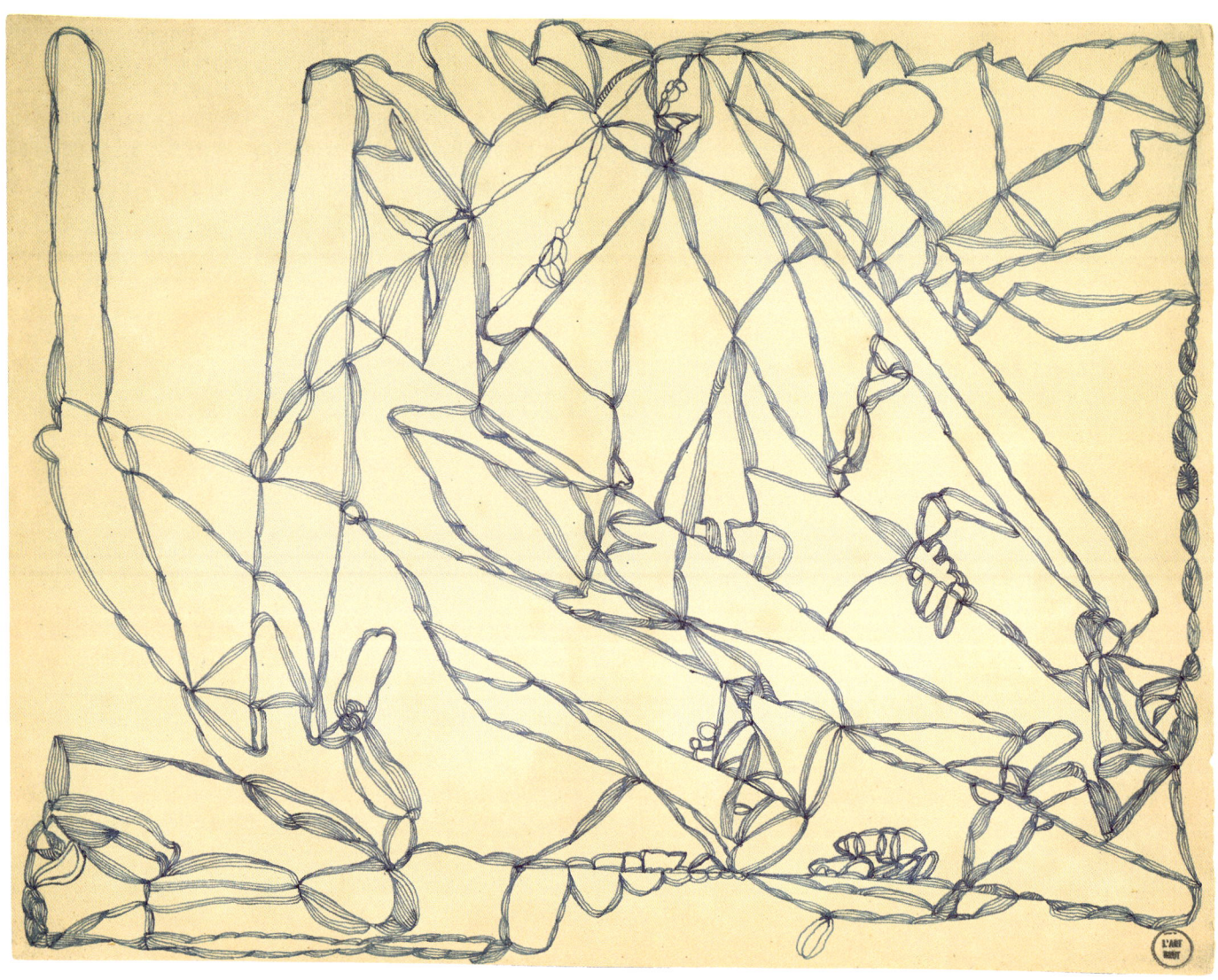

sans titre untitled, 1er mai 1 May 1936
encre bleue sur papier blue ink on paper
24 × 32 cm
cab-1950

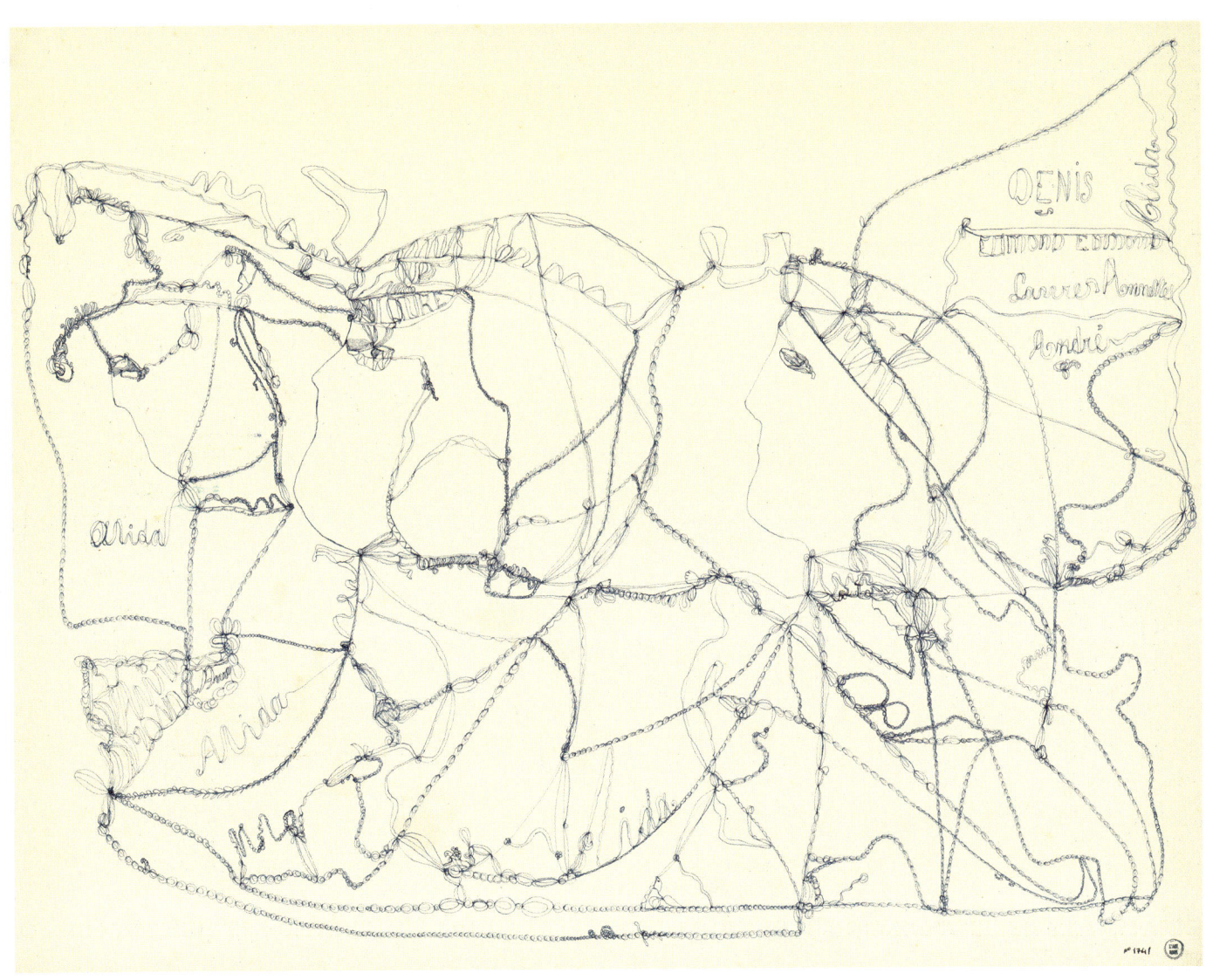

sans titre (Profils de trois femmes) untitled (Profiles of three women),
4 juillet 4 July 1939
encre bleue sur papier blue ink on paper
50,5 × 65 cm
cab-1741

Cahiers
Sketchbooks

(1938–1951)

Entre 1938 et 1951, Laure Pigeon emploie principalement des cahiers comme support à ses créations. Ce sont près de deux cent un dessins, soit presque la moitié de sa production, qui sont répartis dans seize cahiers appelés aussi albums.

Laure dessine souvent sur la page de droite et inscrit la date au dos de l'œuvre, mais elle utilise parfois le recto et le verso d'une même feuille ou déploie ses compositions sur des doubles pages. Il arrive alors que l'on voie en transparence le dessin se trouvant au verso.

Dans le cahier nº 6, elle réalise en 1939 et 1940 des dessins bleus sur un côté des pages, puis en 1941, probablement en raison du manque de matériel à cette époque, elle trace des compositions à l'encre noire au verso de ces feuilles.

Between 1938 and 1951, Laure Pigeon primarily created her drawings in sketchbooks. In all there are 201 drawings spread across 16 sketchbooks (or albums), representing almost half of her entire output.

Laure often drew on the right-hand page and added the date of the drawing on the back of the work; however, she sometimes used the front and back of a single sheet or spread her drawings across two pages. In such cases, a drawing can occasionally be seen through the page.

In sketchbook no. 6, in 1939 and 1940, she created her drawings in blue ink on one side of a page, but, a year later, probably owing to a lack of paper during the war, she created new drawings in black ink on the backs of the pages.

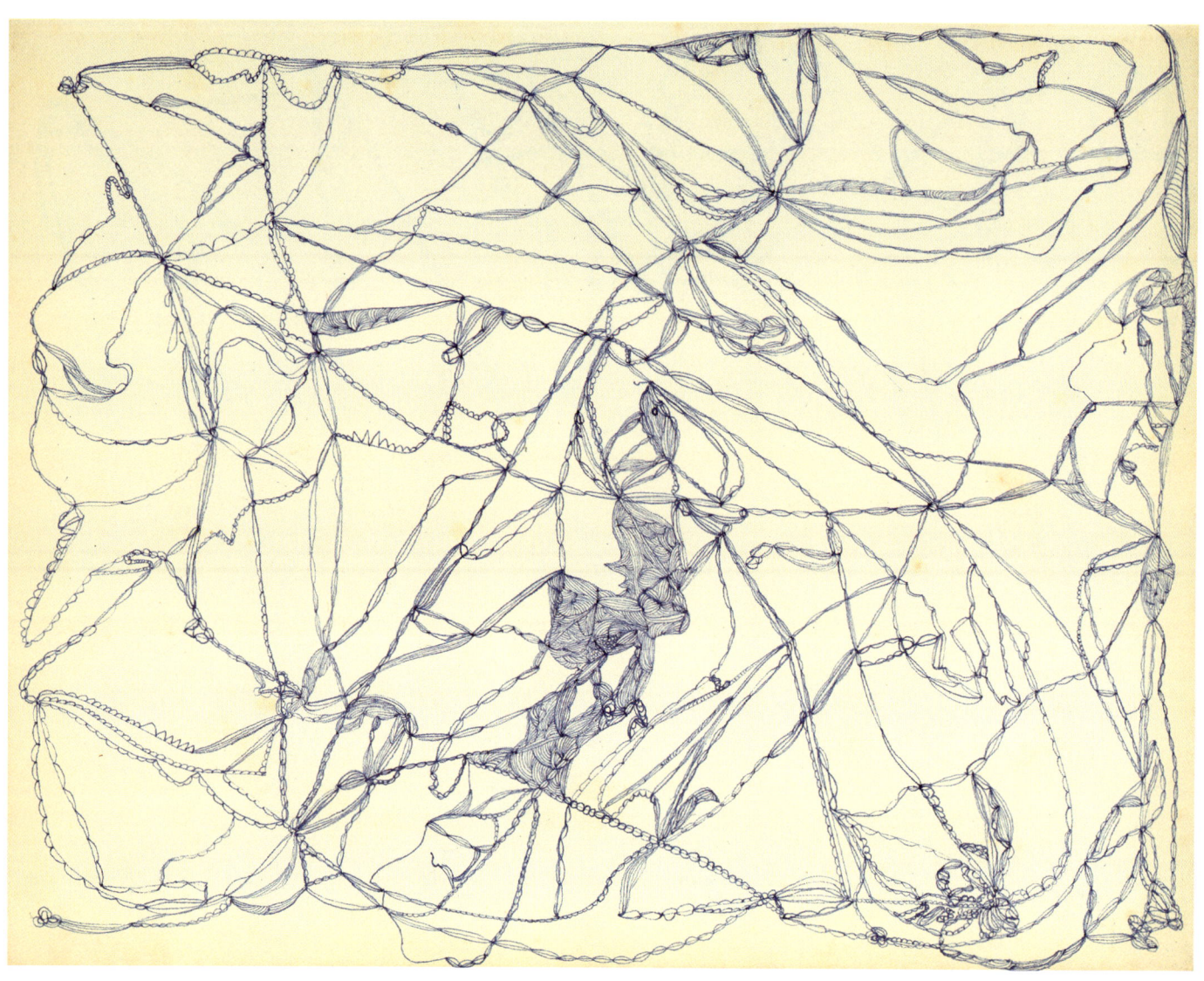

sans titre (cahier n° 1) untitled (sketchbook no. 1),
de mars à avril March–April 1938
encre bleue sur papier blue ink on paper
31,5 × 48 cm (ouvert open)
cab-1955

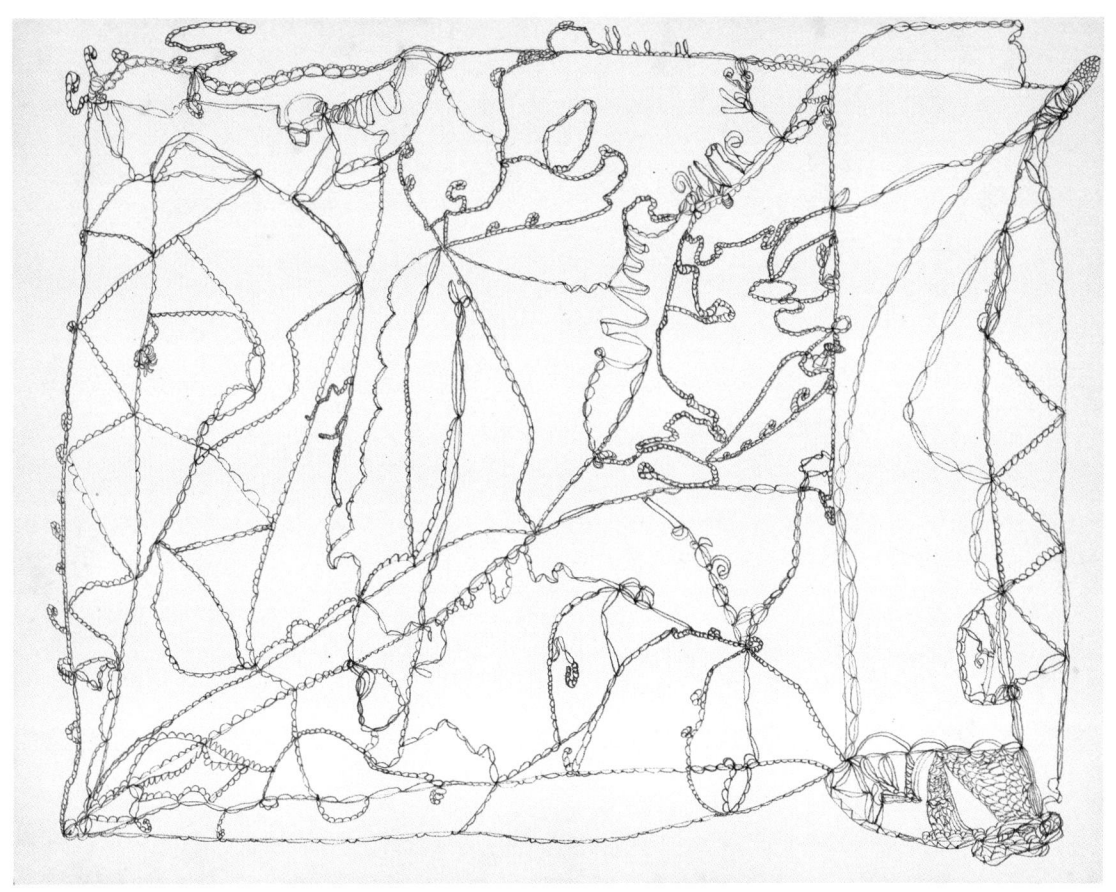

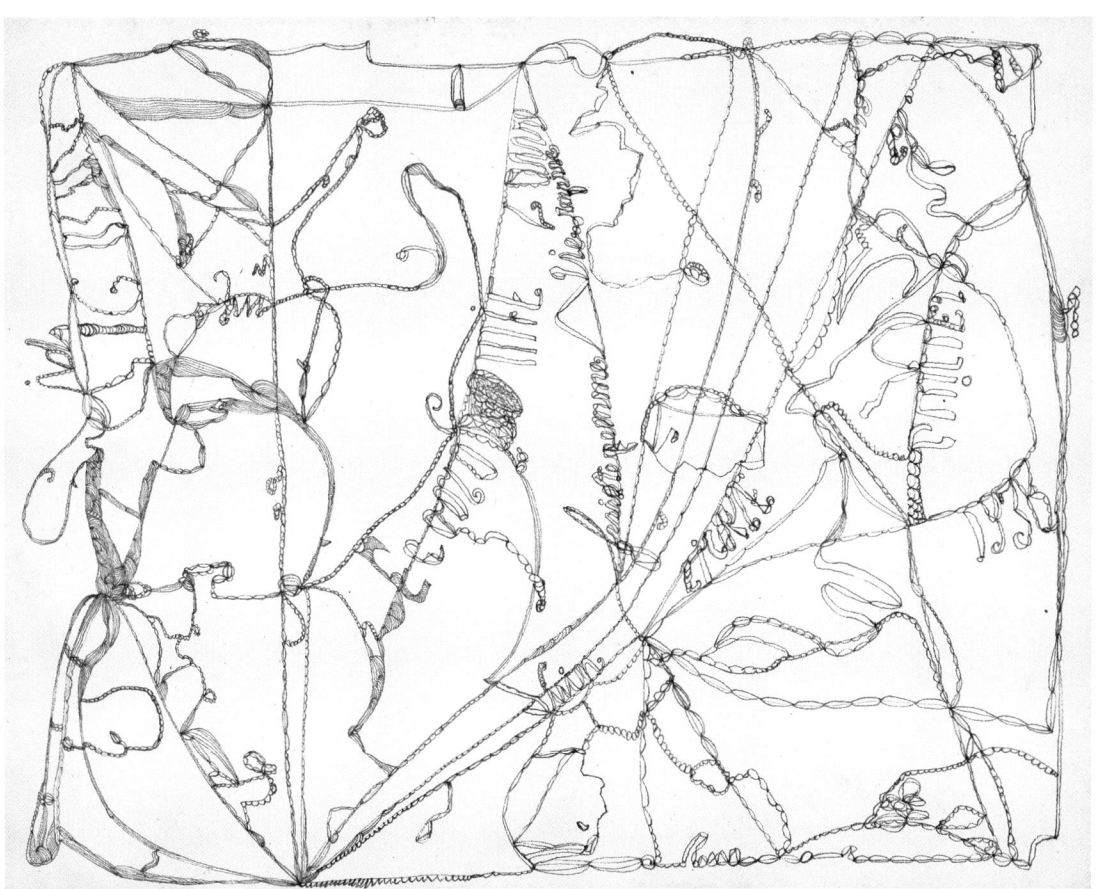

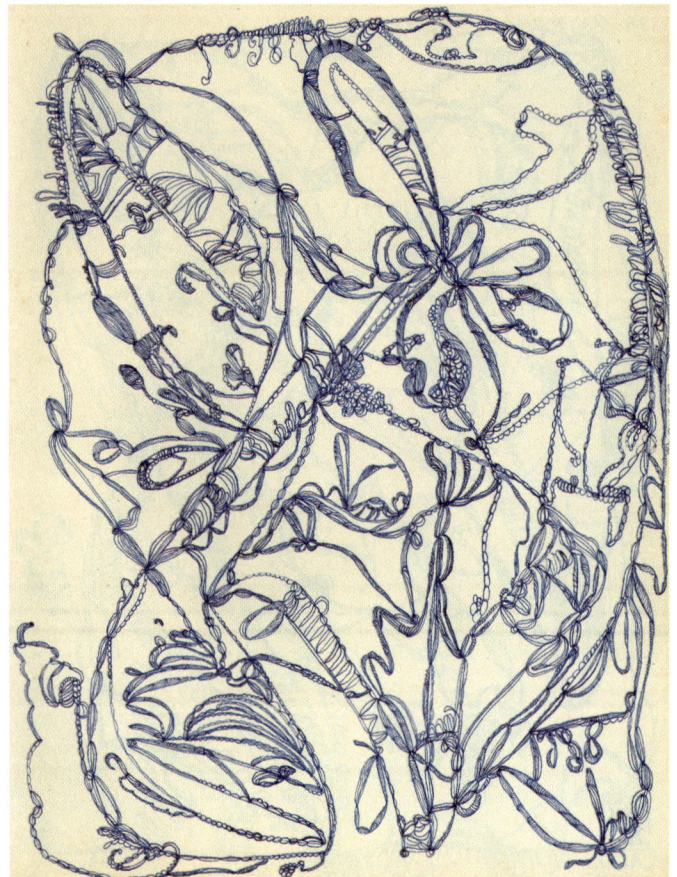
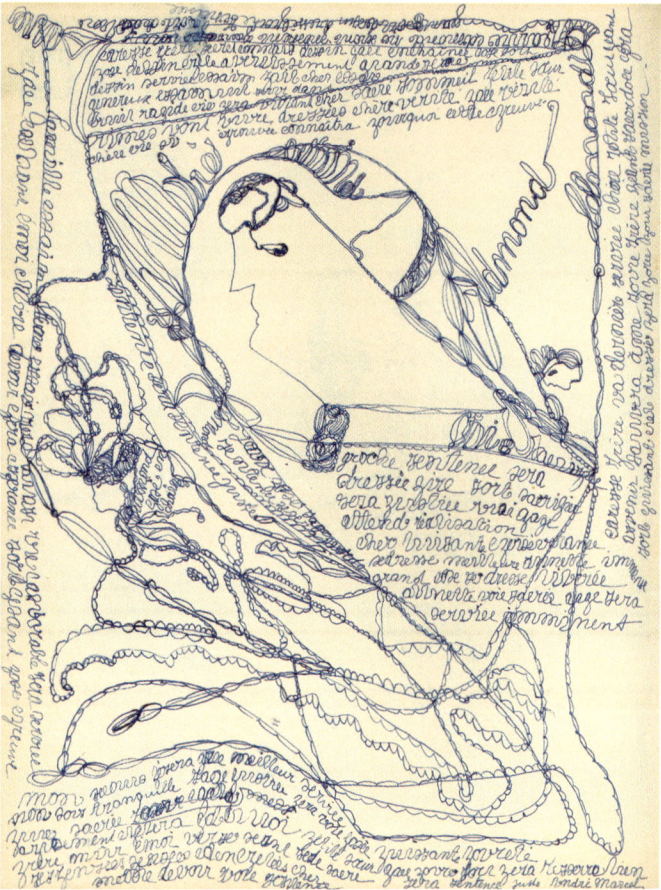

sans titre (cahier n° 2) untitled (sketchbook no. 2),
d'août à novembre August–November 1938
encre bleue sur papier blue ink on paper
31,5 × 48 cm (ouvert open)
cab-1956

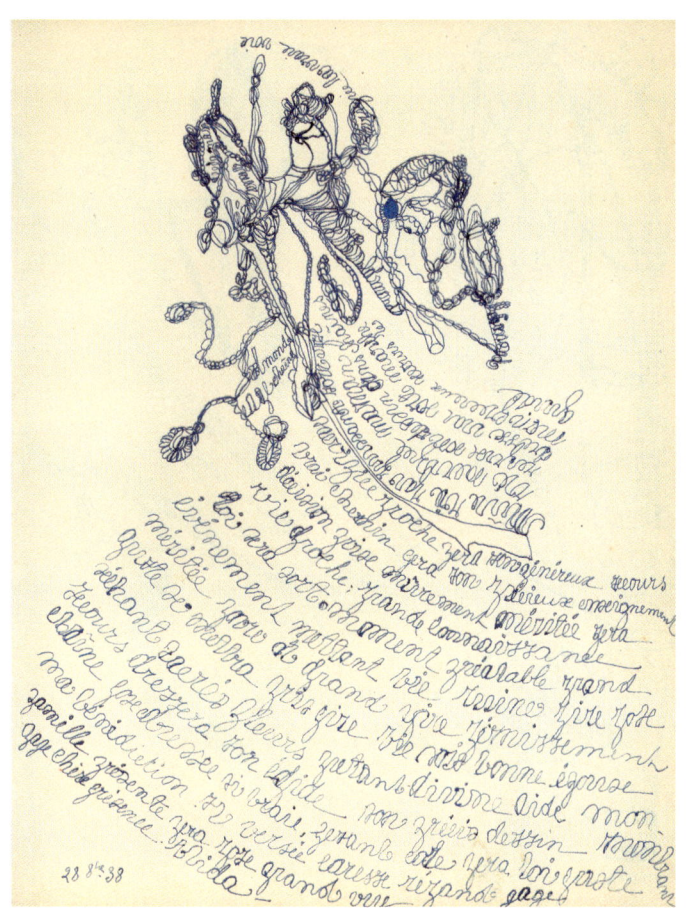

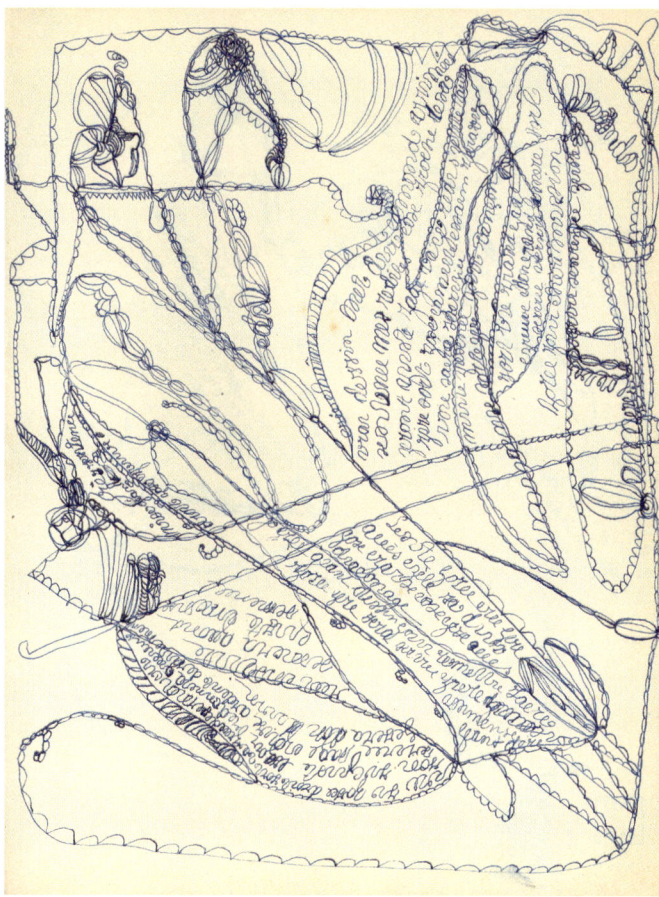

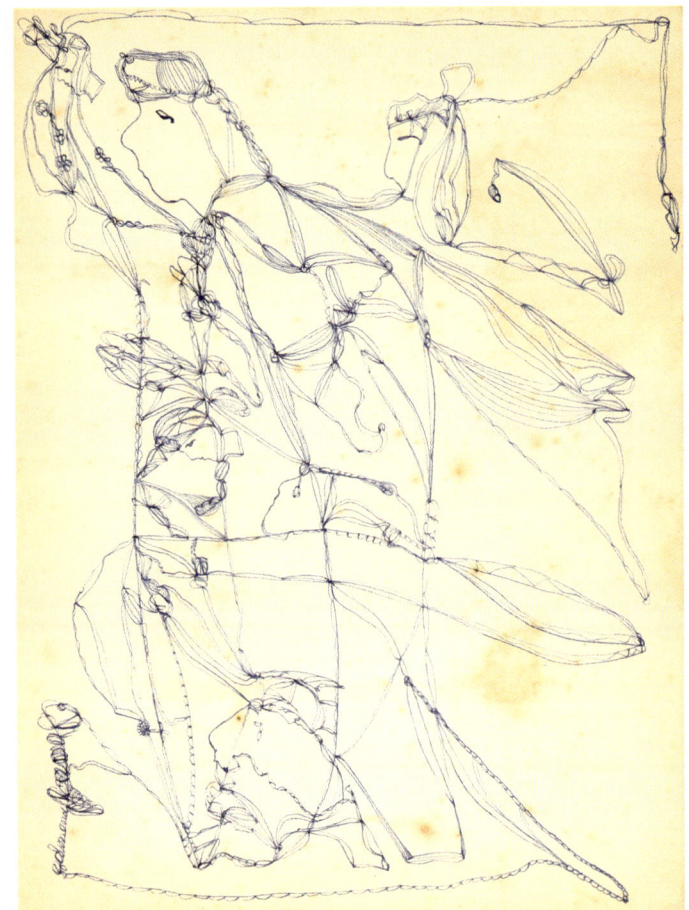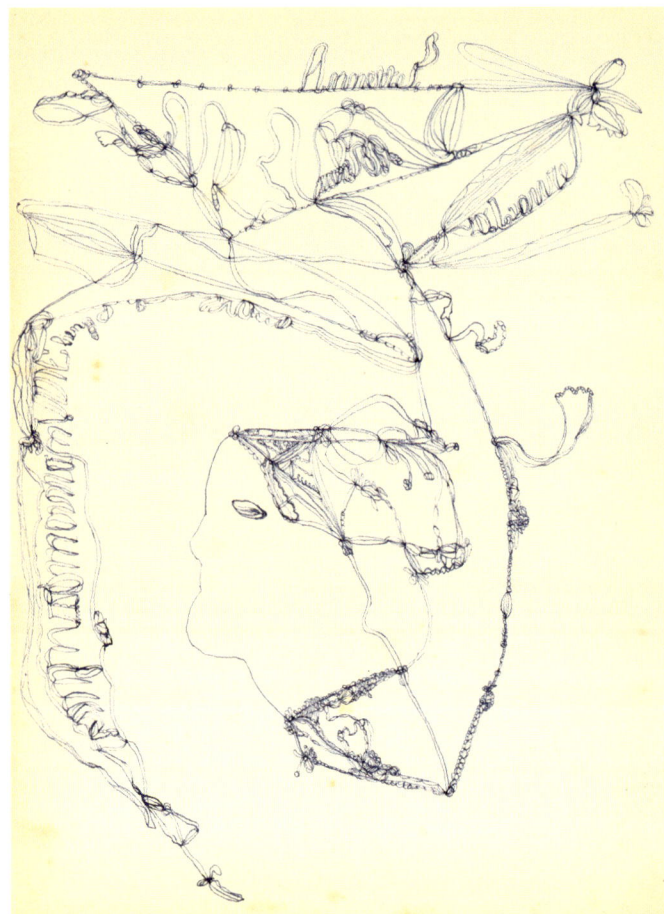

sans titre (cahier n° 3) untitled (sketchbook no. 3),
de novembre à décembre November–December 1938
encre bleue sur papier blue ink on paper
31,5 × 48 cm (ouvert open)
cab-1957

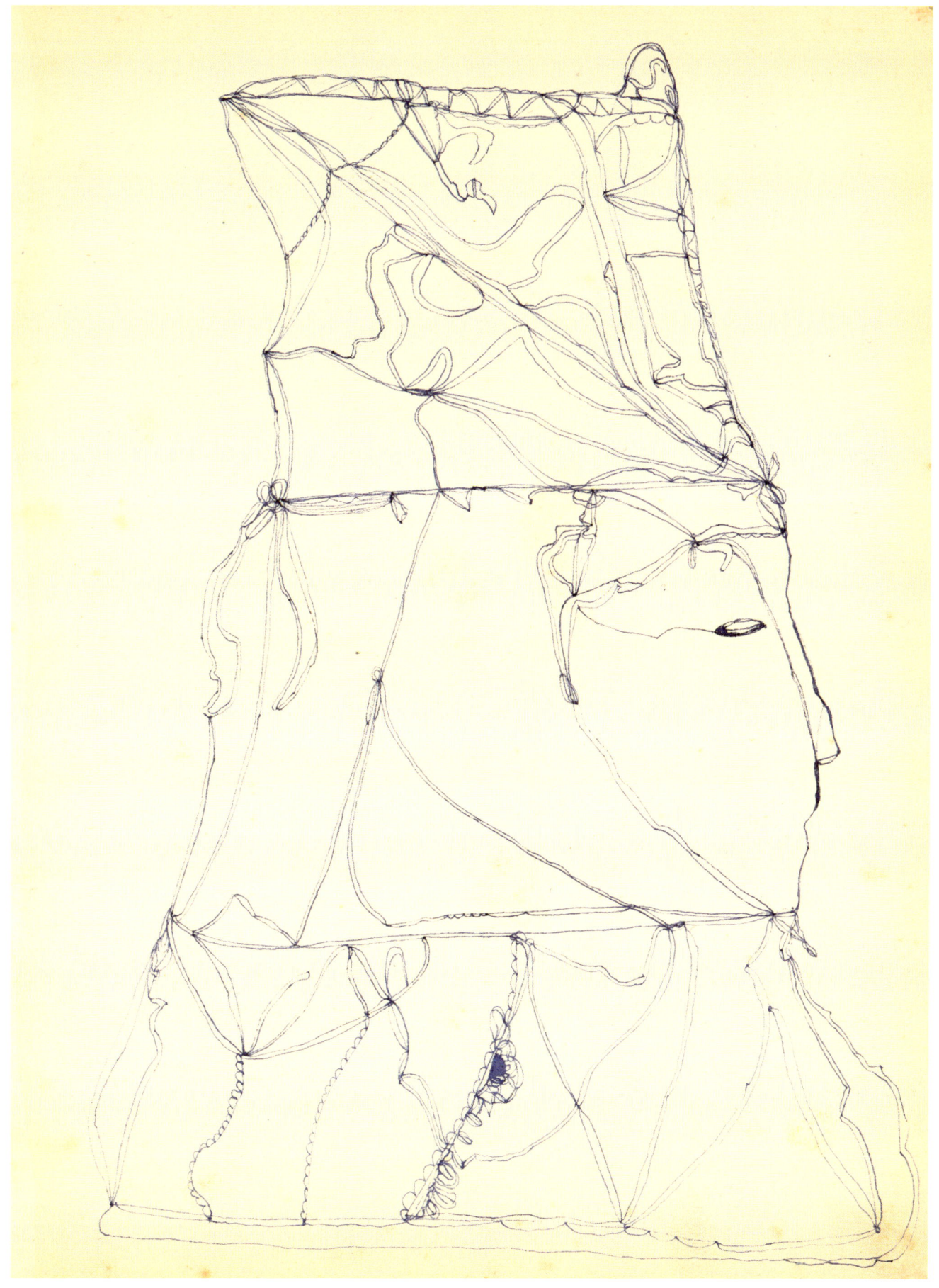

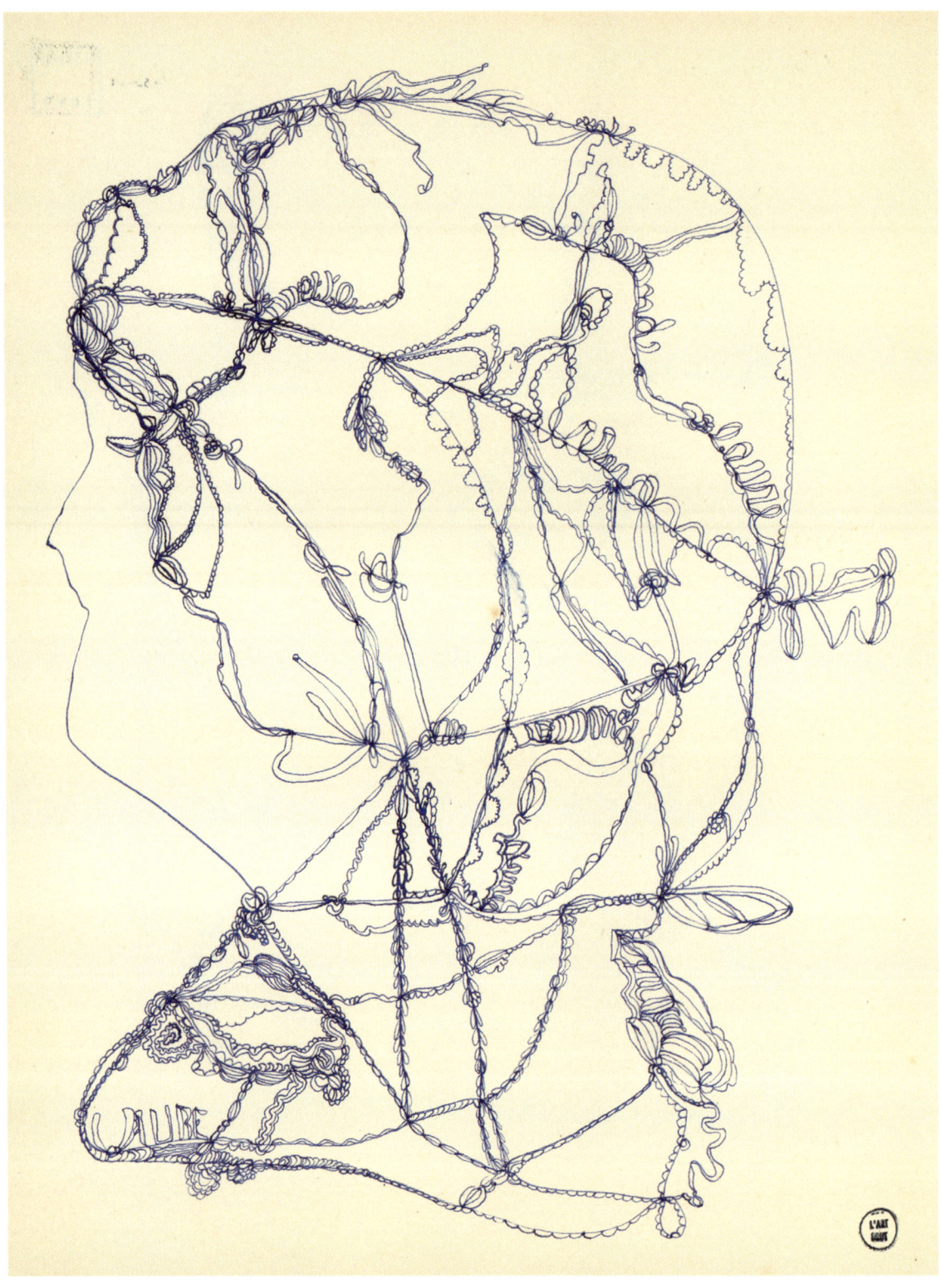

sans titre (cahier n° 4) untitled (sketchbook no. 4),
avril April 1939
encre bleue sur papier blue ink on paper
31,5 × 48 cm (ouvert open)
cab-1958

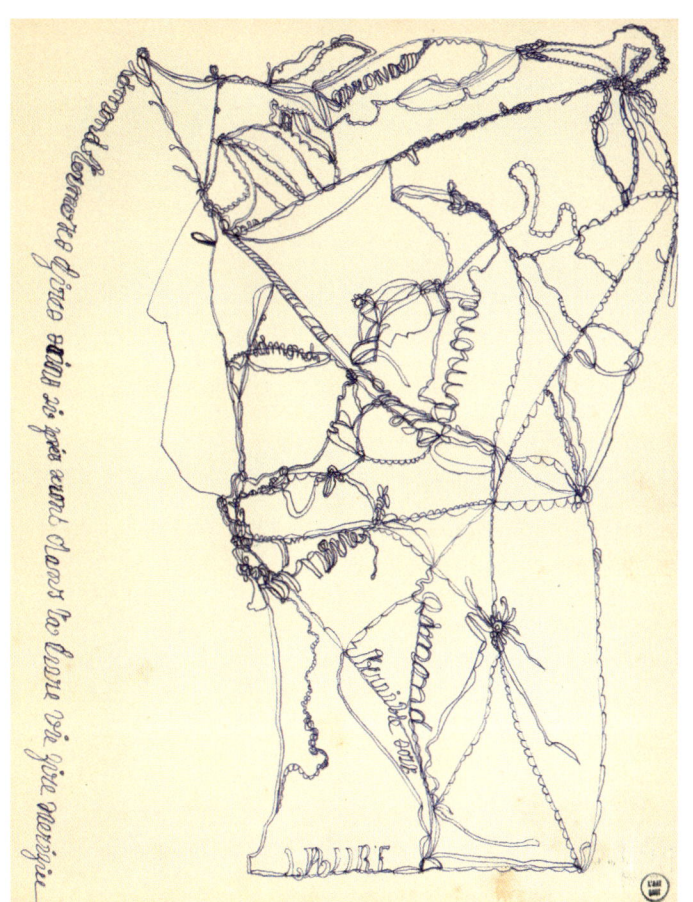

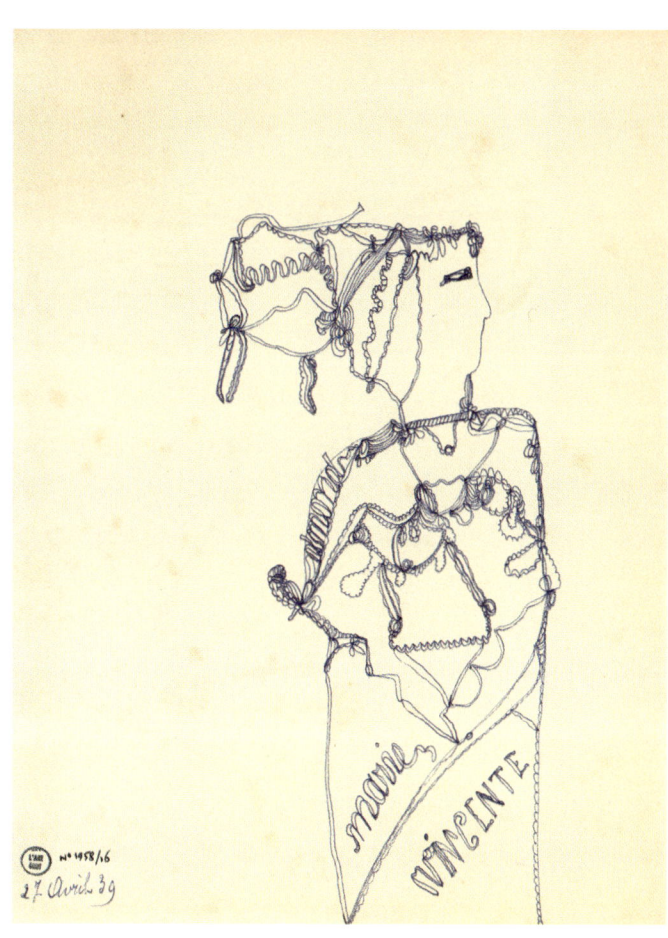

>>
sans titre (cahier n° 5) untitled (sketchbook no. 5),
de juin à août June–August 1939
encre bleue sur papier blue ink on paper
31,5 × 48 cm (ouvert open)
cab-1959

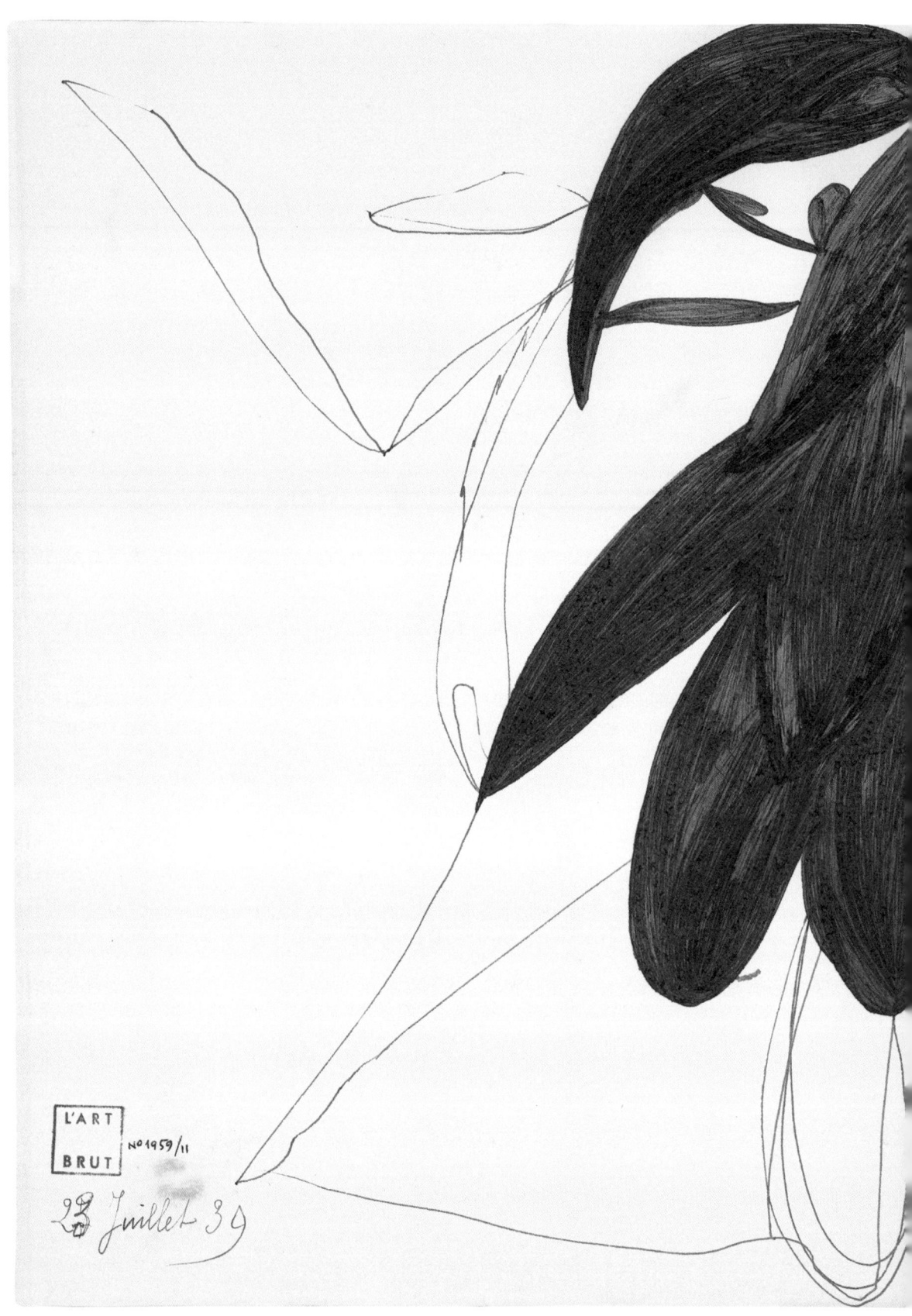

L'ART
BRUT   N°1959/11

23 Juillet 39

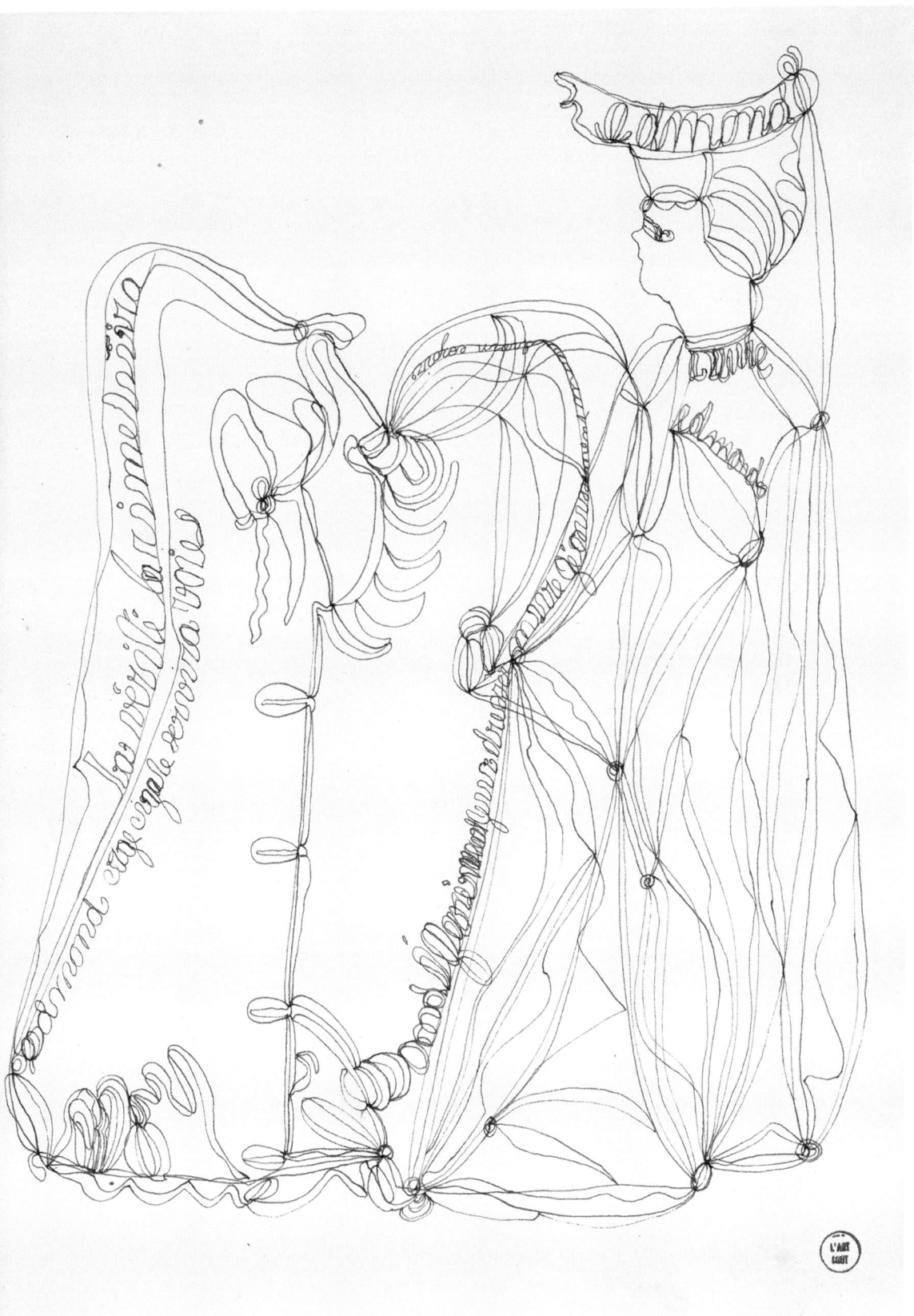

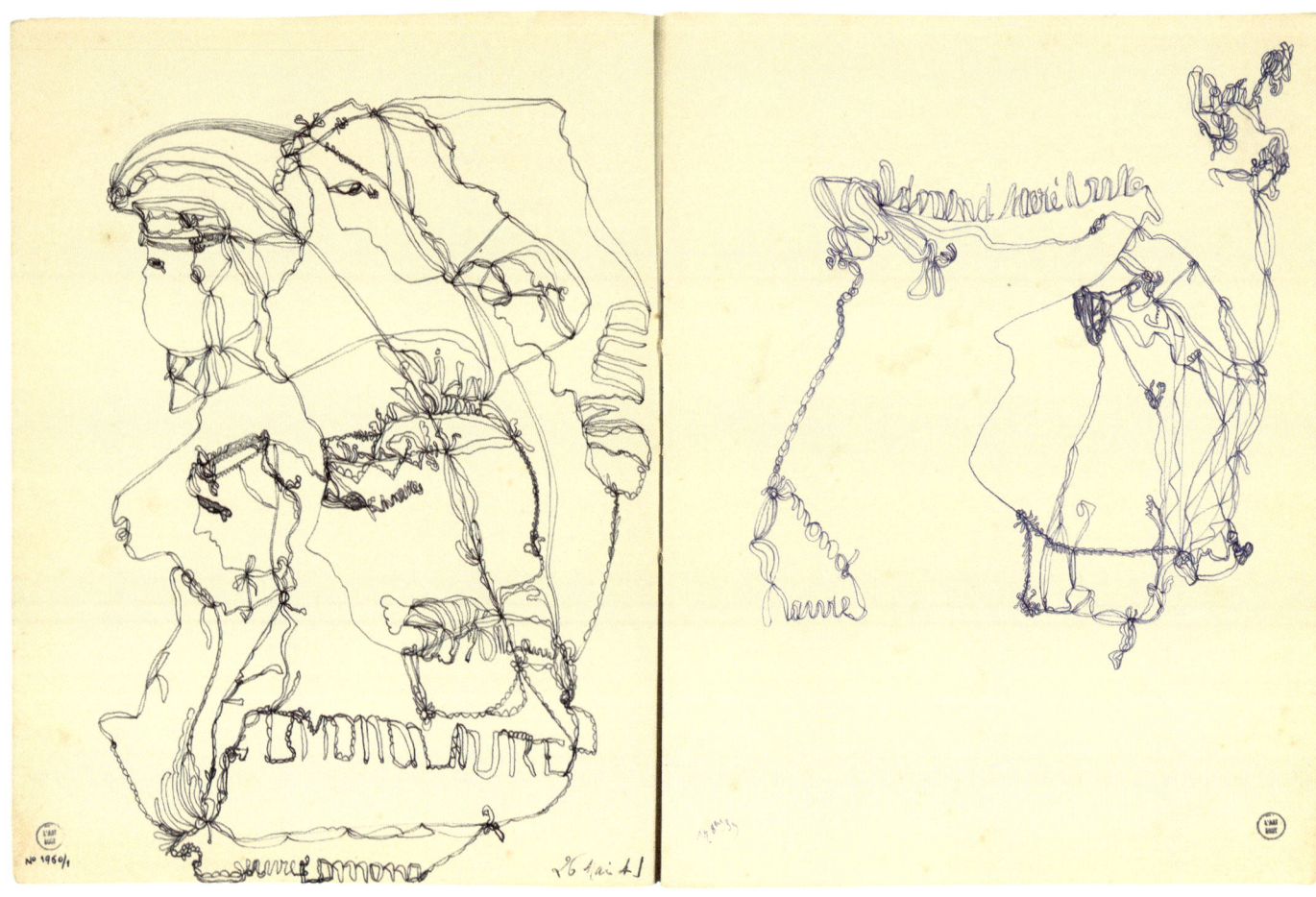

sans titre (cahier n° 6) untitled (sketchbook no. 6),
d'octobre 1939 à juin 1941 October 1939–June 1941
encre noire et bleue sur papier black and blue ink on paper
31 × 48 cm (ouvert open)
cab-1960

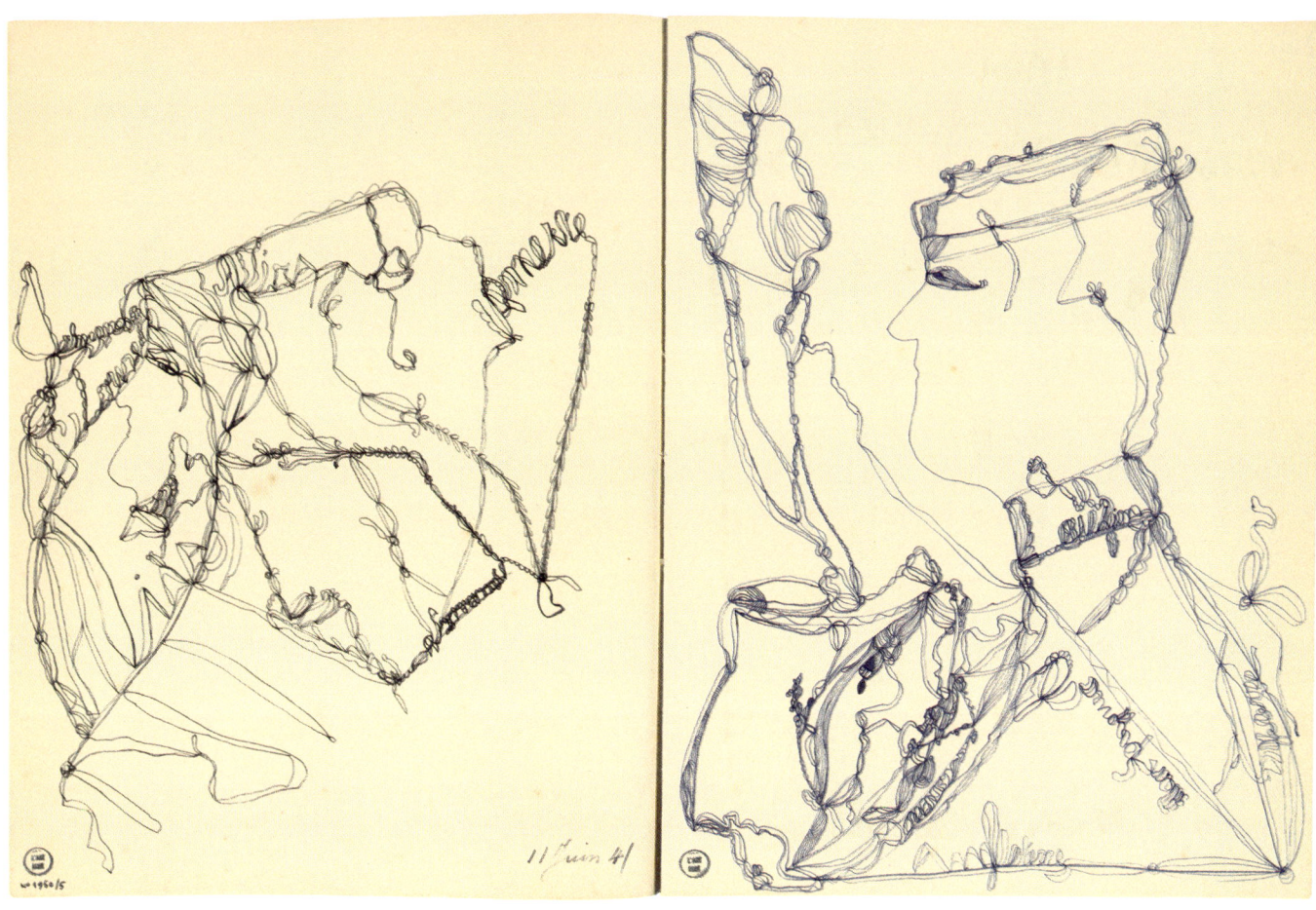

11 Juin 41

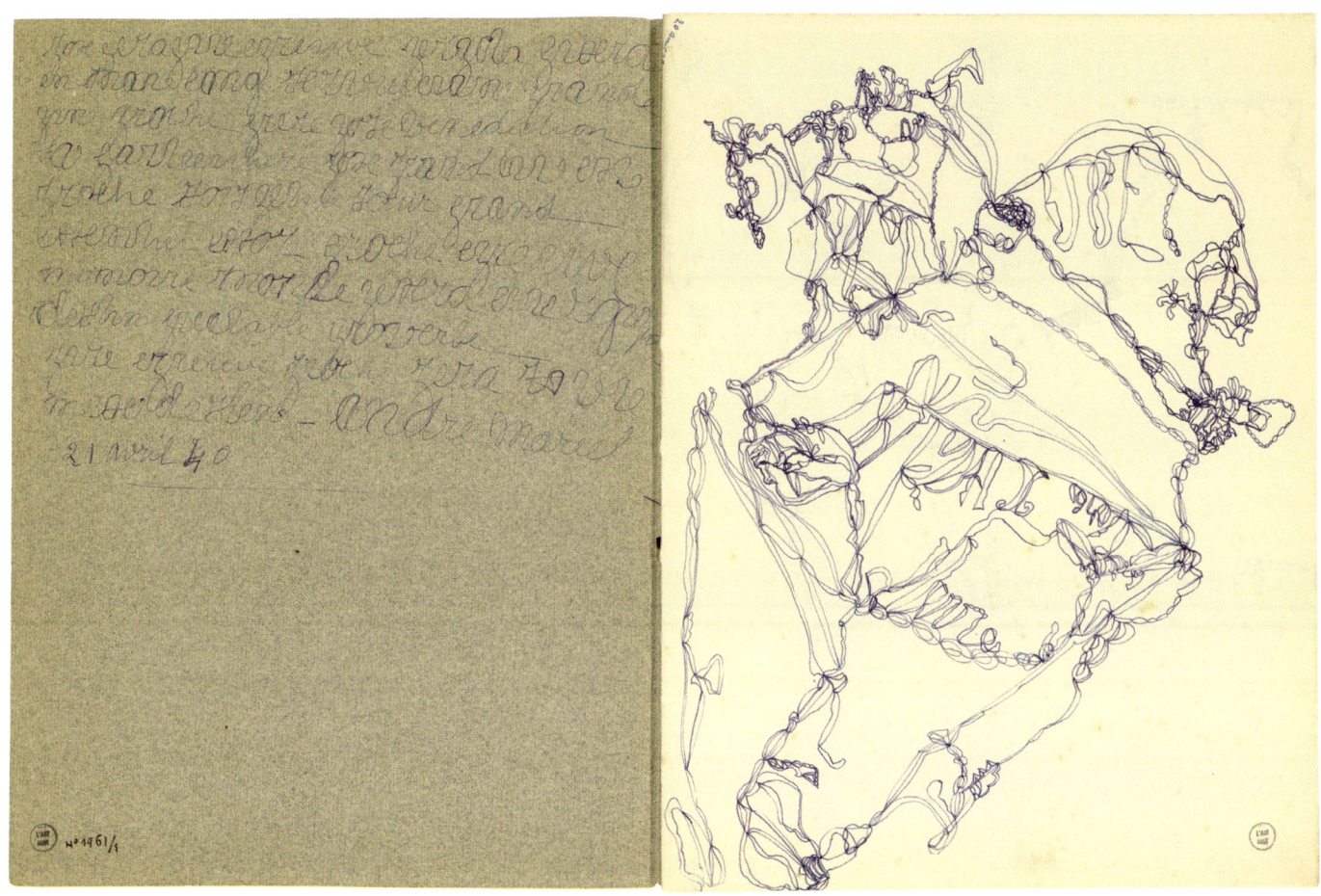

sans titre (cahier n° 7) untitled (sketchbook no. 7),
d'avril à octobre April–October 1940
encre noire et bleue sur papier black and blue ink on paper
31 × 48 cm (ouvert open)
cab-1961

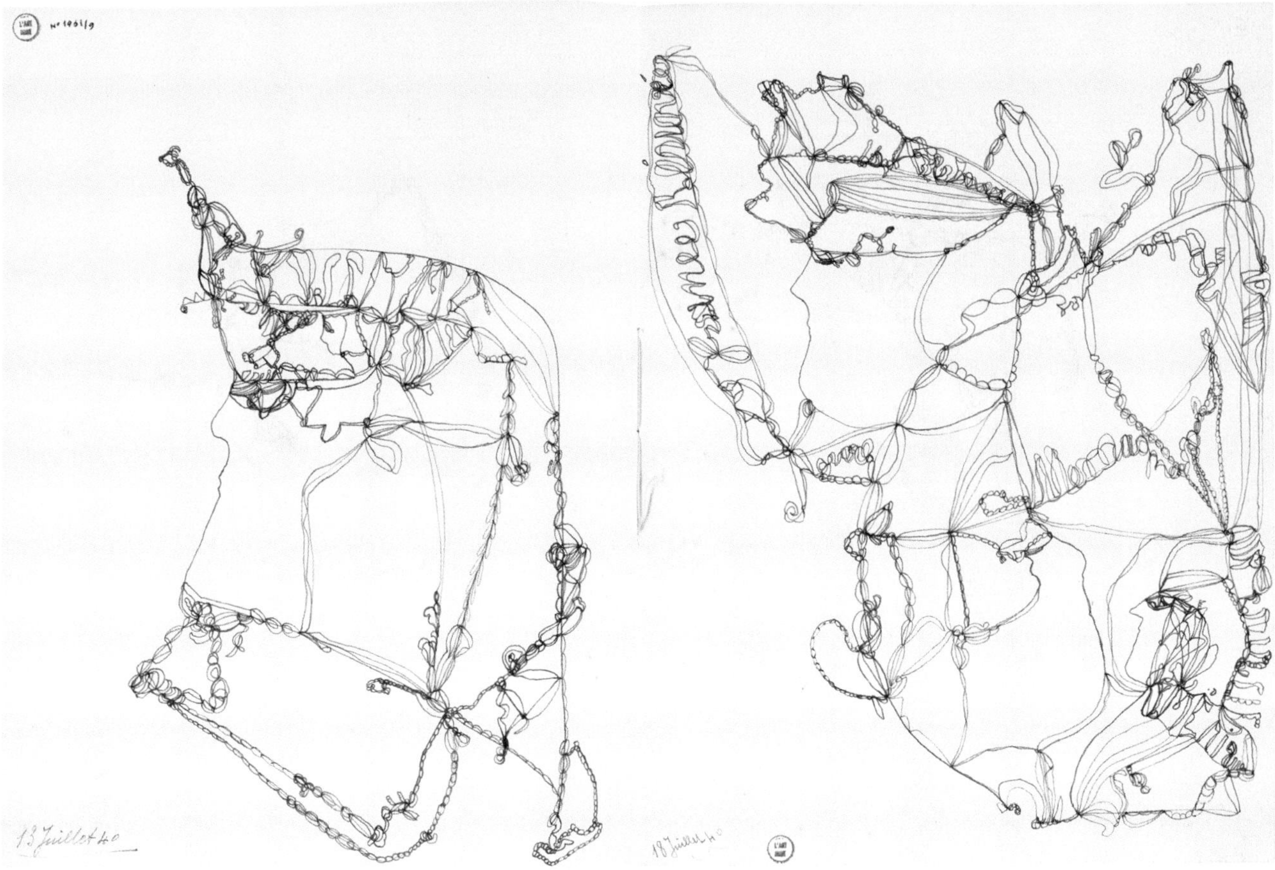

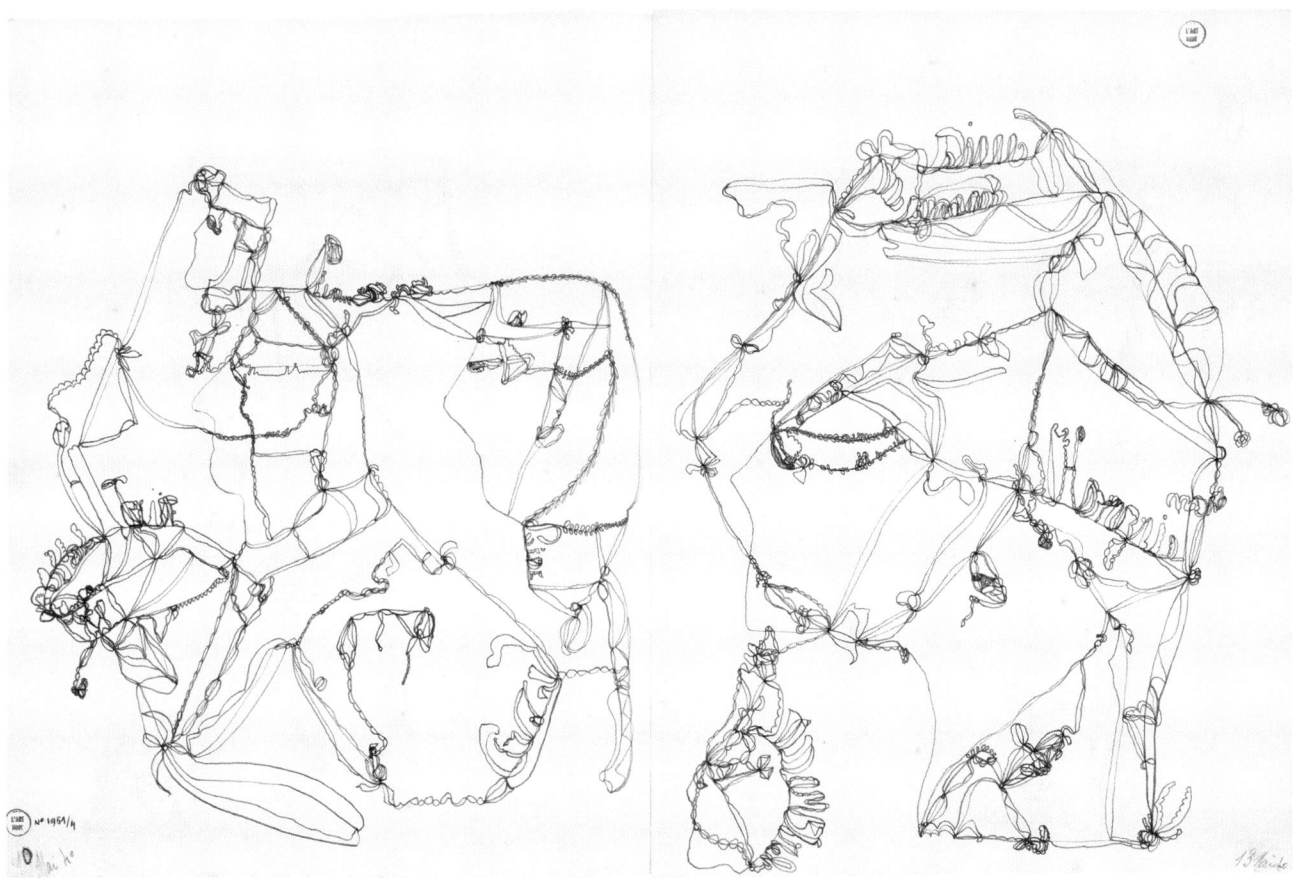

sans titre (cahier n° 8) untitled (sketchbook no. 8),
de décembre 1940 à avril 1941 December 1940–April 1941
encre noire et bleue sur papier black and blue ink on paper
24 × 62 cm (ouvert open)
cab-1962

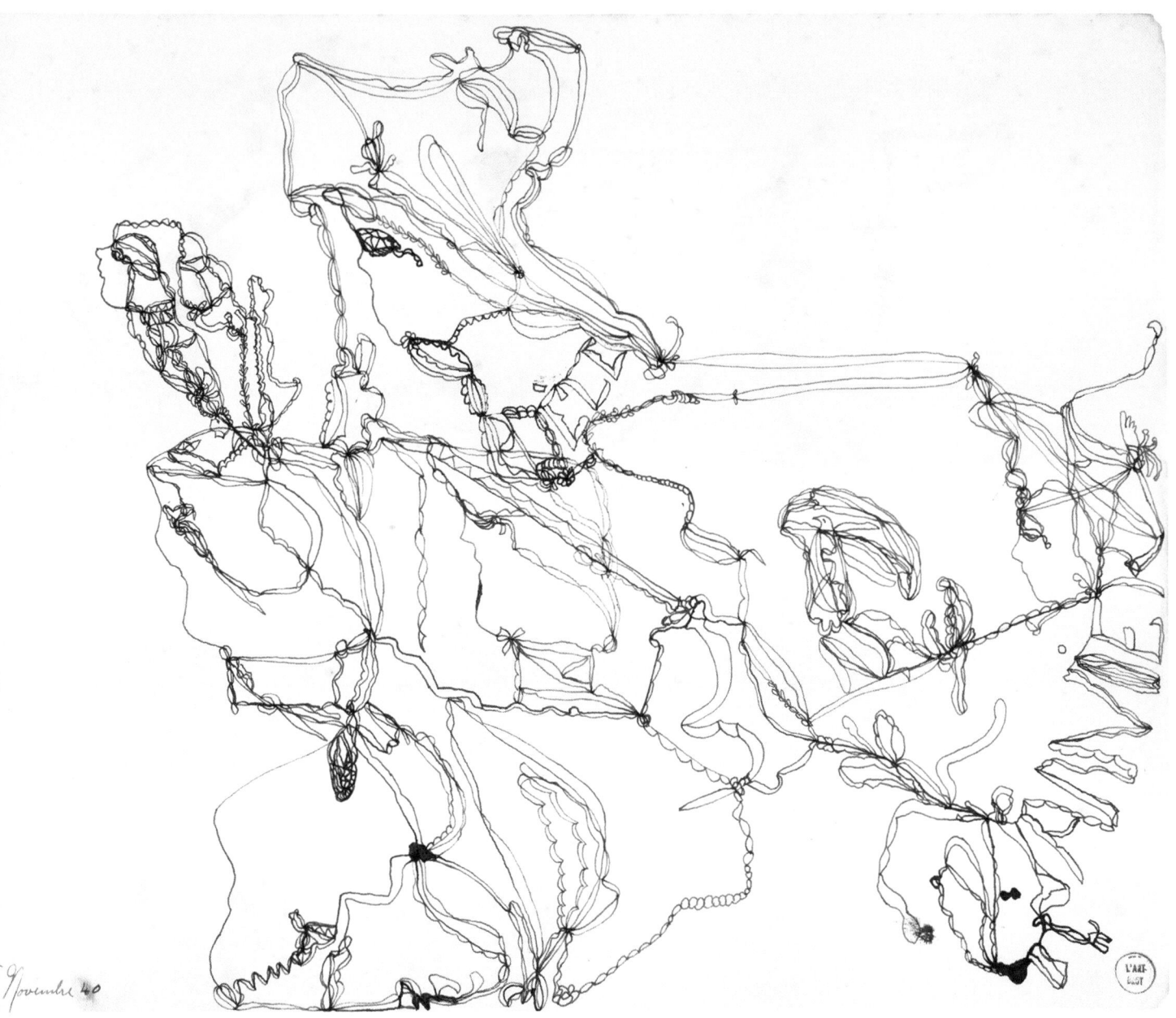

Novembre 40

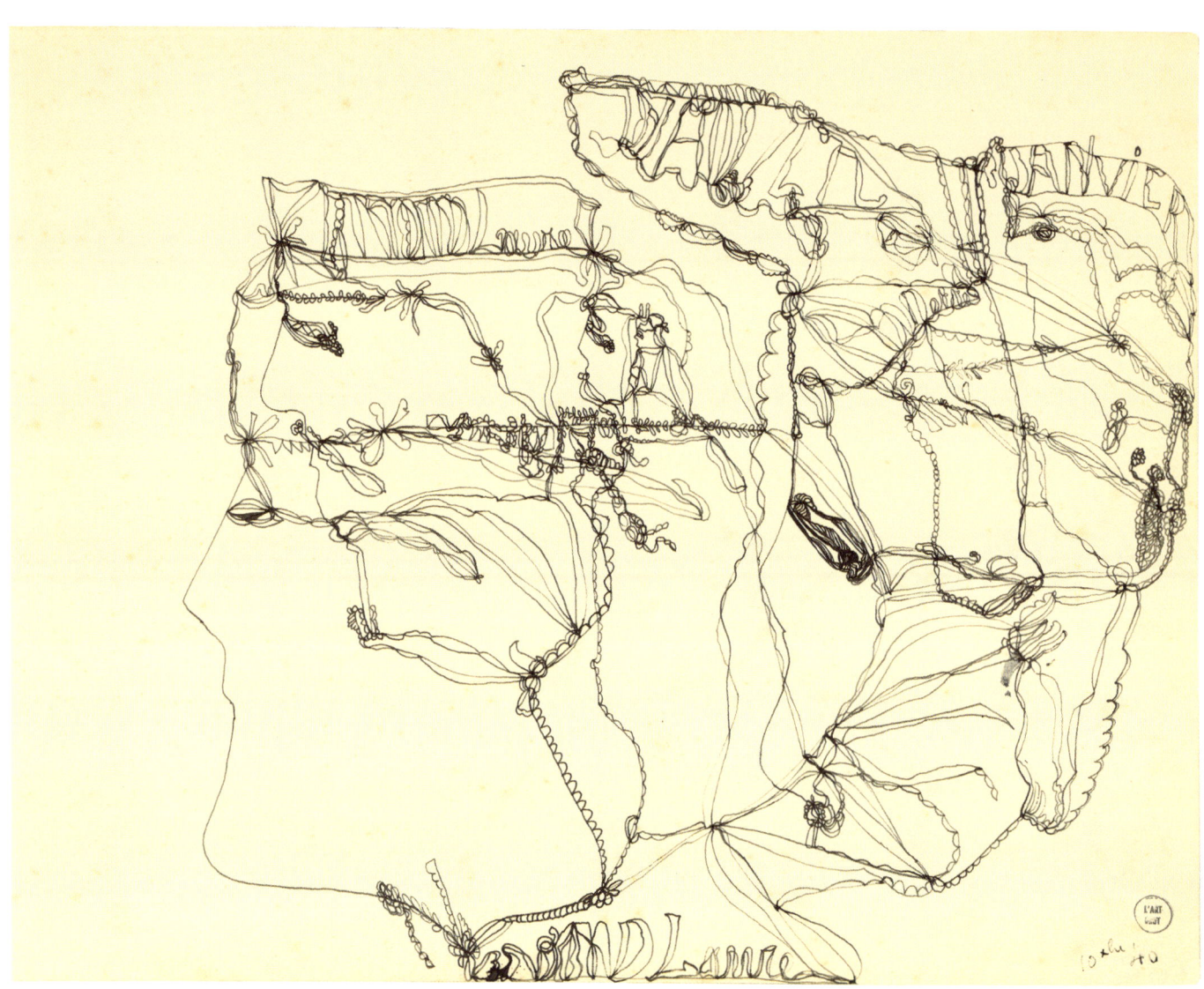

sans titre (cahier n° 8) untitled (sketchbook no. 8),
de décembre 1940 à avril 1941 December 1940–April 1941
encre noire et bleue sur papier black and blue ink on paper
24 × 62 cm (ouvert open)
cab-1962

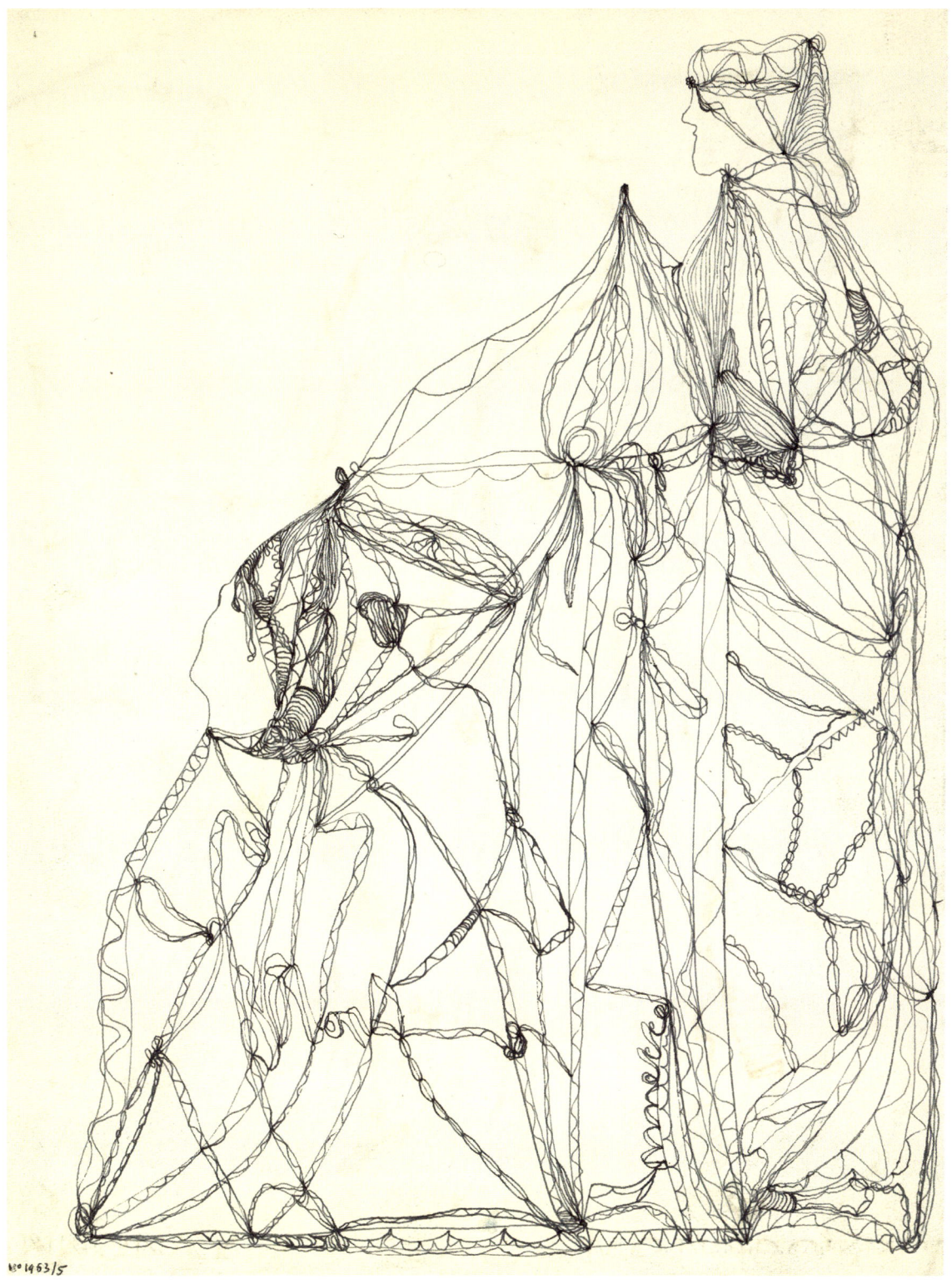

sans titre (cahier n° 9) untitled (sketchbook no. 9), 1946
encre noire sur papier black ink on paper
32 × 50 cm (ouvert open)
cab-1963

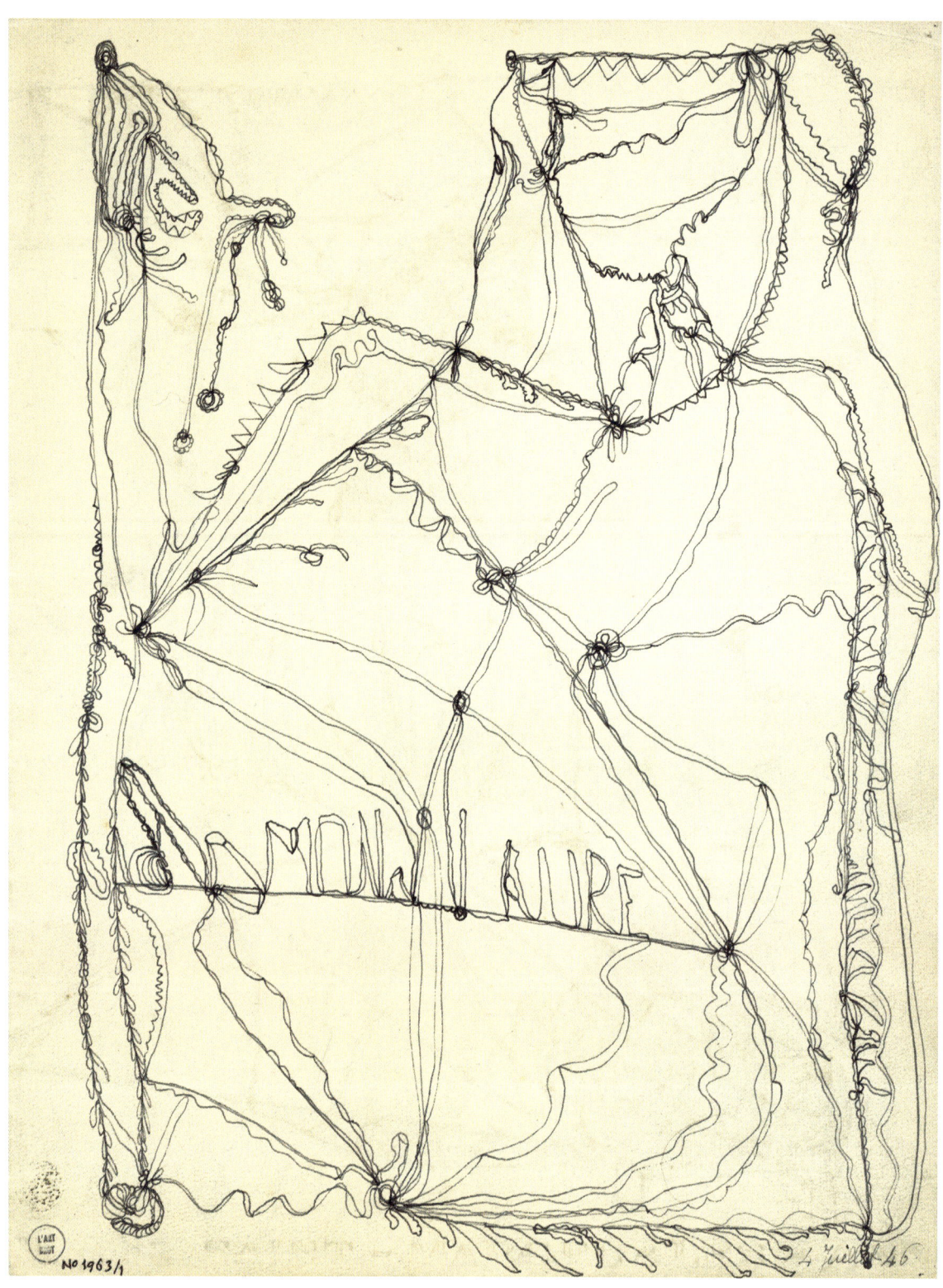

sans titre (cahier n° 9) untitled (sketchbook no. 9), 1946
encre noire sur papier black ink on paper
32 × 50 cm (ouvert open)
cab-1963

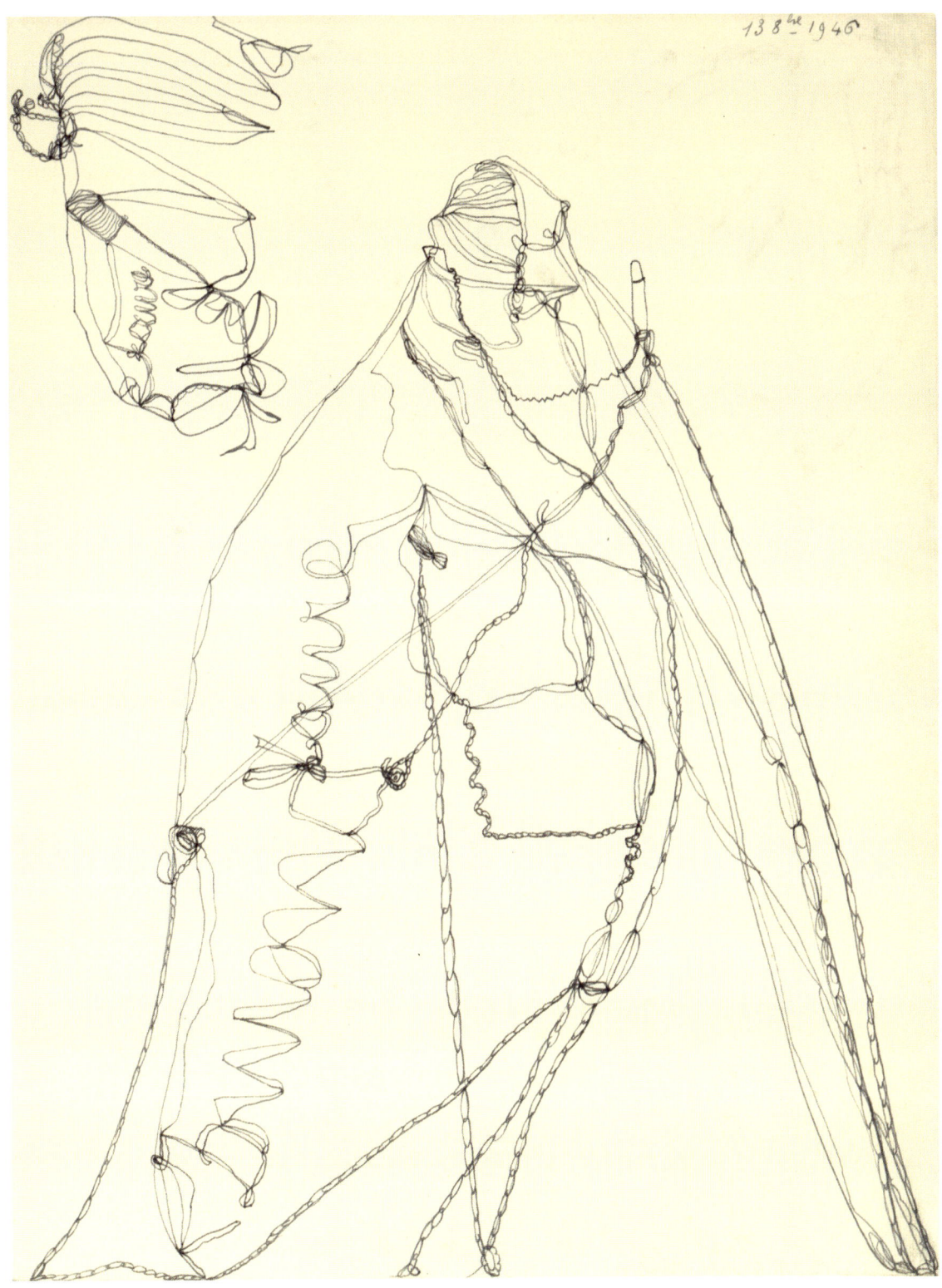

sans titre (cahier n° 10) untitled (sketchbook no. 10),
d'octobre 1946 à janvier 1947 October 1946–January 1947
encre noire sur papier black ink on paper
32 × 50 cm (ouvert open)
cab-1964

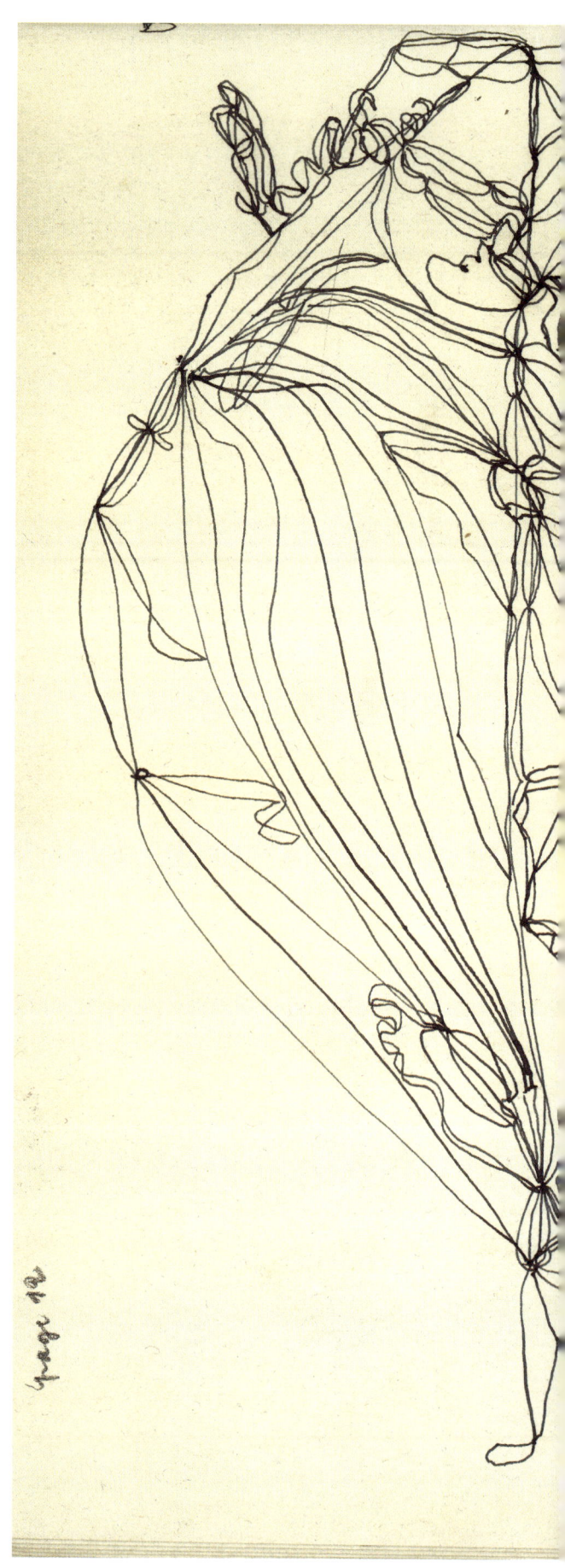

sans titre (cahier n° 11) untitled (sketchbook no. 11),
de janvier 1947 à mai 1948 January 1947–May 1948
encre noire sur papier black ink on paper
32 × 50 cm (ouvert open)
cab-1965

Mars 1948

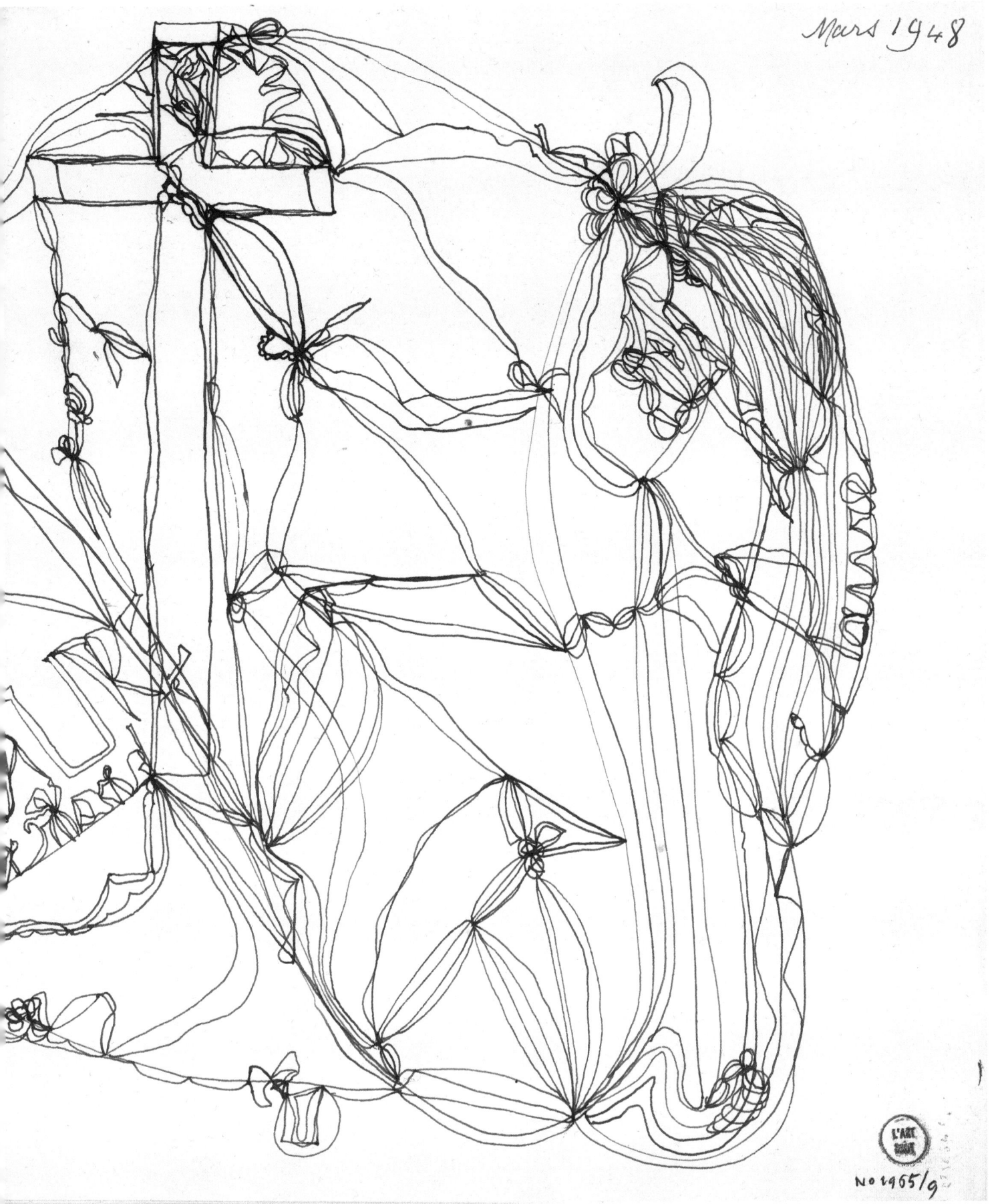

N° 1965/9

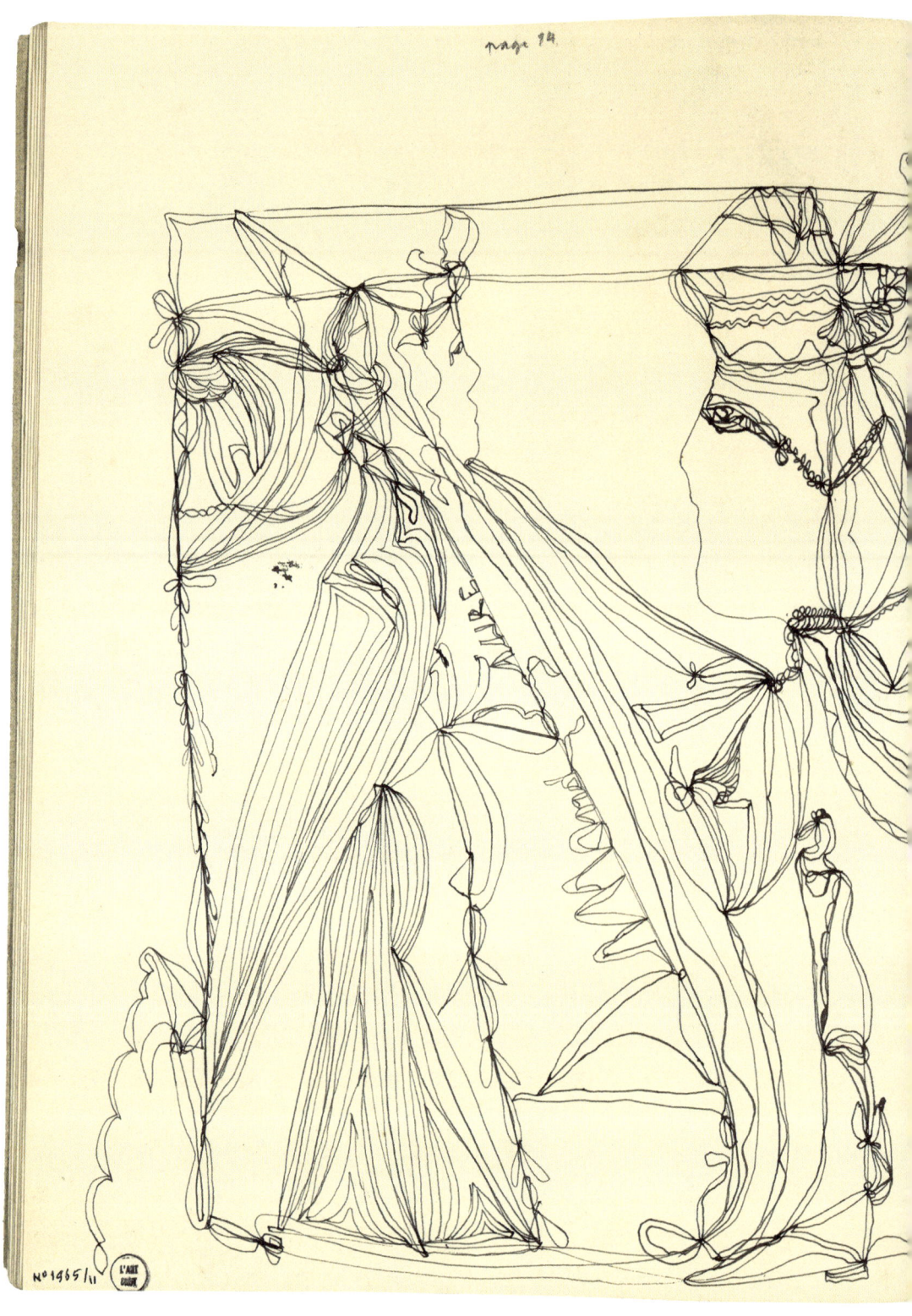

sans titre (cahier n° 11) untitled (sketchbook no. 11),
de janvier 1947 à mai 1948 January 1947–May 1948
encre noire sur papier black ink on paper
32 × 50 cm (ouvert open)
cab-1965

page 15

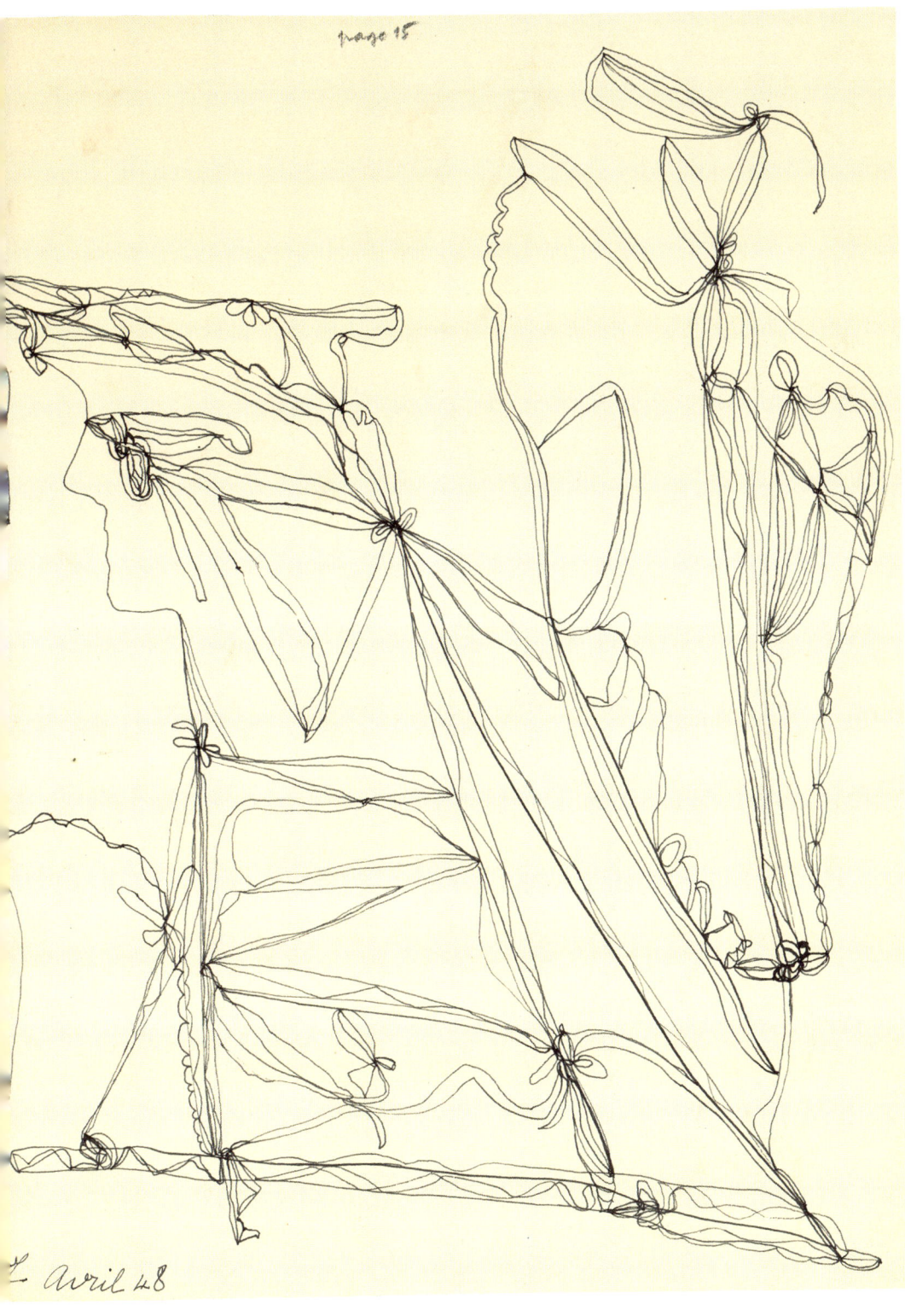

avril 48

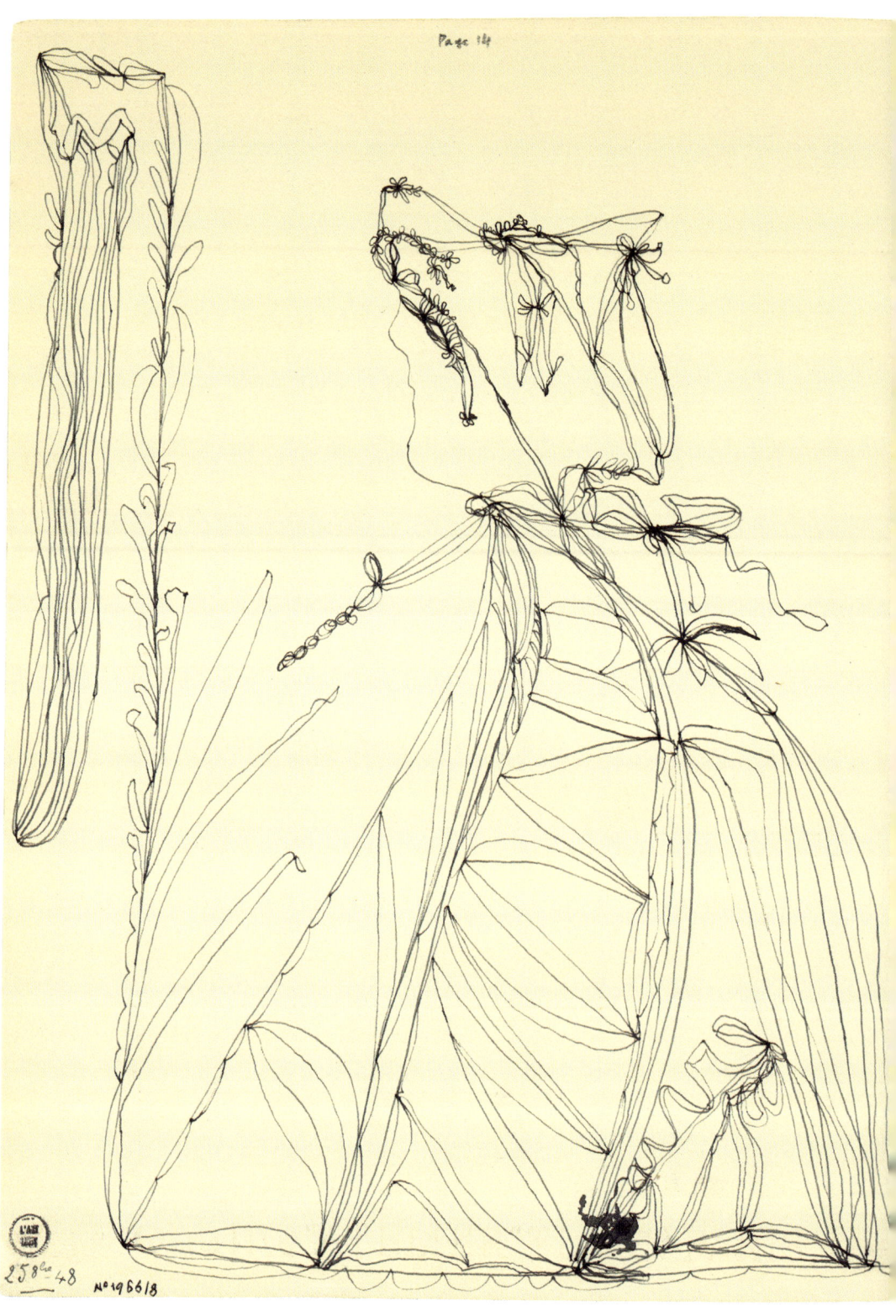

sans titre (cahier n° 12) untitled (sketchbook no. 12),
de juillet à octobre July–October 1948
encre noire sur papier black ink on paper
31 × 48 cm (ouvert open)
cab-1966

Page 15   28 bre 48

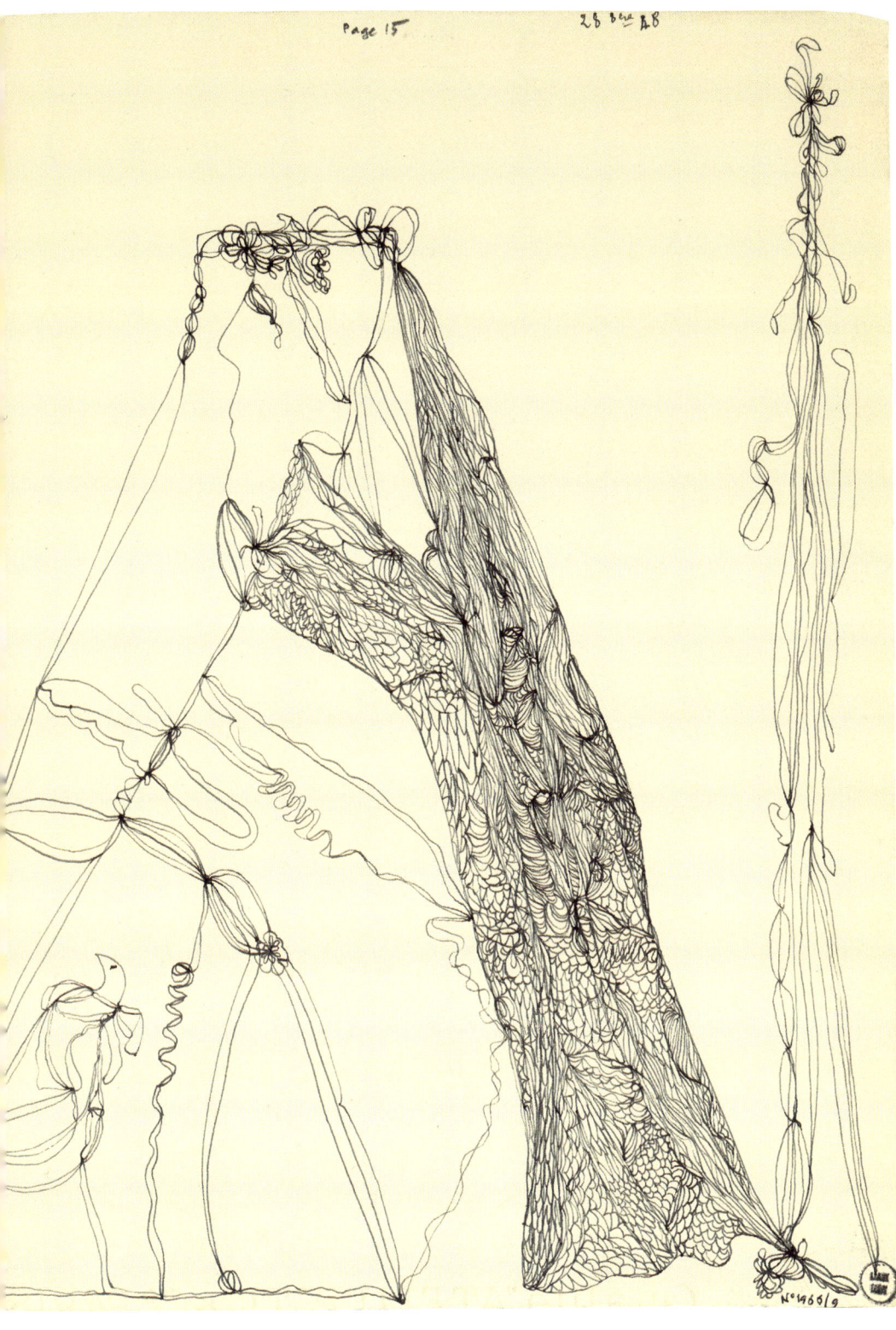

N° 4166/9

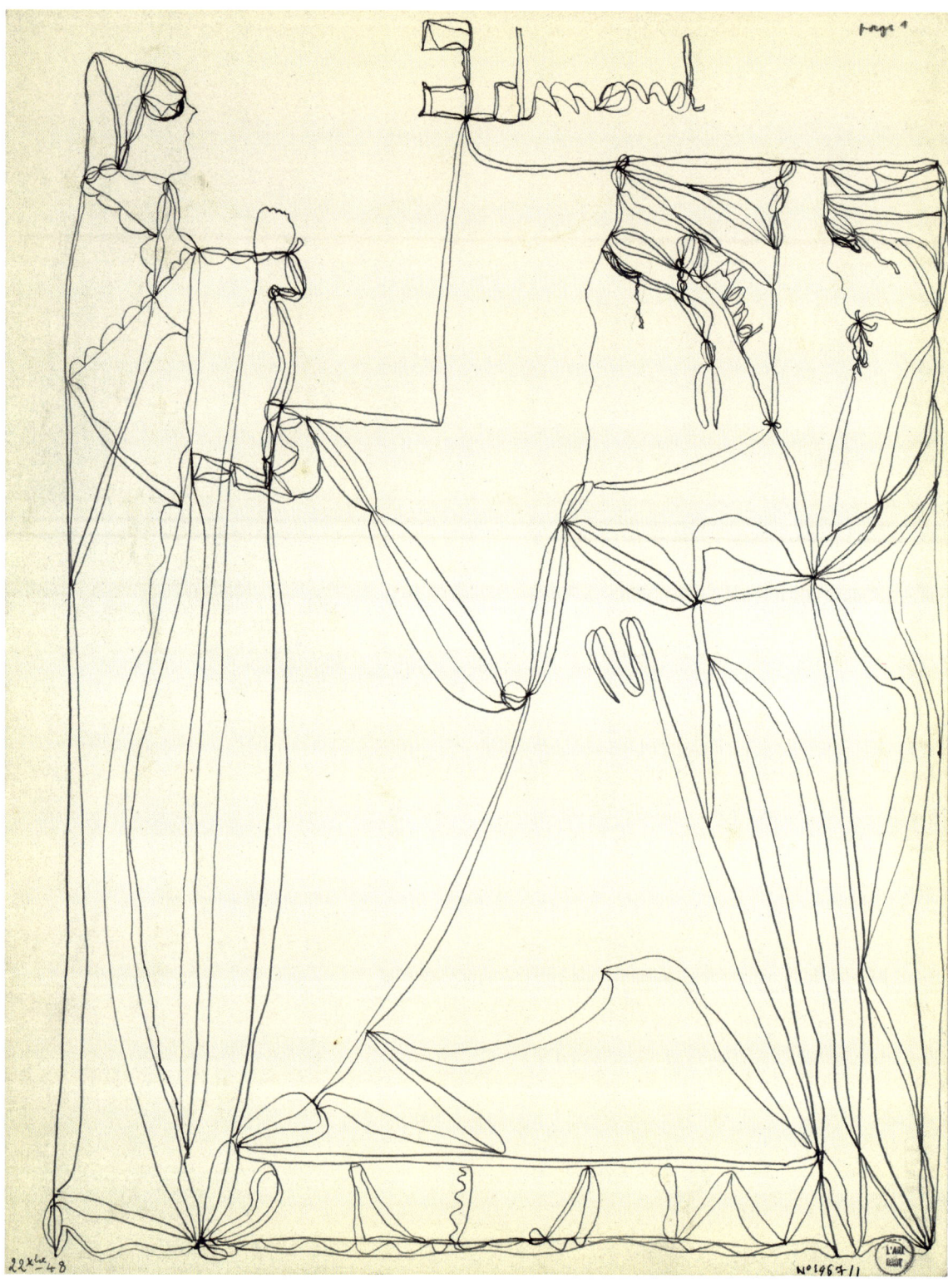

sans titre (cahier n° 13) untitled (sketchbook no. 13),
d'octobre 1948 à février 1949 October 1948–February 1949
encre noire sur papier black ink on paper
31 × 48 cm (ouvert open)
cab-1967

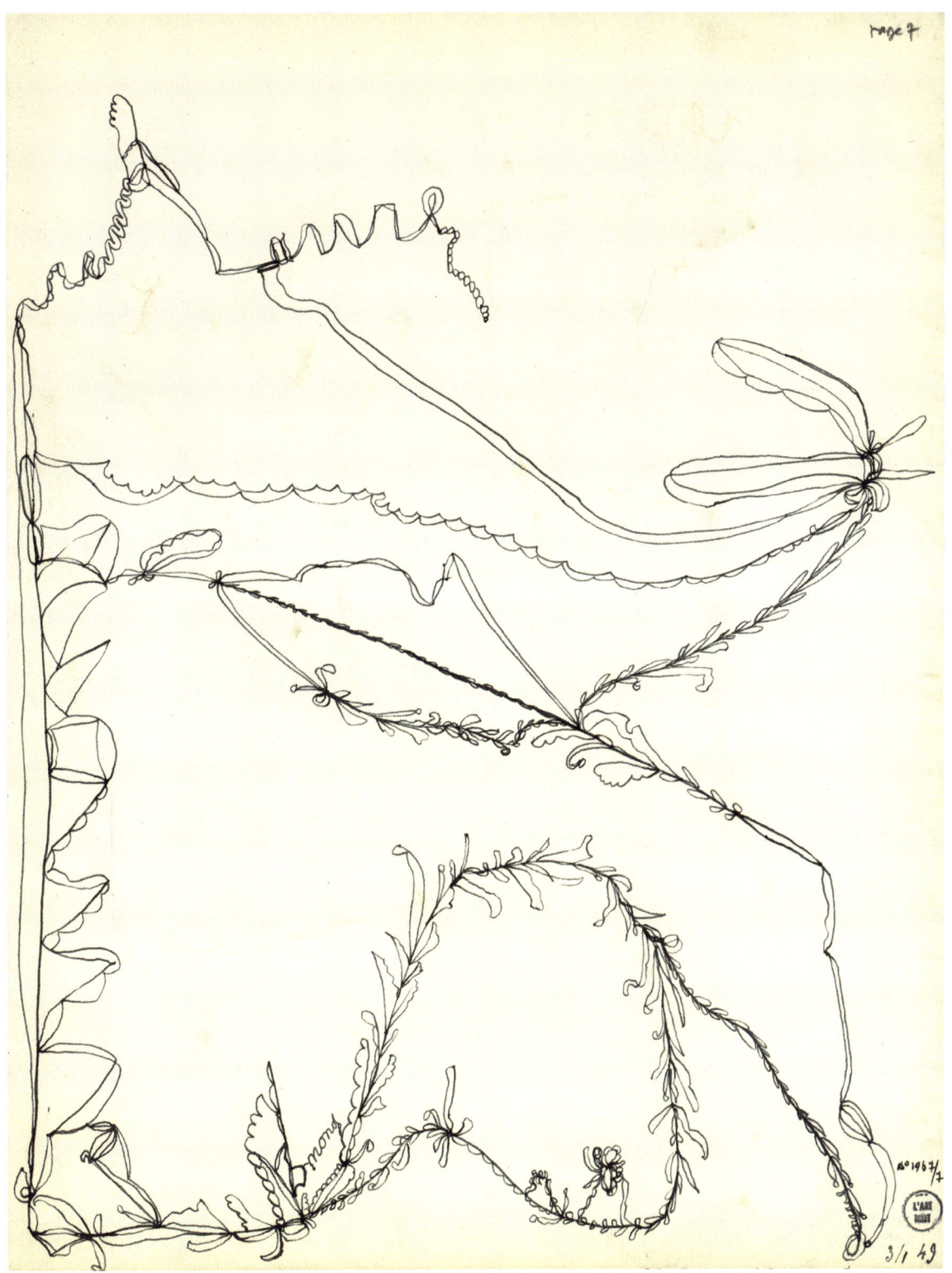

3/1 49

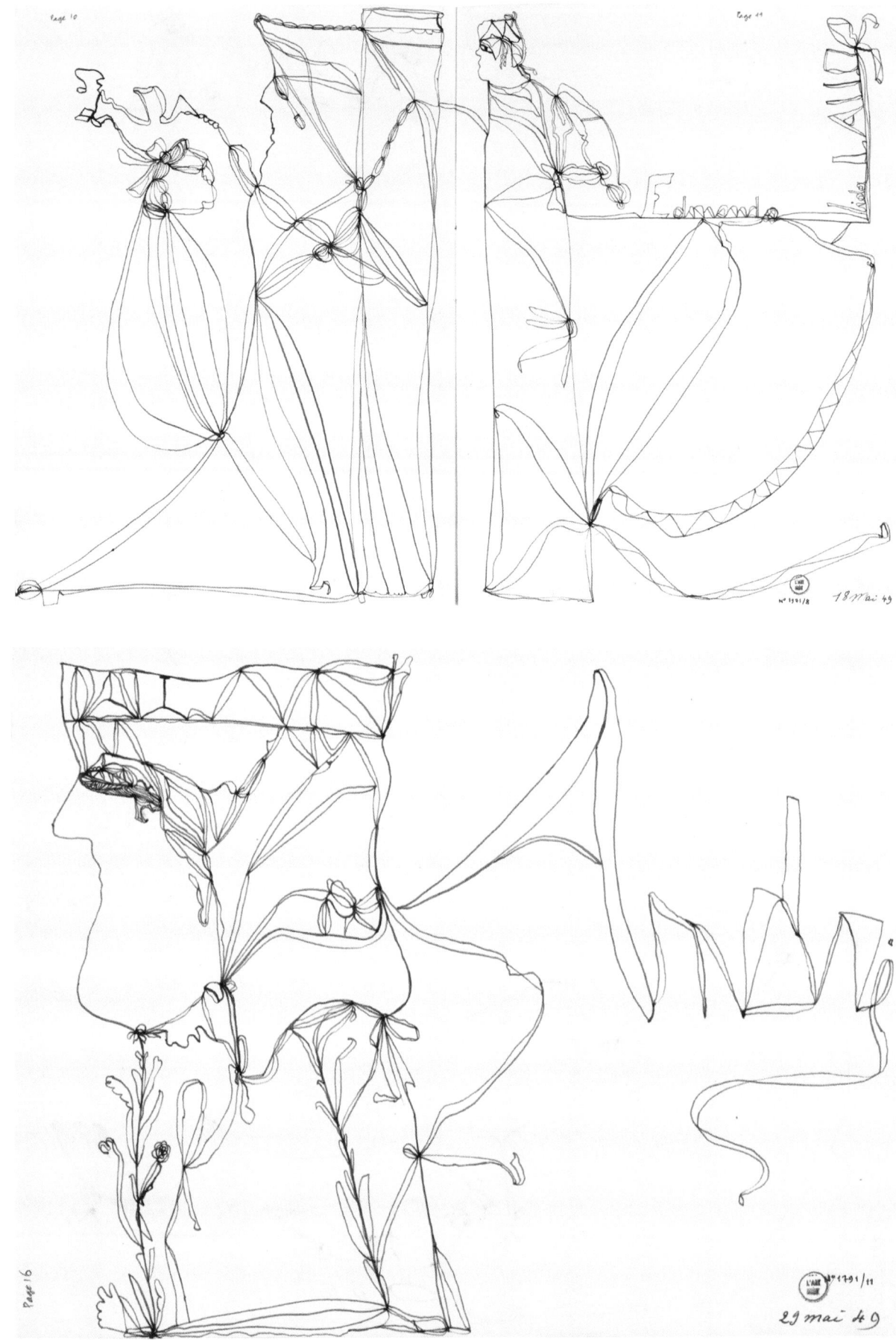

Page 10

Page 11

Edmonde

N° 1791/8   18 Mai 49

Page 16

N° 1791/11

29 mai 49

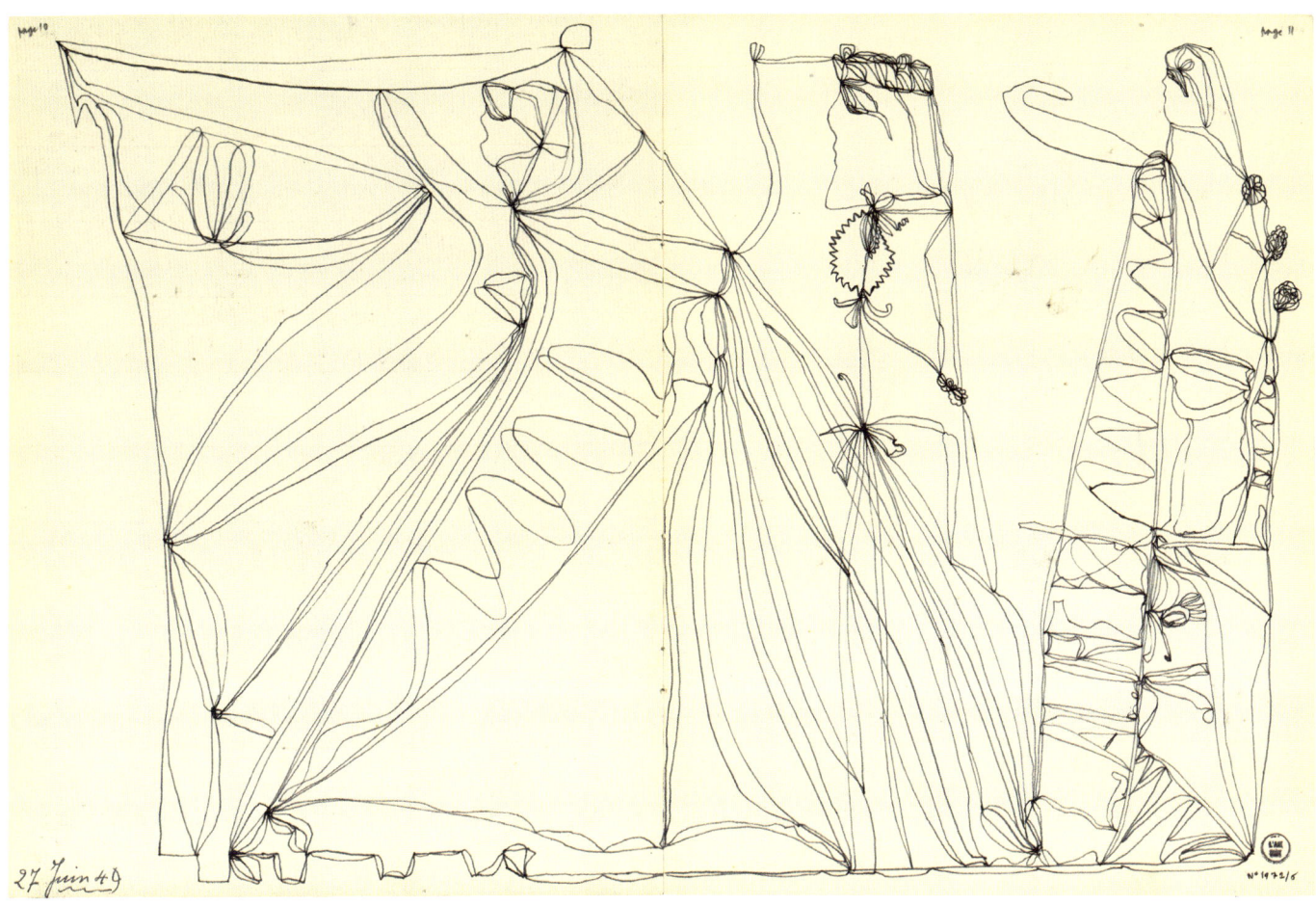

sans titre (cahier n° 14) untitled (sketchbook no. 14),
mai May 1949
encre noire sur papier black ink on paper
31 × 47 cm (ouvert open)
cab-1971

sans titre (cahier n° 15) untitled (sketchbook no. 15),
de juin à juillet June–July 1949
encre noire sur papier black ink on paper
30,5 × 47 cm (ouvert open)
cab-1972

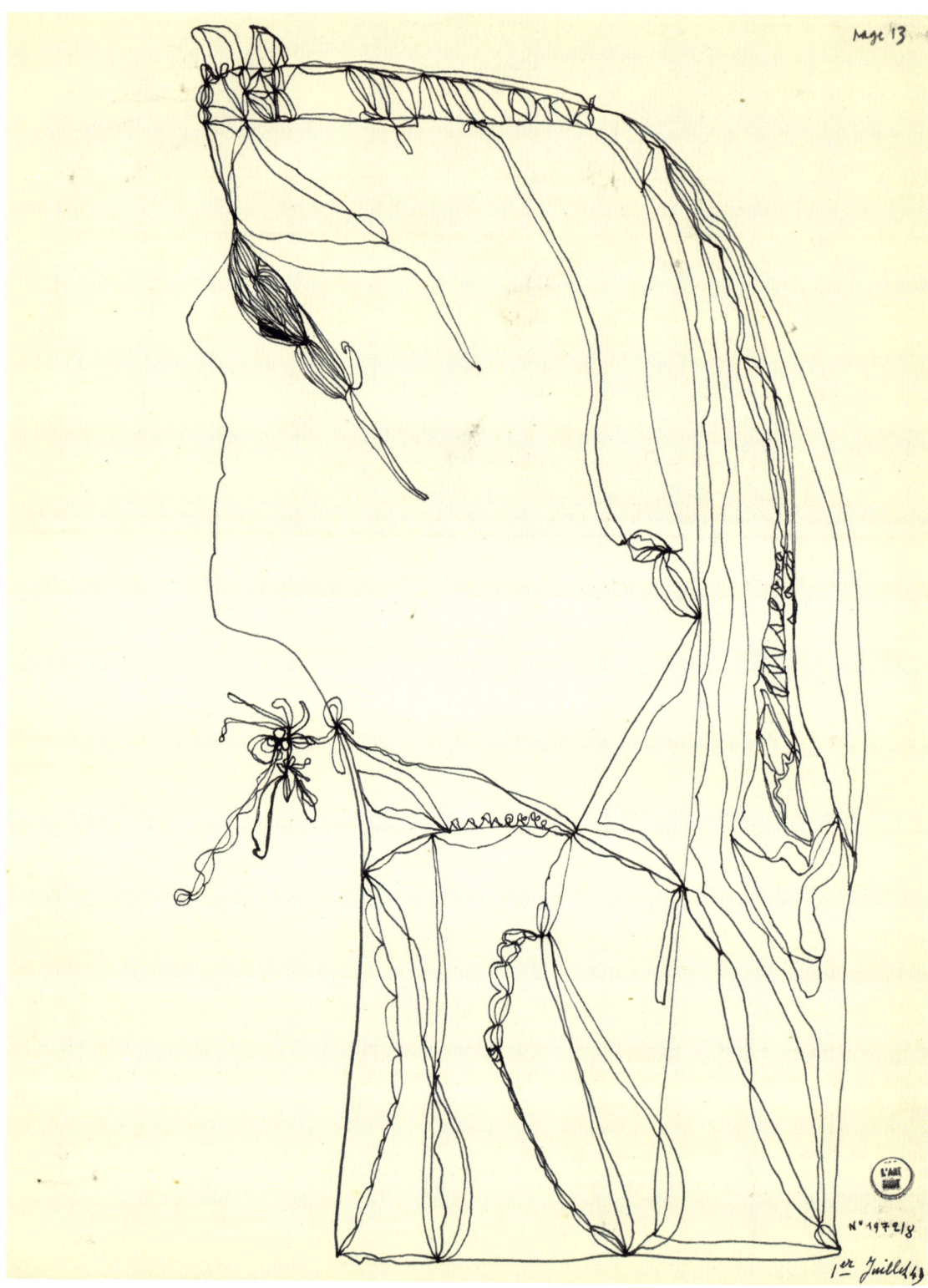

sans titre (cahier n° 15) untitled (sketchbook no. 15),
de juin à juillet June–July 1949
encre noire sur papier black ink on paper
30,5 × 47 cm (ouvert open)
cab-1972

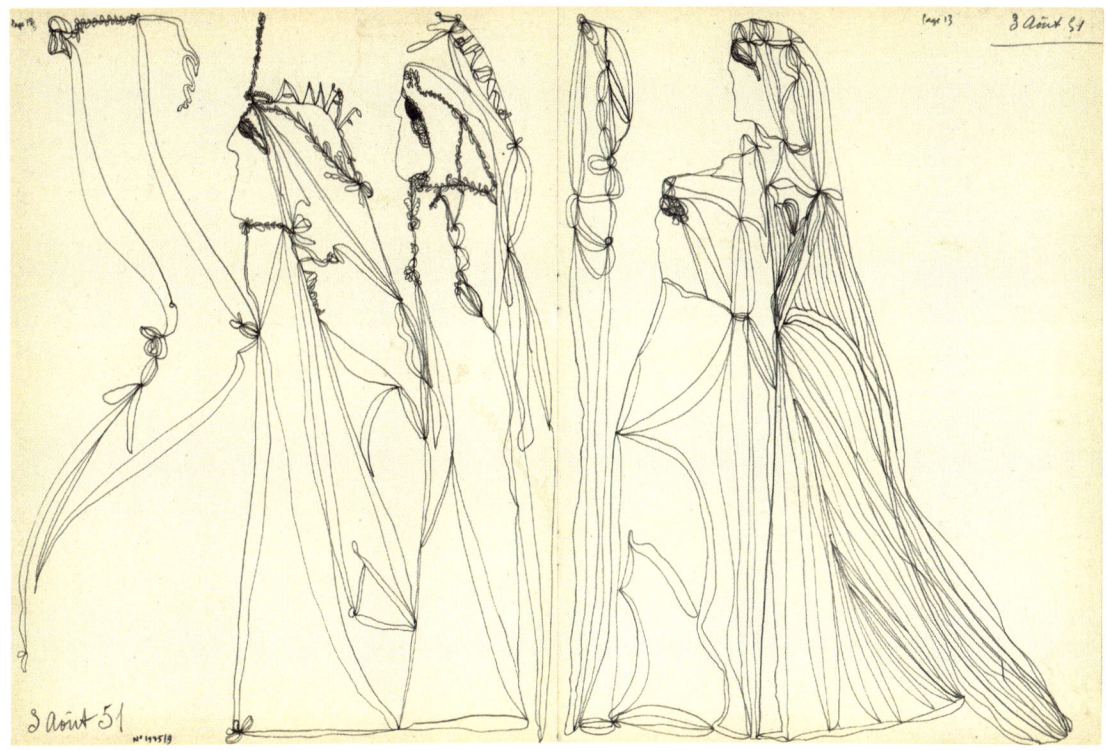

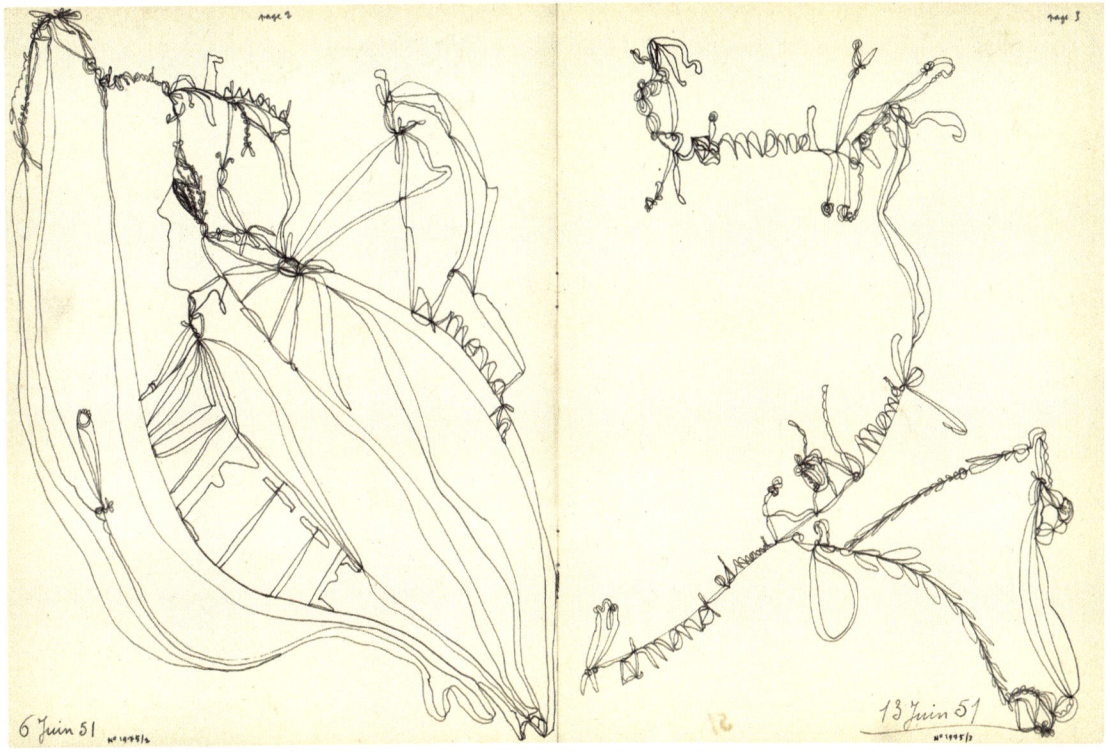

sans titre (cahier n° 16) untitled (sketchbook no. 16),
de juin à août June–August 1951
encre noire sur papier black ink on paper
31 × 48 cm (ouvert open)
cab-1975

Dessins
Drawings

(1953–1964)

En une dizaine d'années, Laure Pigeon réalise environ deux cents compositions, ce qui correspond à peu de chose près à la moitié de sa production. Elle n'emploie désormais plus de cahiers, mais principalement des feuilles de grandes dimensions (50 × 65 cm) de papier filigrané de diverses marques.

La différence réside dans les supports et les formats, mais avant tout dans le style. Si dans les premières années elle privilégie le tracé aléatoire et libre de la ligne, à partir de 1953, elle dessine plutôt des formes pleines composées d'une multitude de traits. Le motif occupe le centre de la feuille ou s'étend jusqu'au bord du support, comme s'il voulait en repousser les limites.

Les œuvres de cette période sont présentées ici par analogie graphique : on observe des masses compactes, des formes végétales ou animales dansantes, des compositions aériennes, des dessins où des initiales et des mots sont mêlés aux figures, ainsi que des silhouettes féminines masquées ou voilées.

Over a period of ten or so years, Laure Pigeon produced about two hundred works, which represent close to the half of her entire output. She no longer used sketchbooks, preferring large sheets (50 × 65 cm) of watermarked paper of different brands.

The differences between them lie in the medium that she used and its dimensions, but above all in her style. Although during the early years of her practice she preferred to use random, free-form lines, beginning in 1953 she began drawing solid shapes filled with a multitude of short lines. The motif of each drawing occupies the centre of the paper or stretches as far as the edges, as though wanting to push them back.

The works from this period are organised on the basis of graphic similarity: we see compact masses, plant-like forms, dancing animals, ethereal compositions, drawings in which words and initials merge with the figures, and masked or veiled female figures.

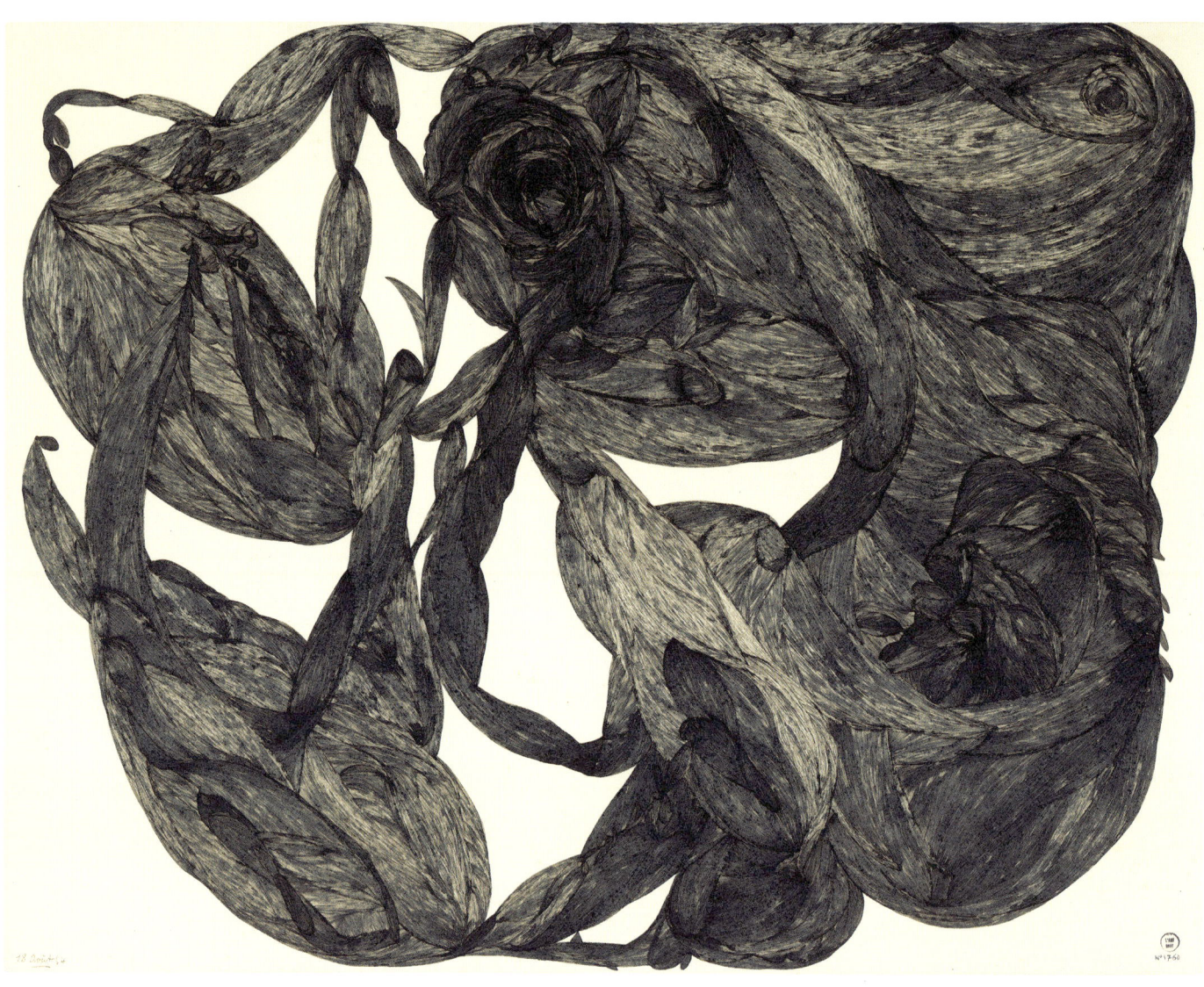

sans titre untitled, 18 août 18 August 1954
encre noire sur papier black ink on paper
49 × 64 cm
cab-1760

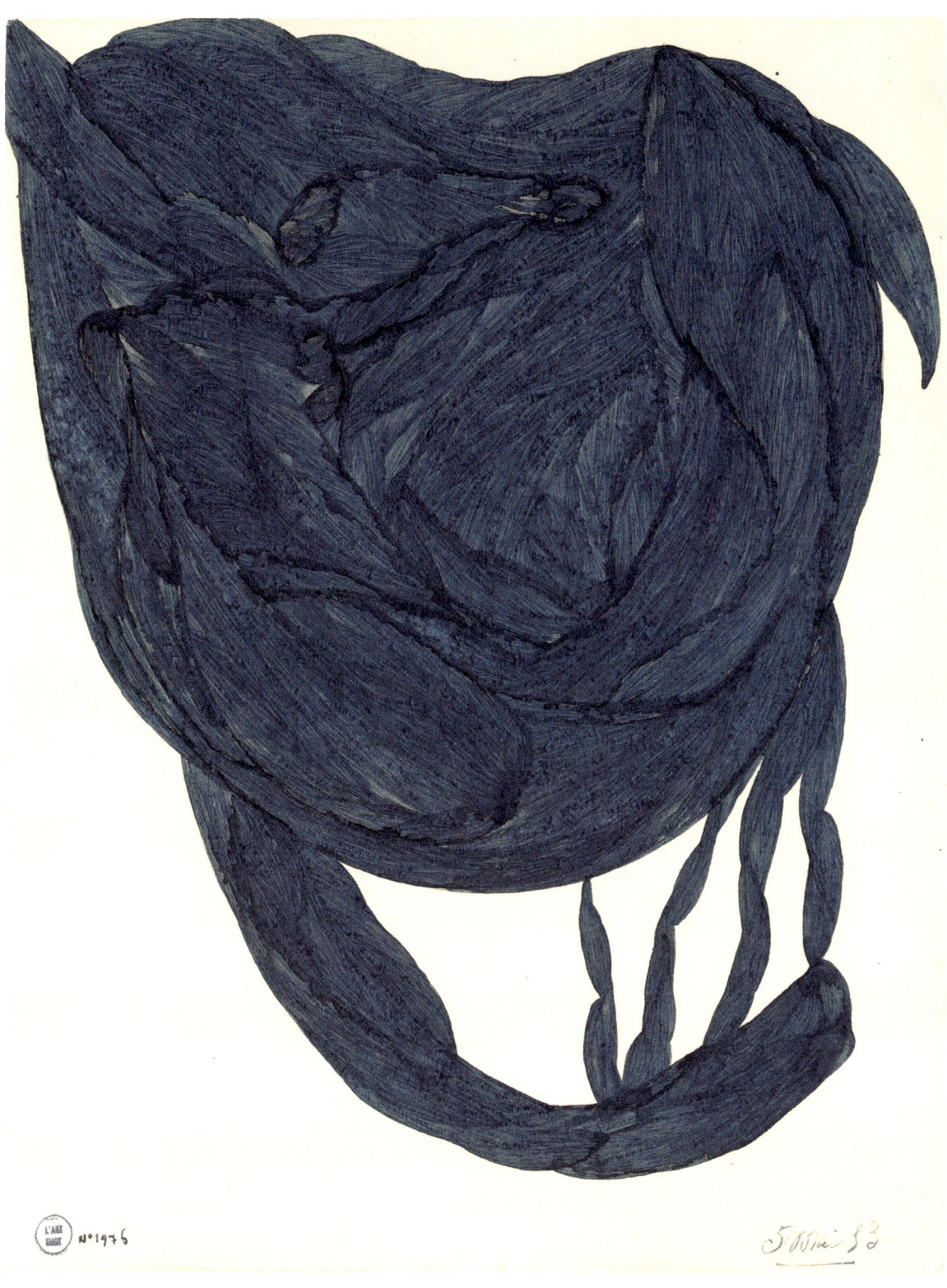

sans titre untitled, 5 mai 5 May 1953
encre bleue sur papier blue ink on paper
31,5 × 24,5 cm
cab-1976

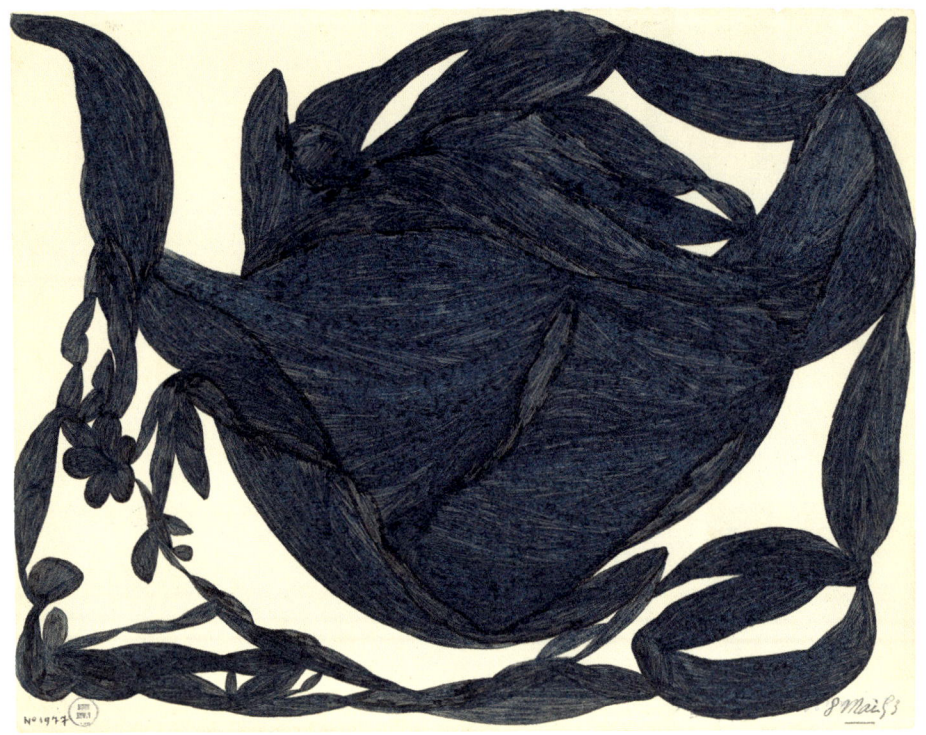

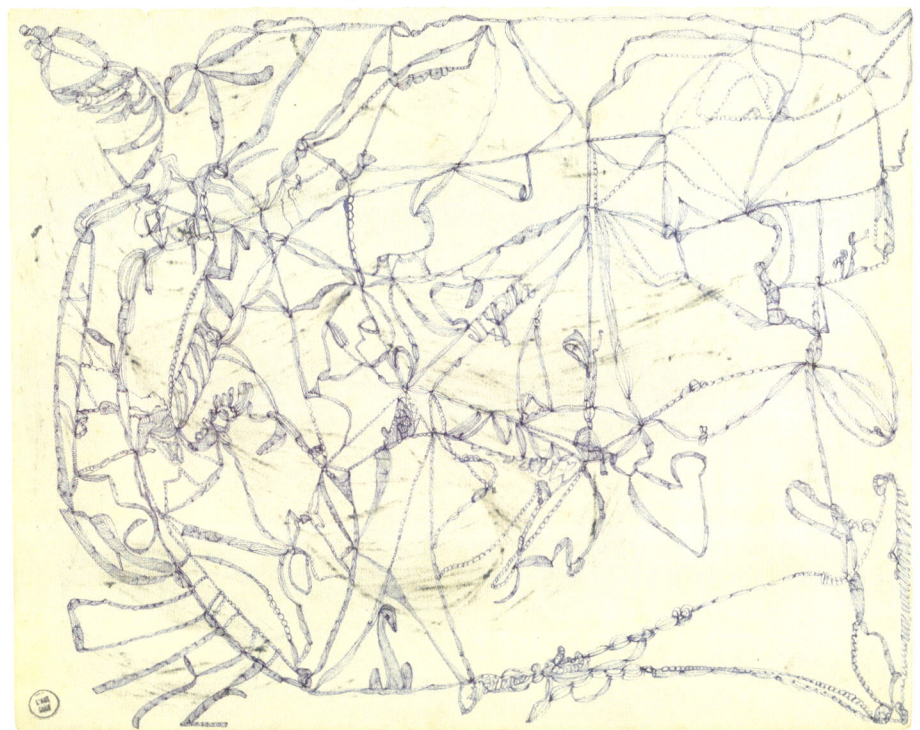

sans titre untitled, 8 mai 8 May 1953
encre bleue sur papier blue ink on paper
31,5 × 24,5 cm
cab-1977 (recto-verso)

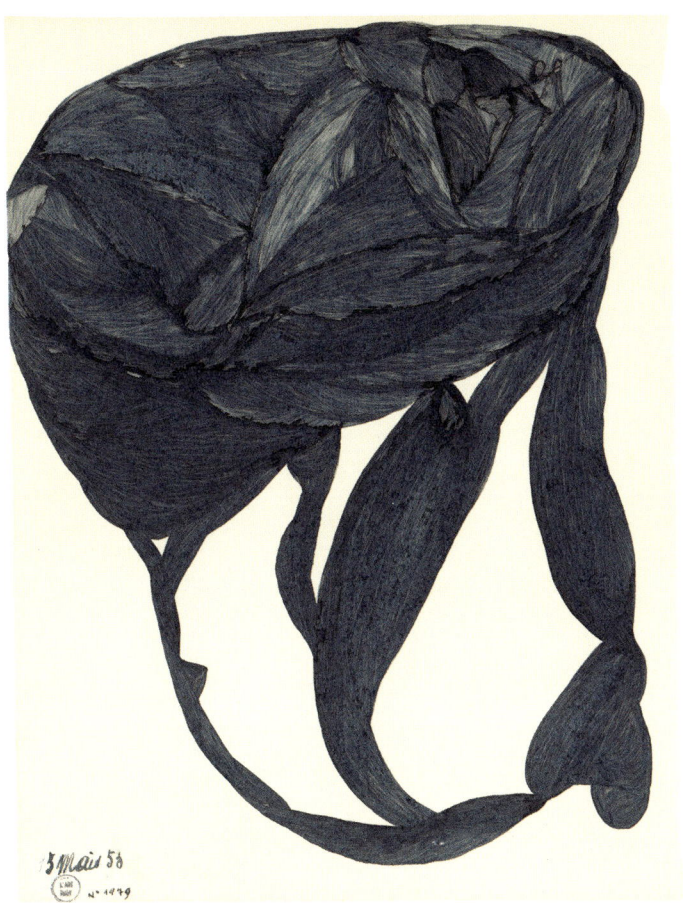

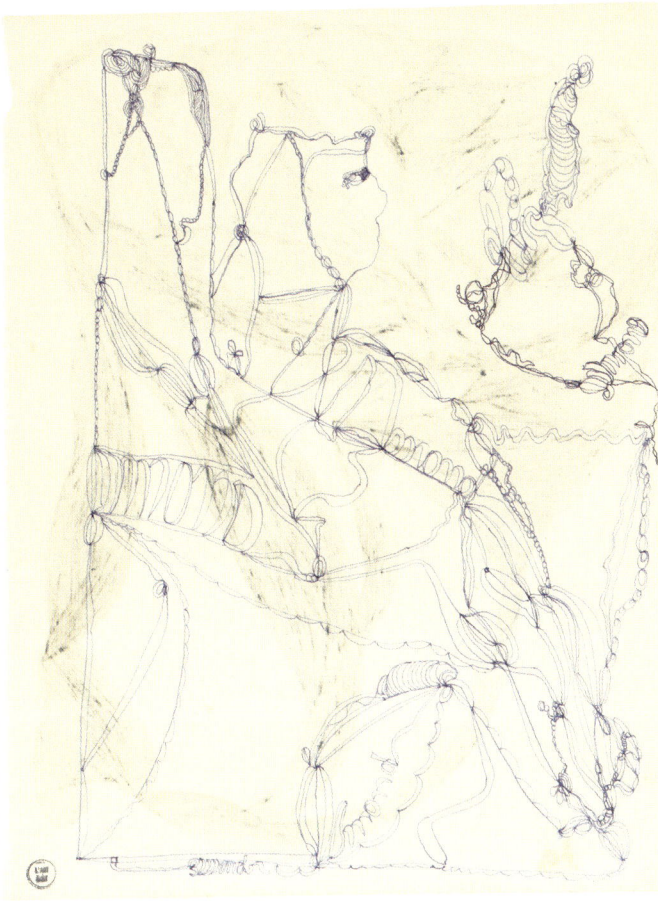

sans titre untitled, 15 mai 15 May 1953
encre bleue sur papier blue ink on paper
31,5 × 24,5 cm
cab-1979 (recto-verso)

98

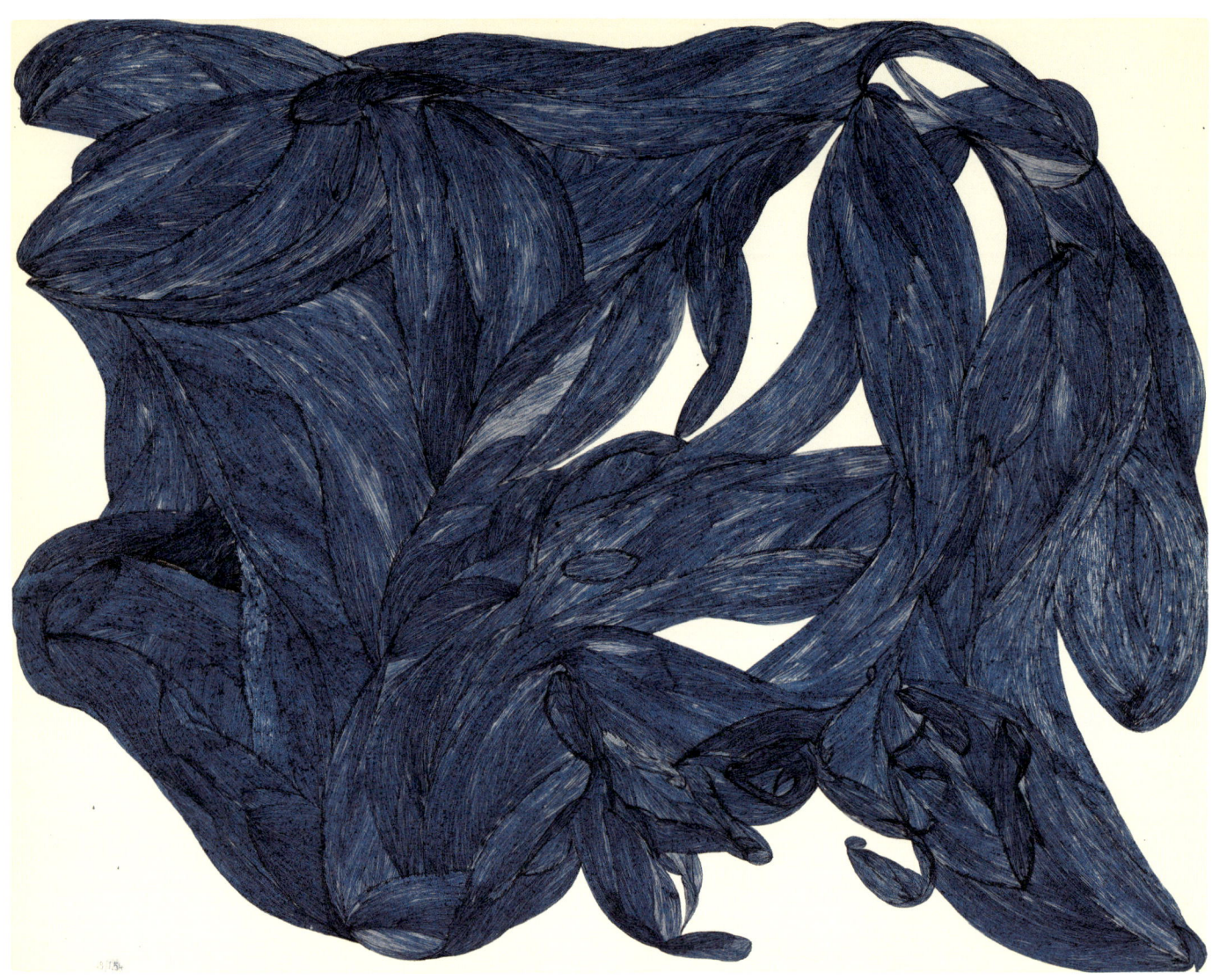

sans titre untitled, 19 janvier 19 January 1954
encre bleue sur papier blue ink on paper
49 × 64 cm
cab-1752

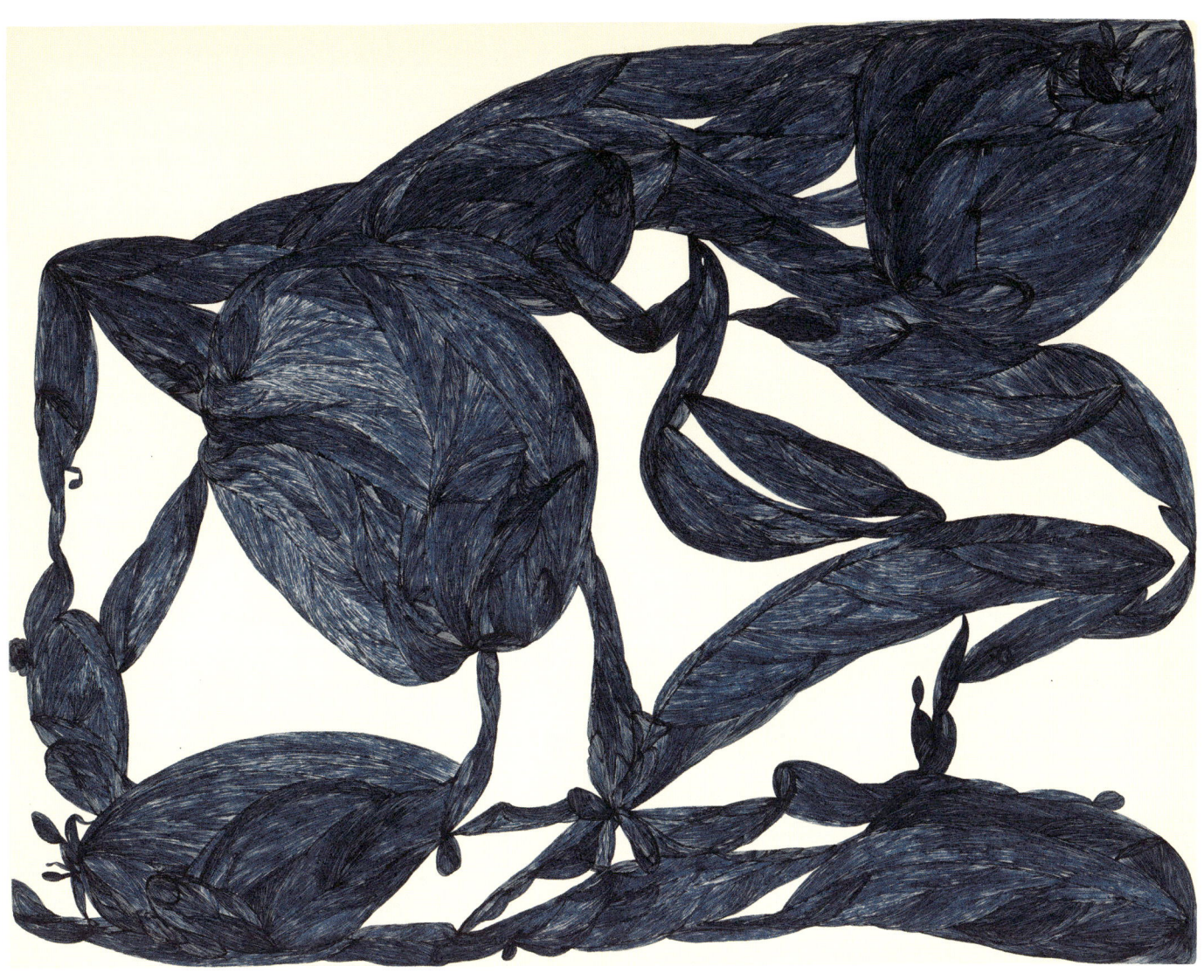

sans titre untitled, 11 décembre 11 December 1953
encre bleue sur papier blue ink on paper
49 × 64 cm
cab-1750

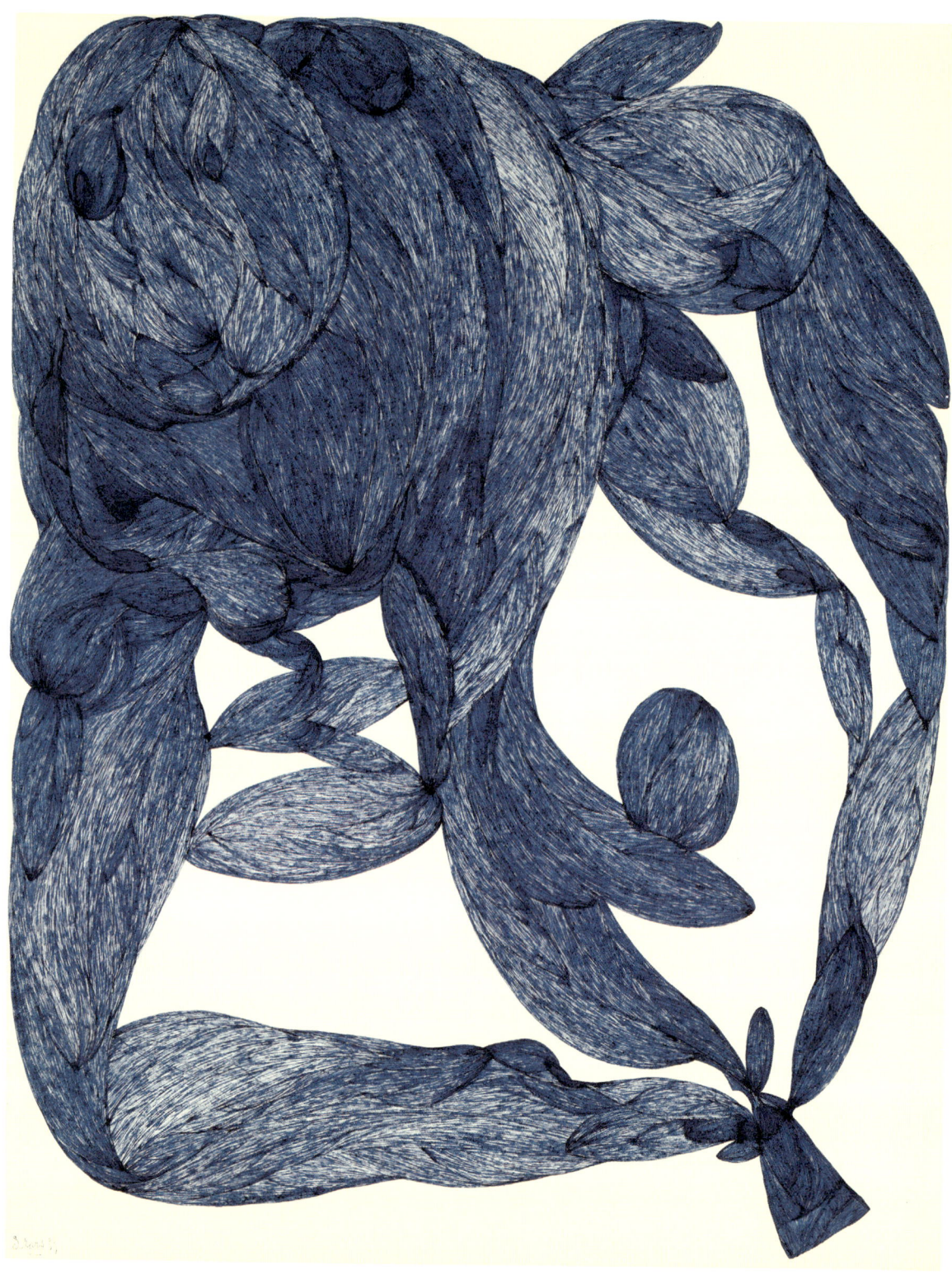

sans titre untitled, 3 mars 3 March 1955
encre bleue sur papier blue ink on paper
65 × 50 cm
cab-1772

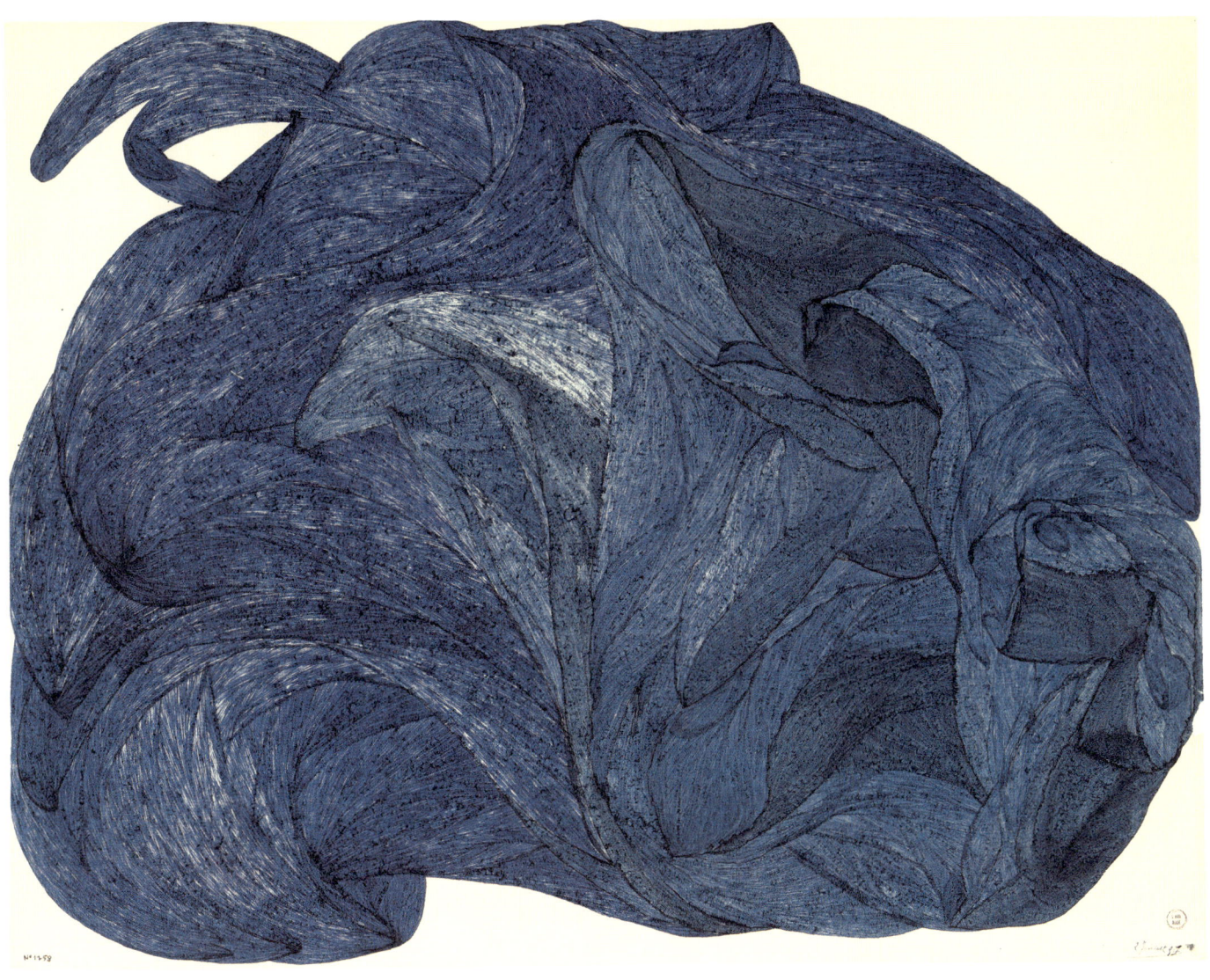

sans titre untitled, 2 juillet 2 July 1954
encre bleue sur papier blue ink on paper
48 × 62,5 cm
cab-1758

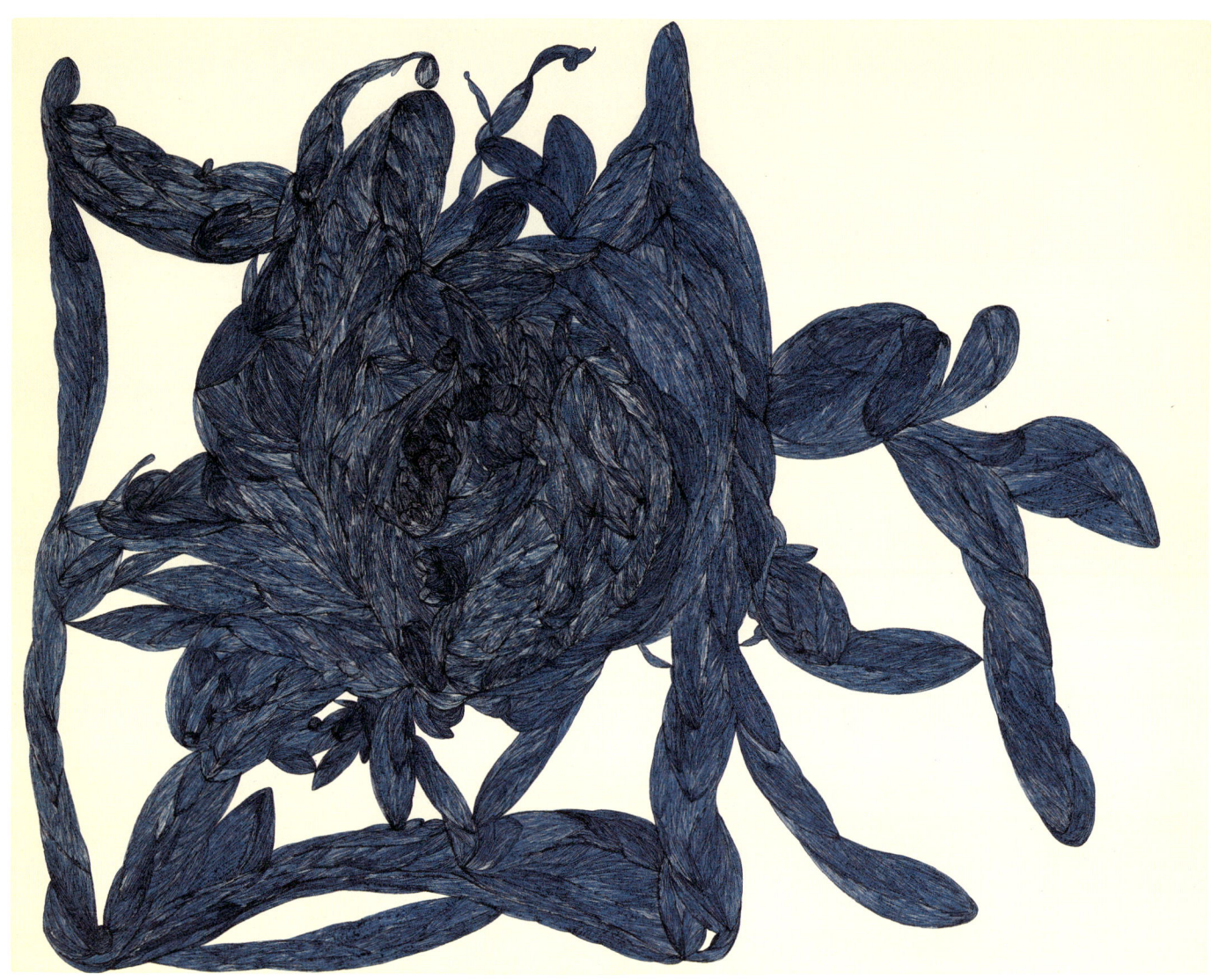

sans titre untitled, 1954
encre bleue sur papier blue ink on paper
49 × 64 cm
cab-1767

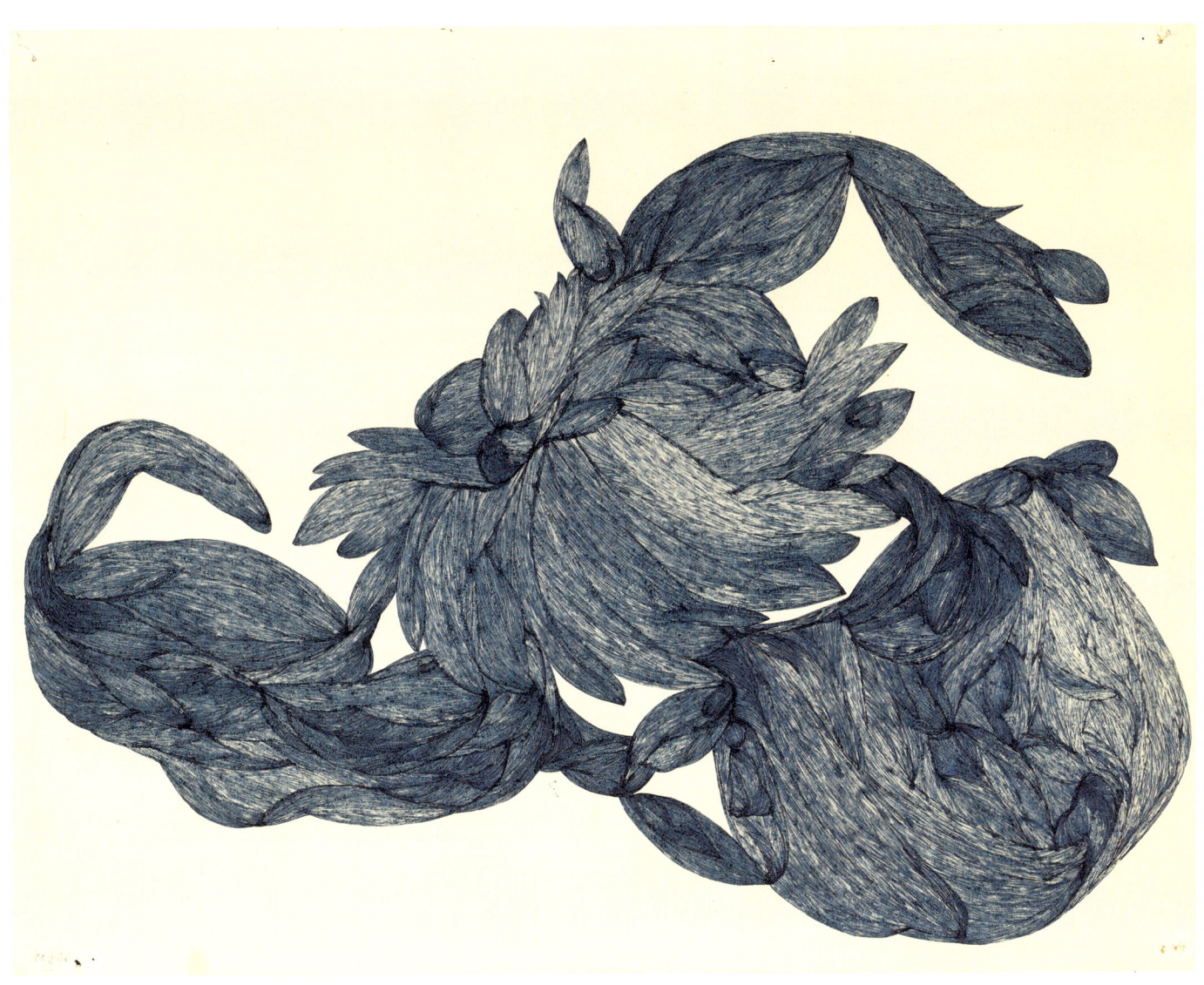

sans titre untitled, *20 février* 20 February 1955
encre bleue sur papier blue ink on paper
50 × 65 cm
cab-1771

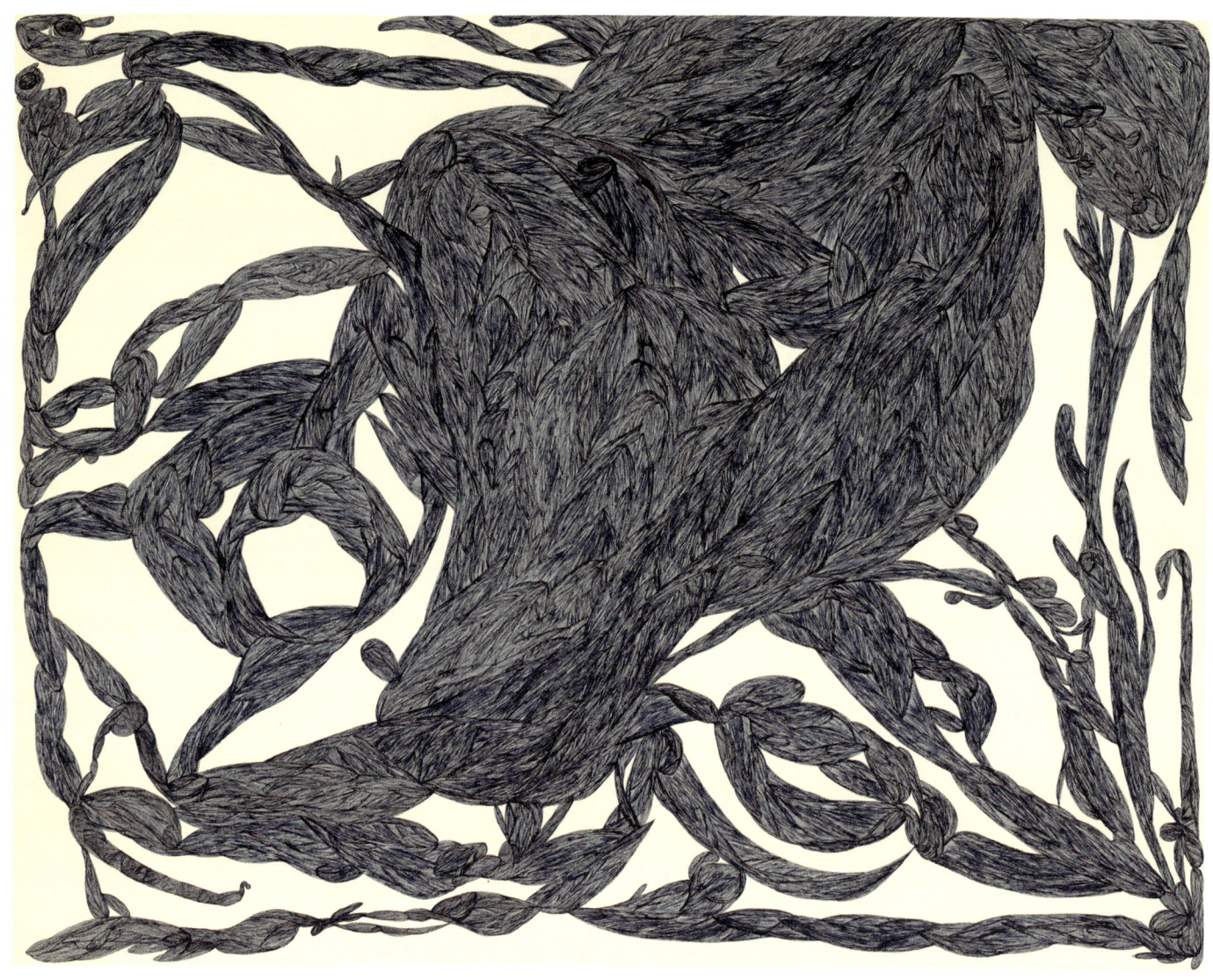

sans titre untitled, 1er avril 1 April 1953
encre bleue sur papier blue ink on paper
49 × 64 cm
cab-1745

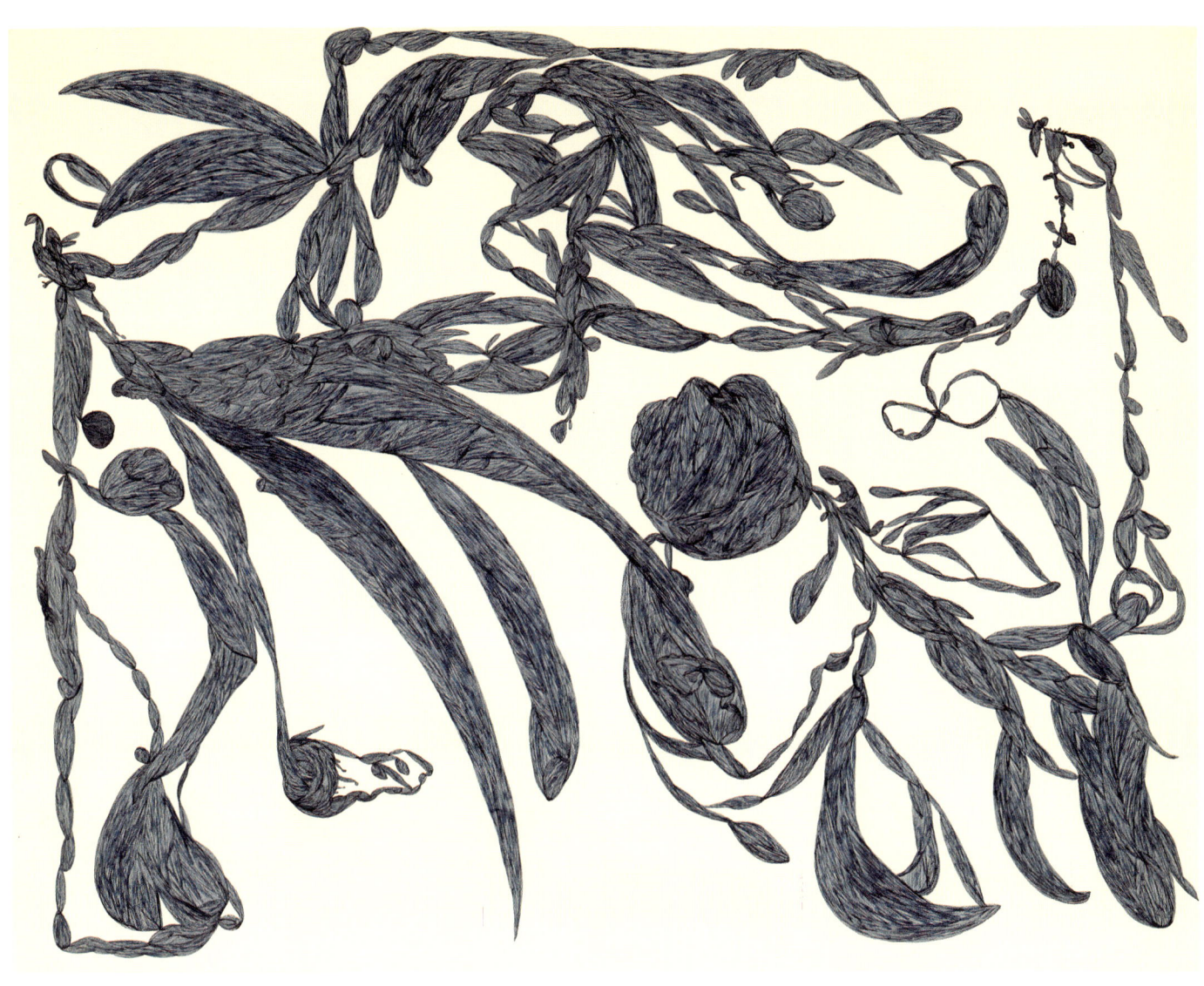

sans titre untitled, 11 avril 22 April 1953
encre bleue sur papier blue ink on paper
49 × 64 cm
cab-1746

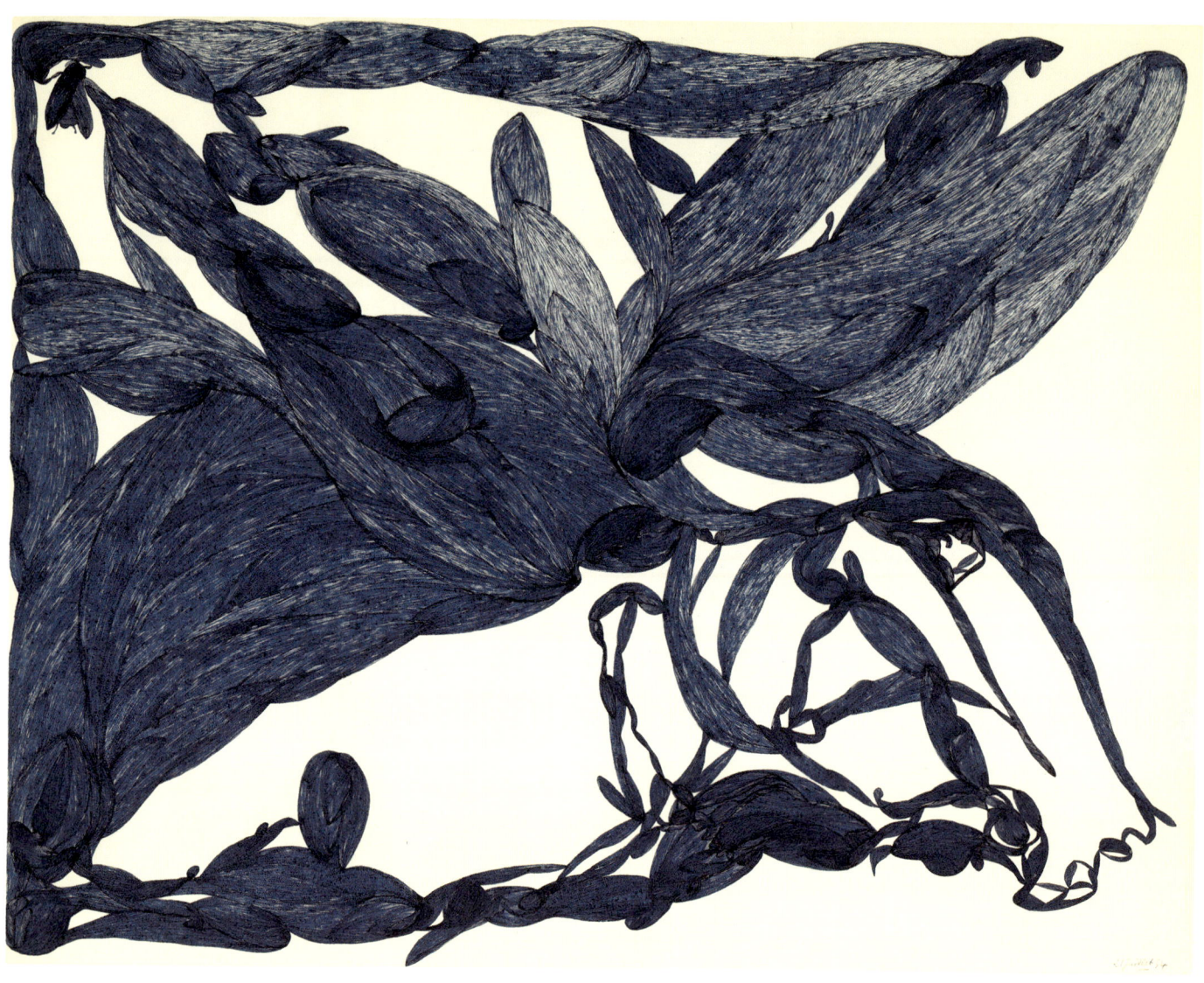

sans titre untitled, 21 juillet 21 July 1954
encre bleue sur papier blue ink on paper
50 × 65 cm
cab-1759

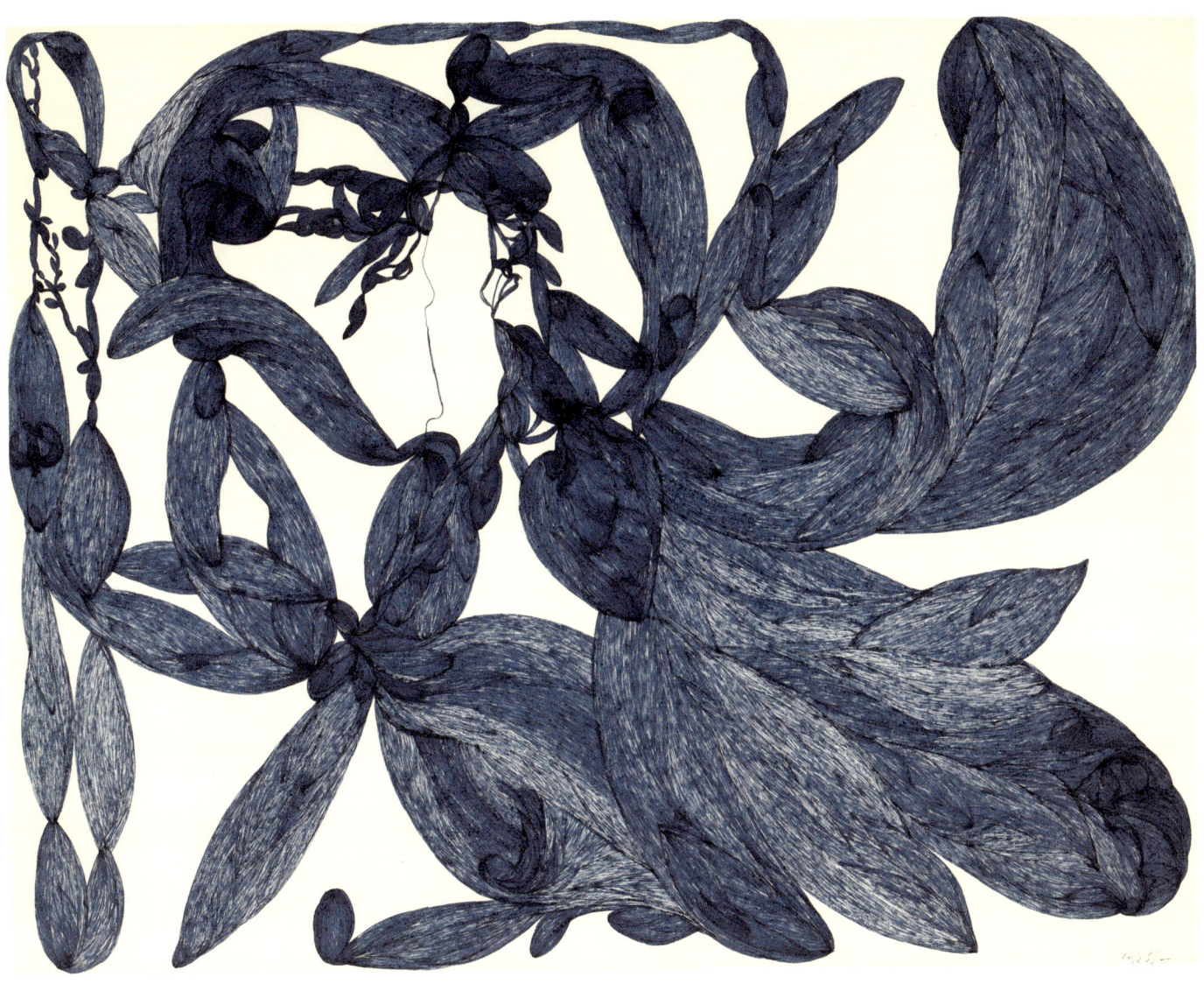

sans titre untitled, 13 février 13 February 1955
encre bleue sur papier blue ink on paper
50 × 65 cm
cab-1770

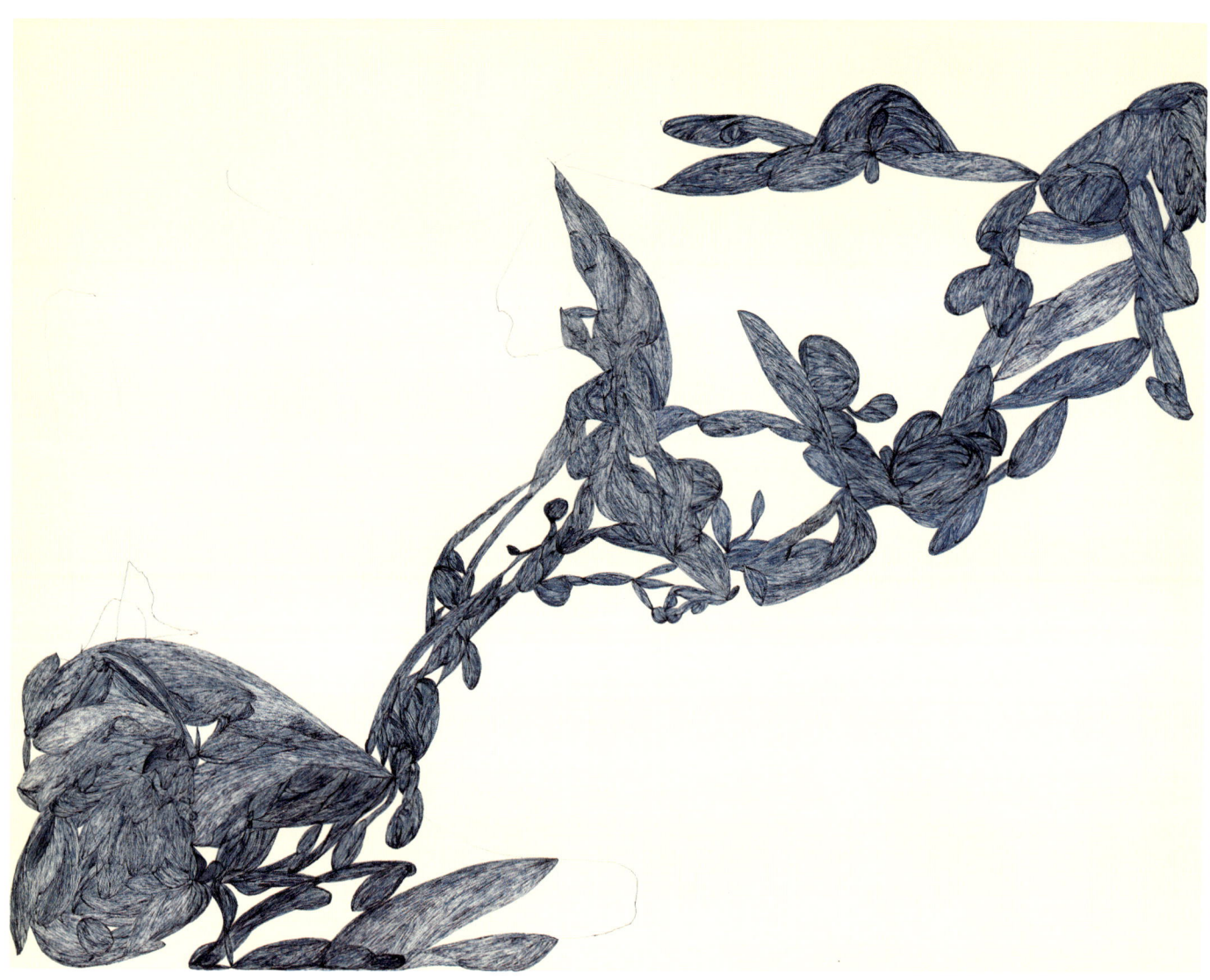

sans titre untitled, ca. 1962
encre bleue sur papier blue ink on paper
50 × 65 cm
cab-1911

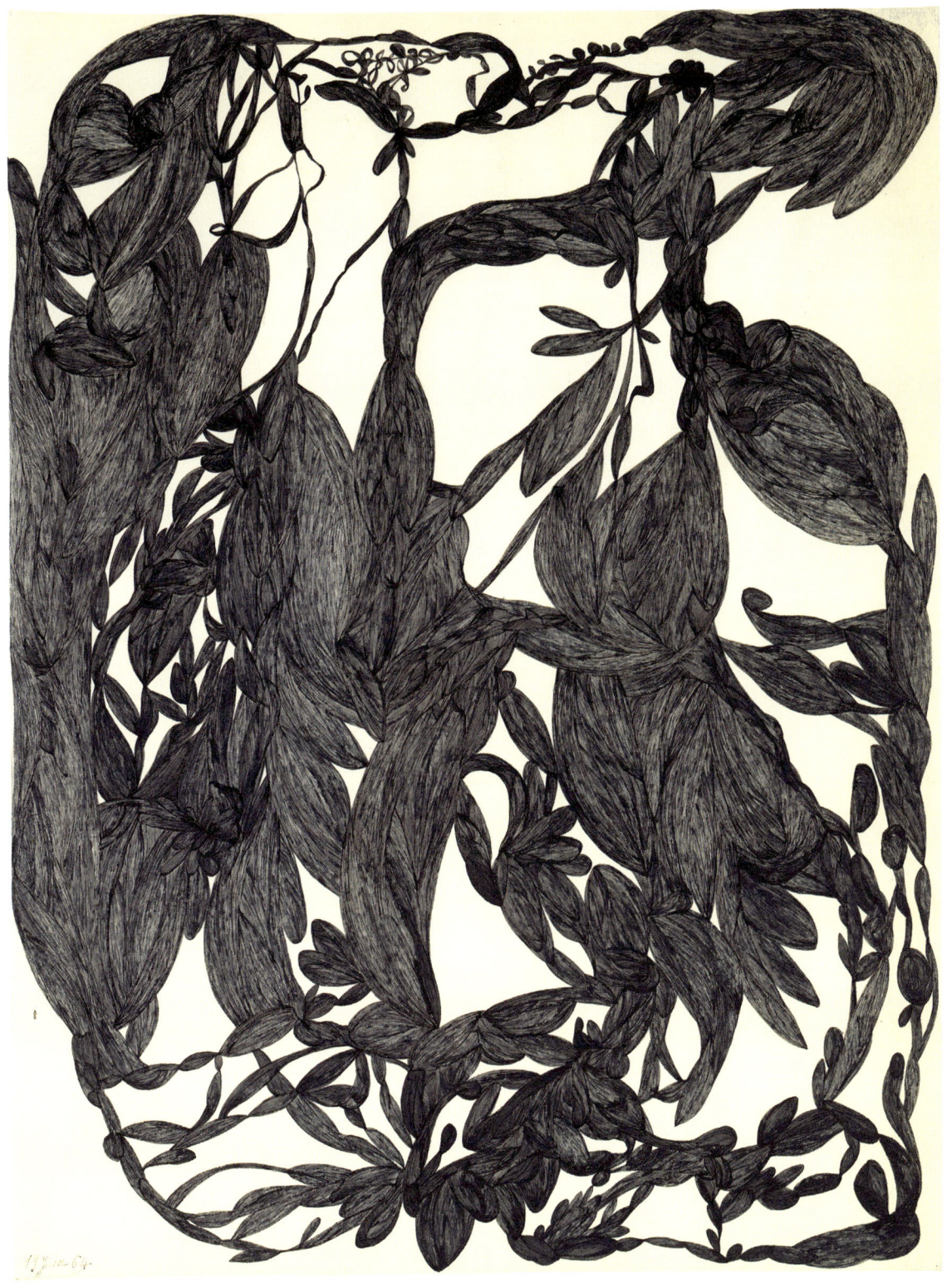

sans titre untitled, 19 juin 19 June 1964
encre bleue sur papier blue ink on paper
65 × 50 cm
cab-1918

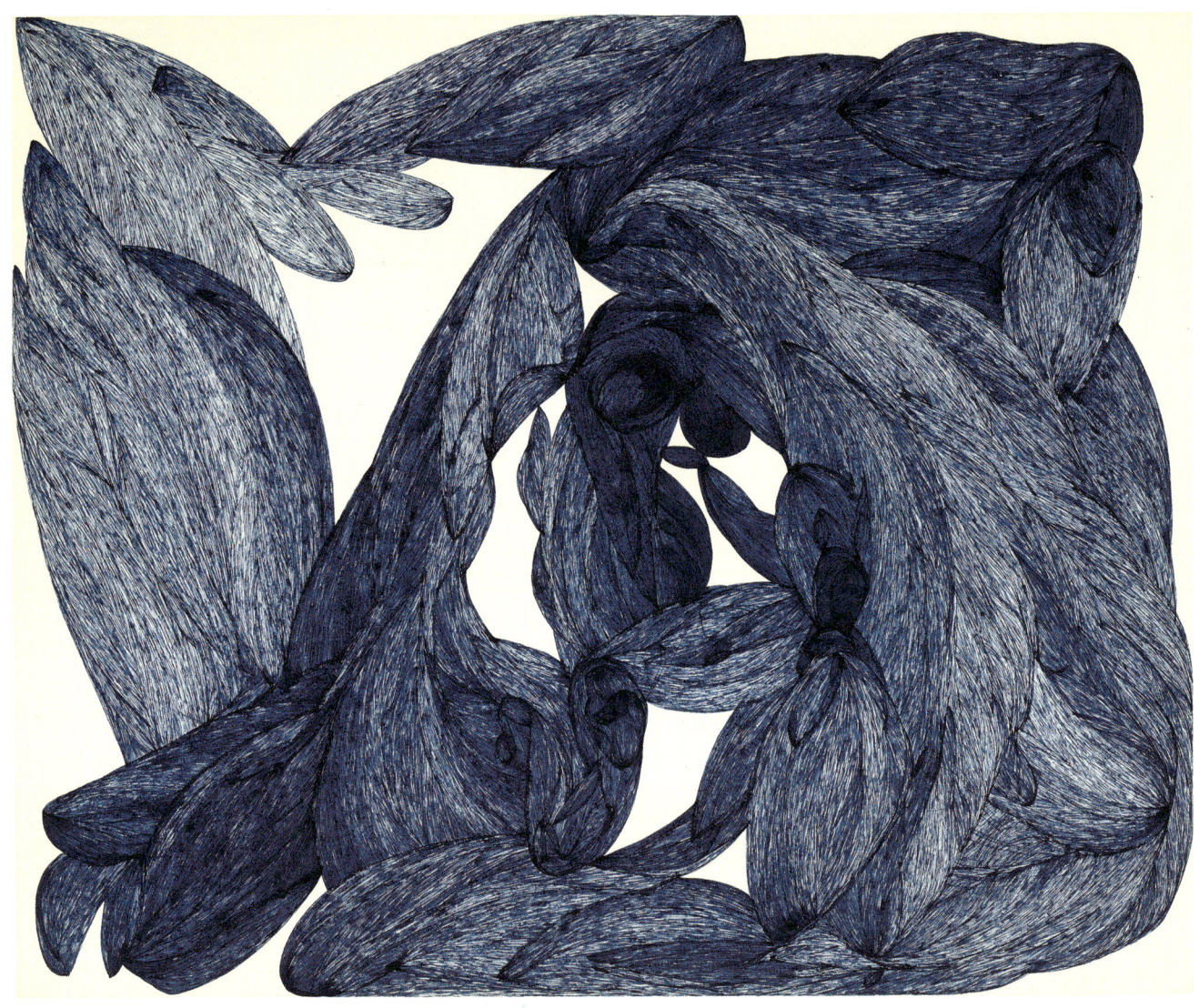

sans titre untitled, **28 mars** 28 March **1955**
encre bleue sur papier blue ink on paper
50 × 65 cm
cab-1773

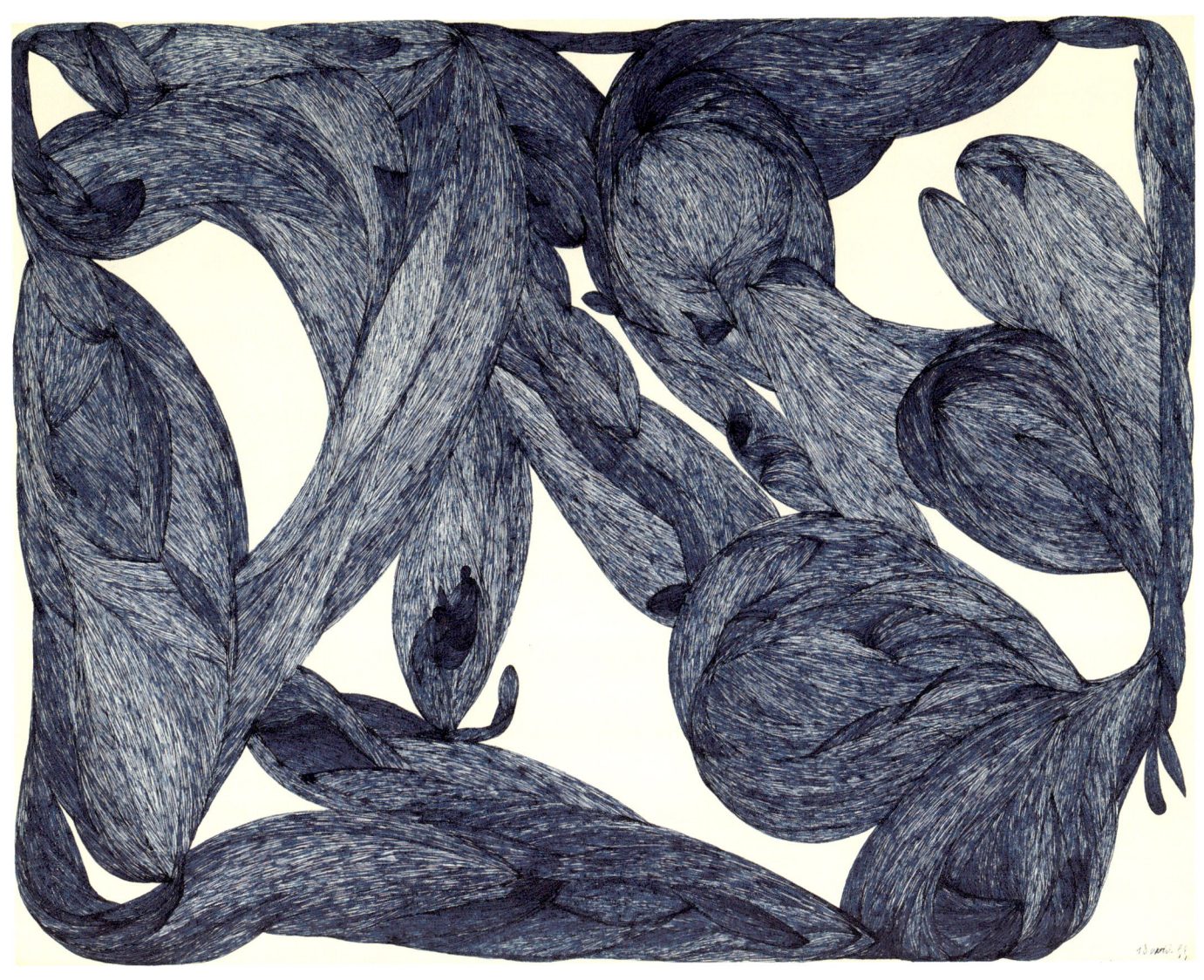

sans titre untitled, 13 avril 13 April 1955
encre bleue sur papier blue ink on paper
50 × 65 cm
cab-1774

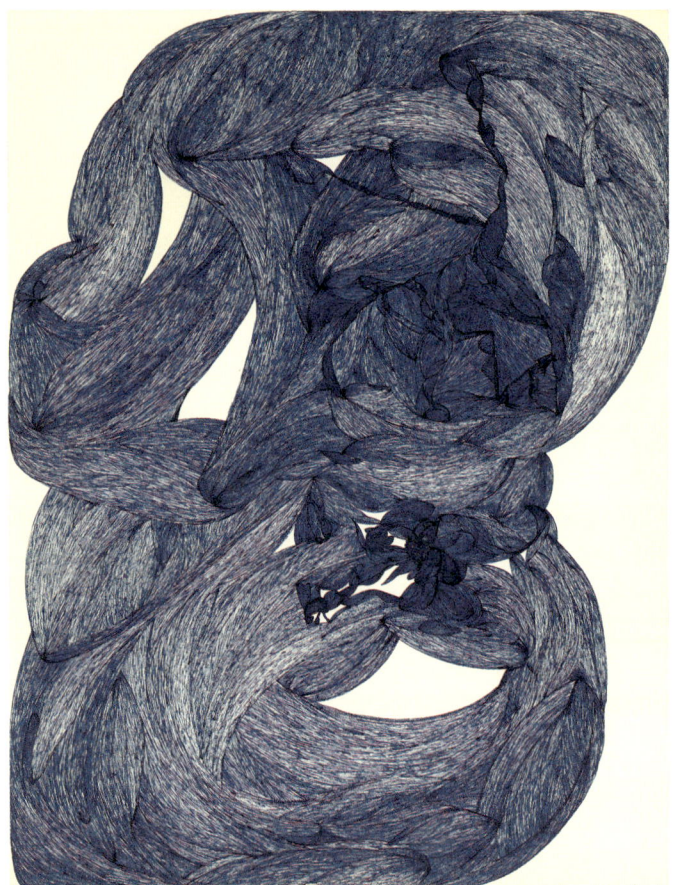 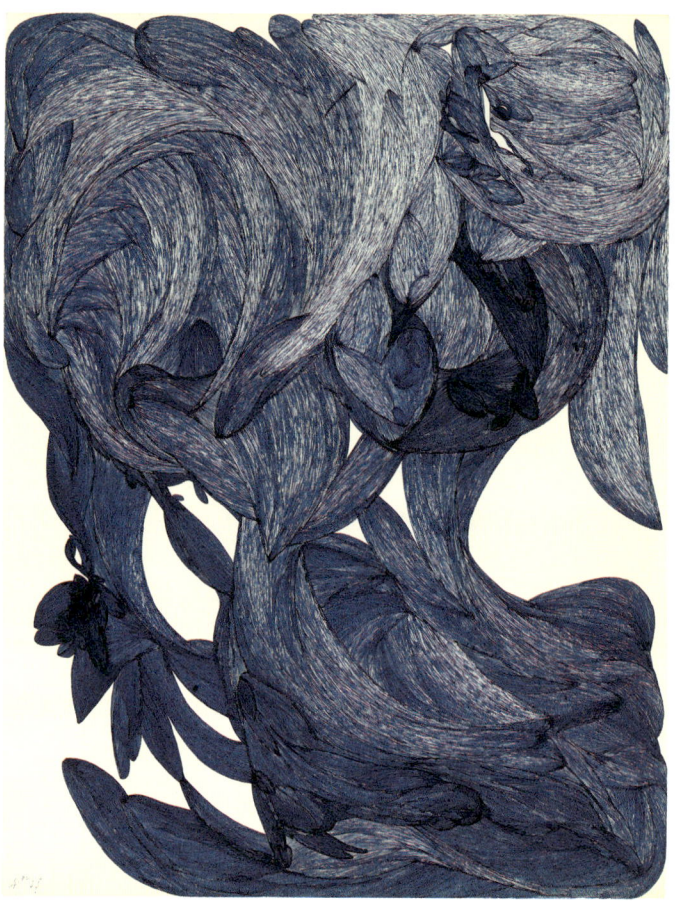

sans titre untitled, 28 mai 28 May 1955
encre bleue sur papier blue ink on paper
65 × 50 cm
cab-1777

sans titre untitled, 14 novembre 14 November 1955
encre bleue sur papier blue ink on paper
65 × 50 cm
cab-1785

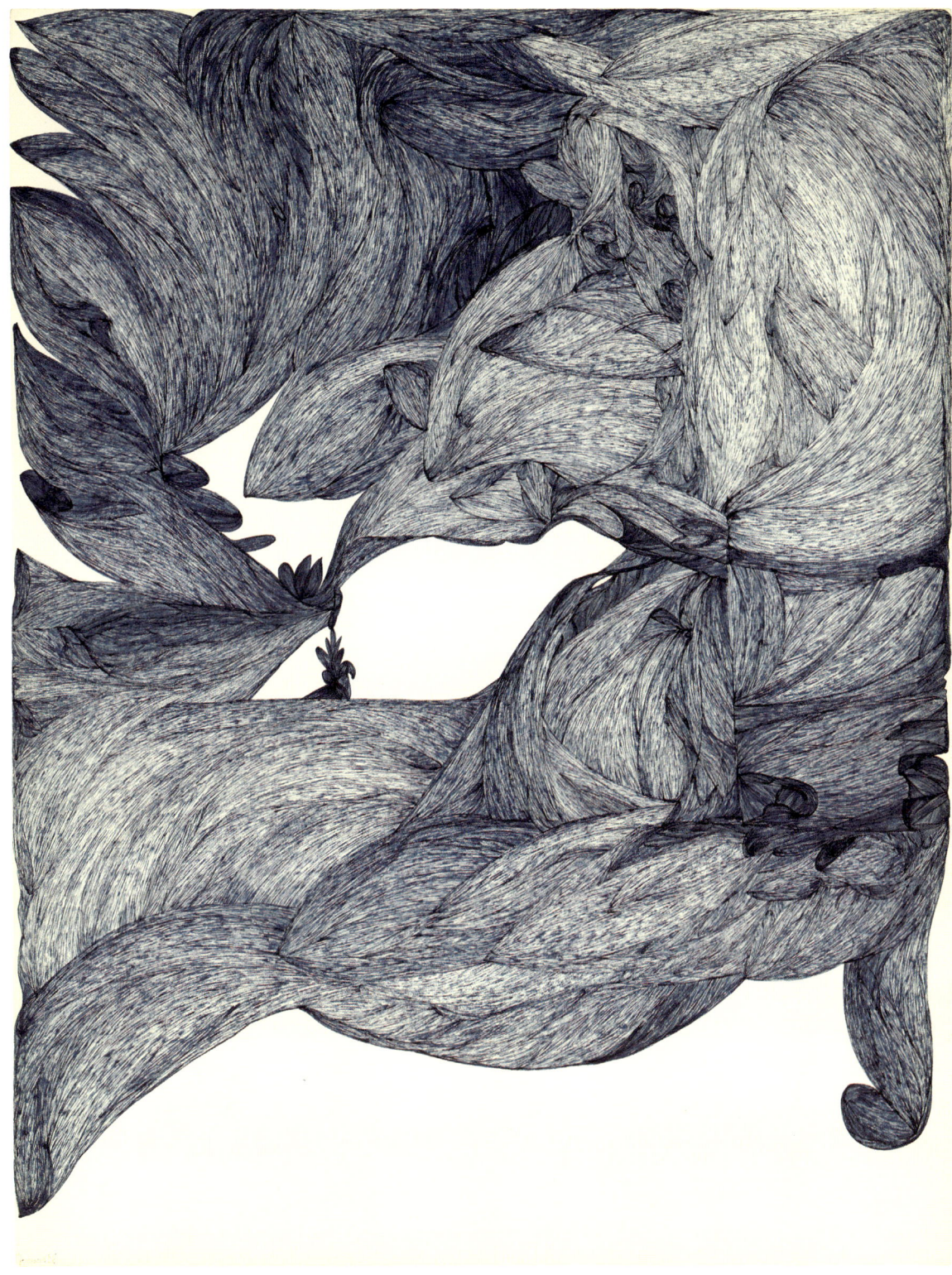

sans titre untitled, 7 mars 7 March 1956
encre bleue sur papier blue ink on paper
65 × 50 cm
cab-1792

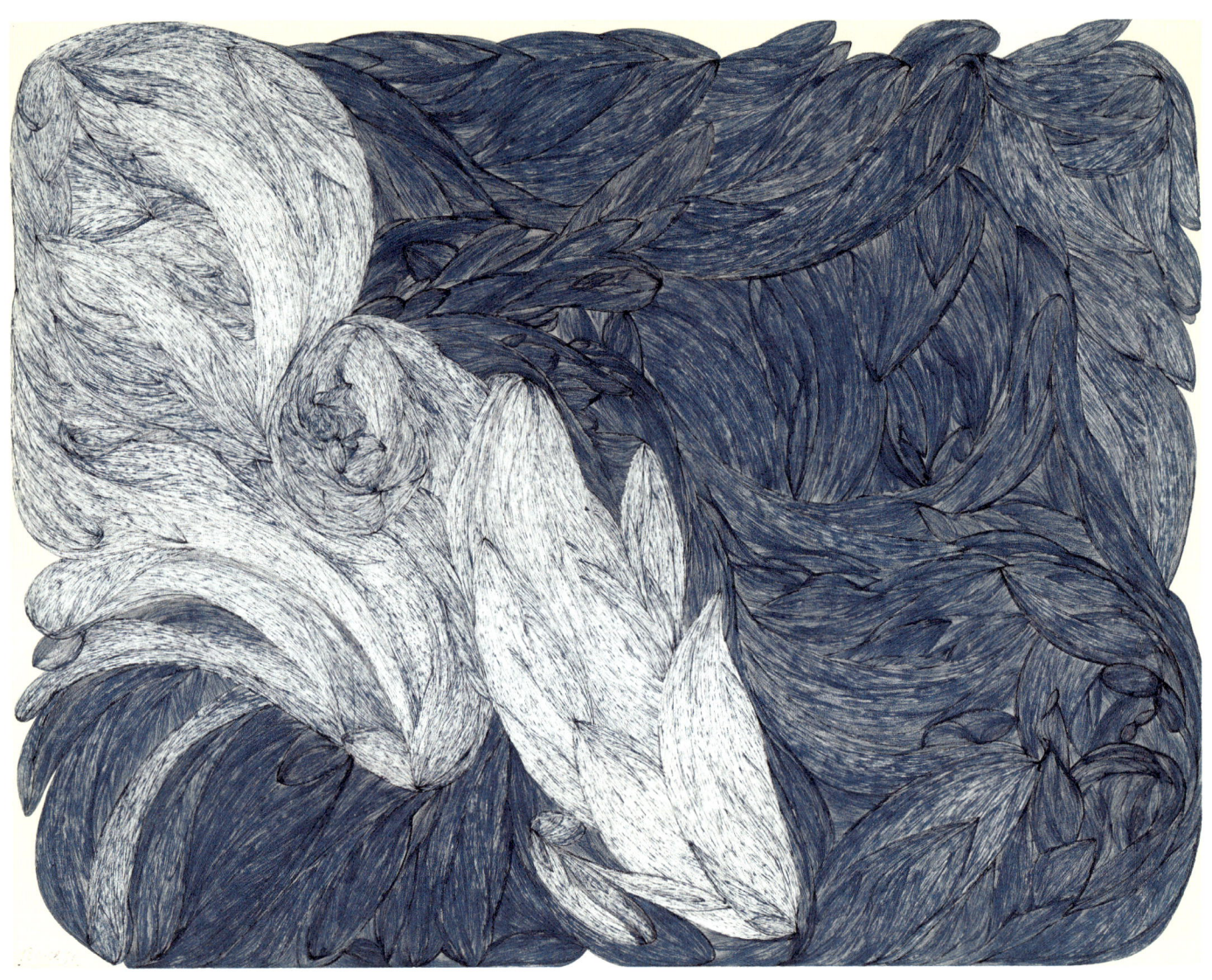

sans titre untitled, 18 avril 18 April 1956
encre bleue sur papier blue ink on paper
50 × 65 cm
cab-1794

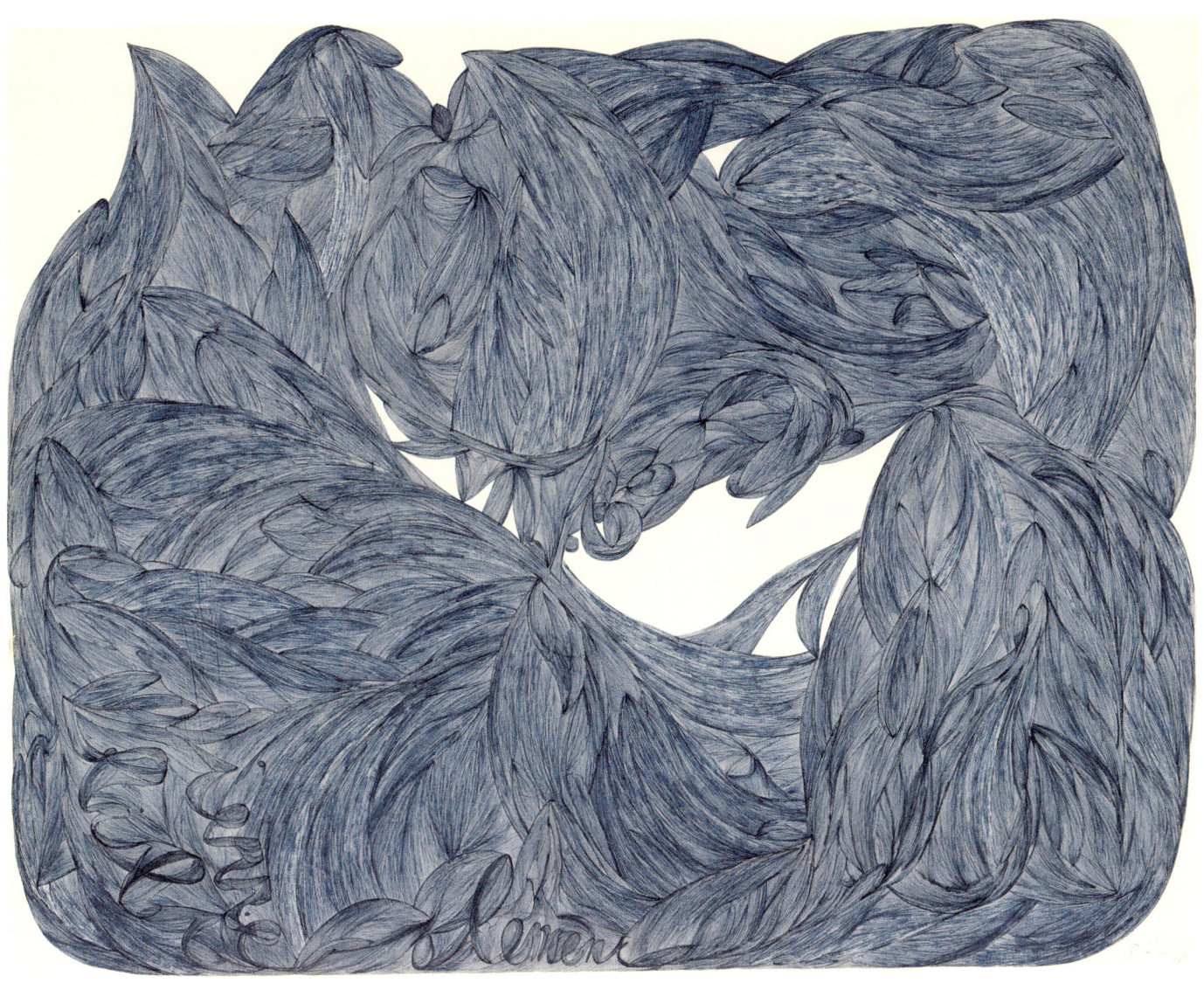

sans titre untitled, 6 septembre 6 September 1957
encre bleue sur papier blue ink on paper
50 × 65 cm
cab-1828

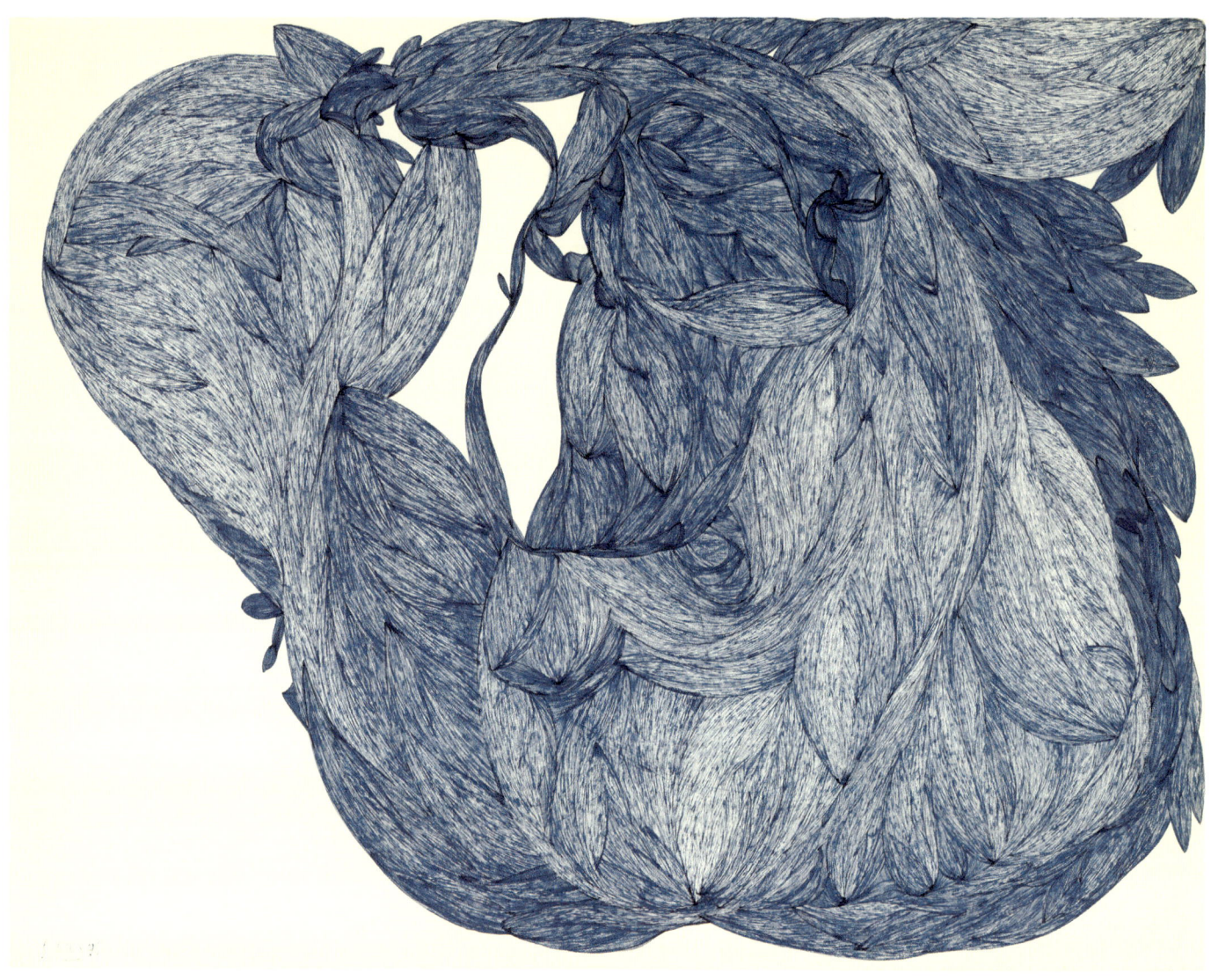

sans titre untitled, 5 juillet 5 July 1956
encre bleue sur papier blue ink on paper
50 × 65 cm
cab-1800

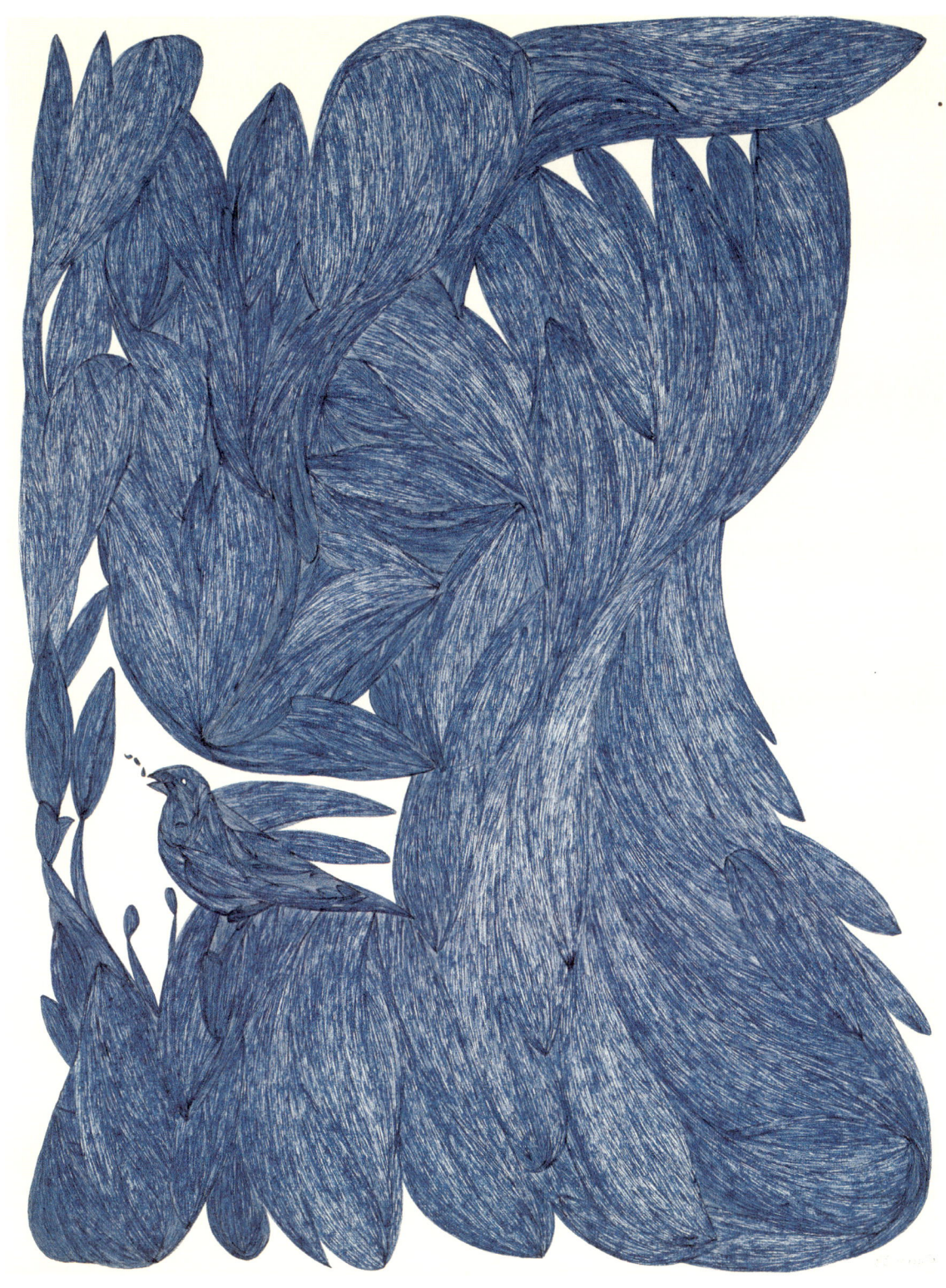

sans titre untitled, 25 mars 25 March 1960
encre bleue sur papier blue ink on paper
62 × 48,5 cm
cab-1889

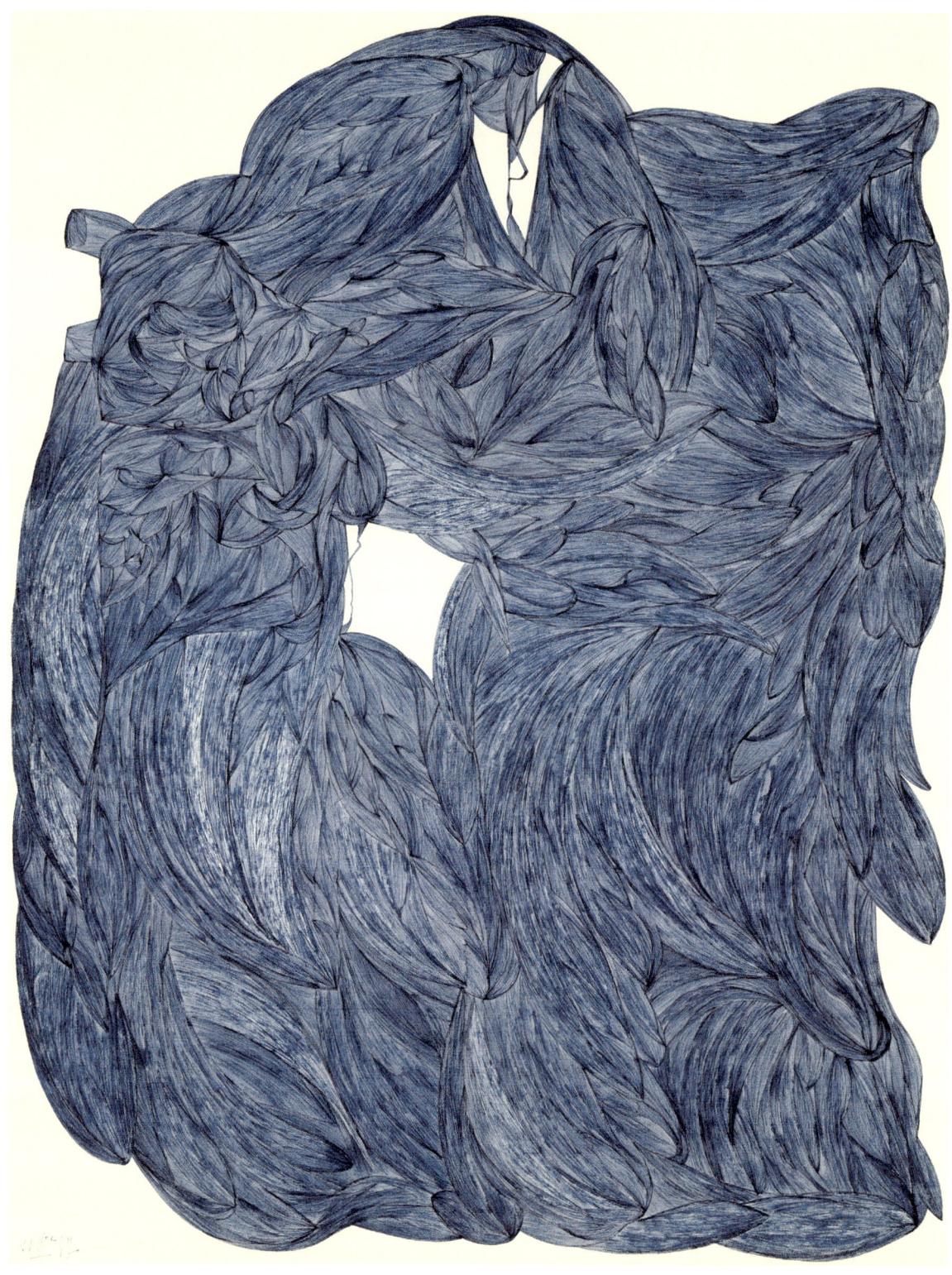

sans titre untitled, **11 novembre** 11 November 1957
encre bleue sur papier blue ink on paper
65 × 50 cm
cab-1833

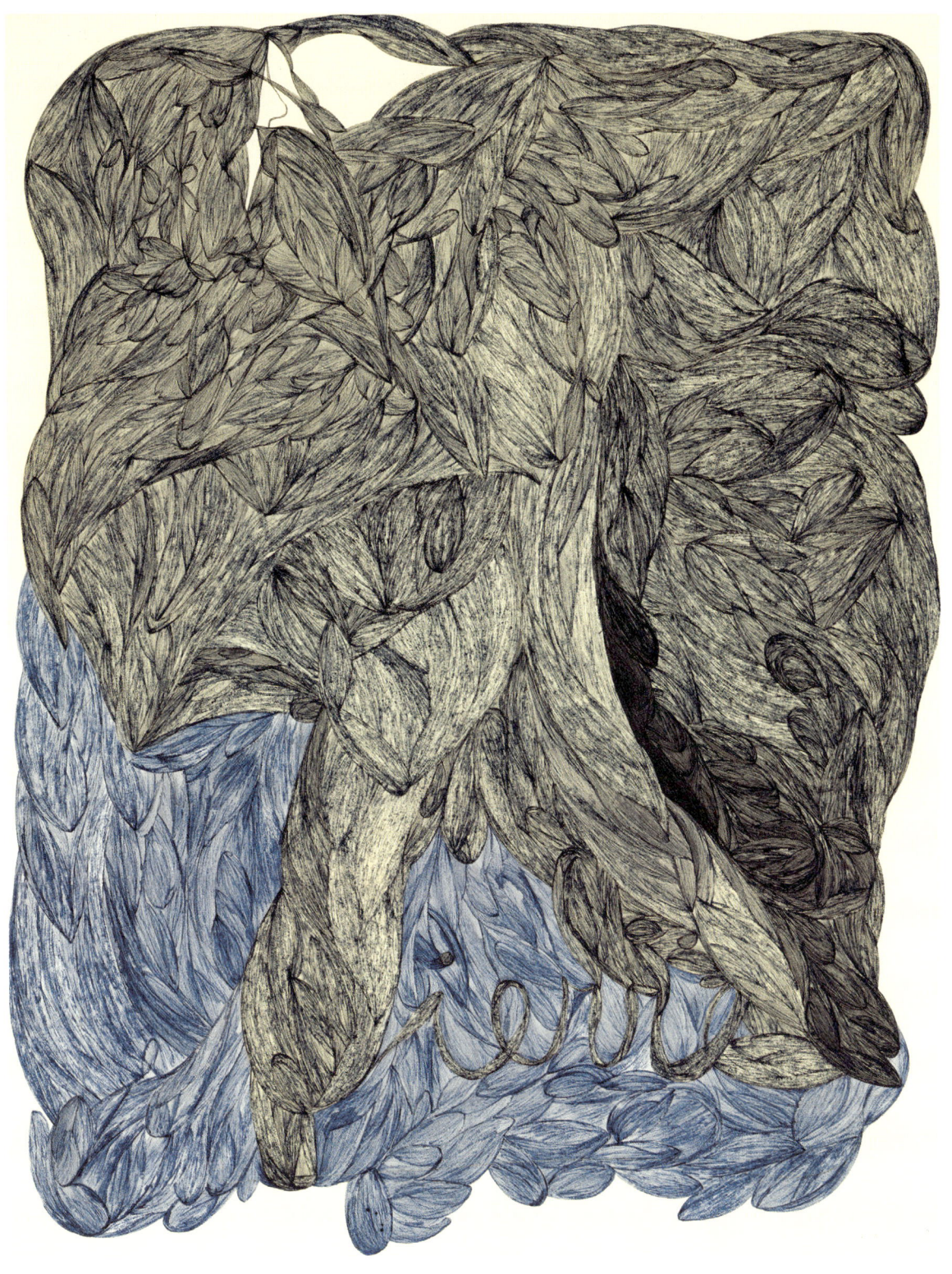

sans titre (Pierre) untitled (Pierre), 26 octobre 26 October 1958
encre noire et bleue sur papier black and blue ink on paper
65 × 50 cm
cab-1857

120

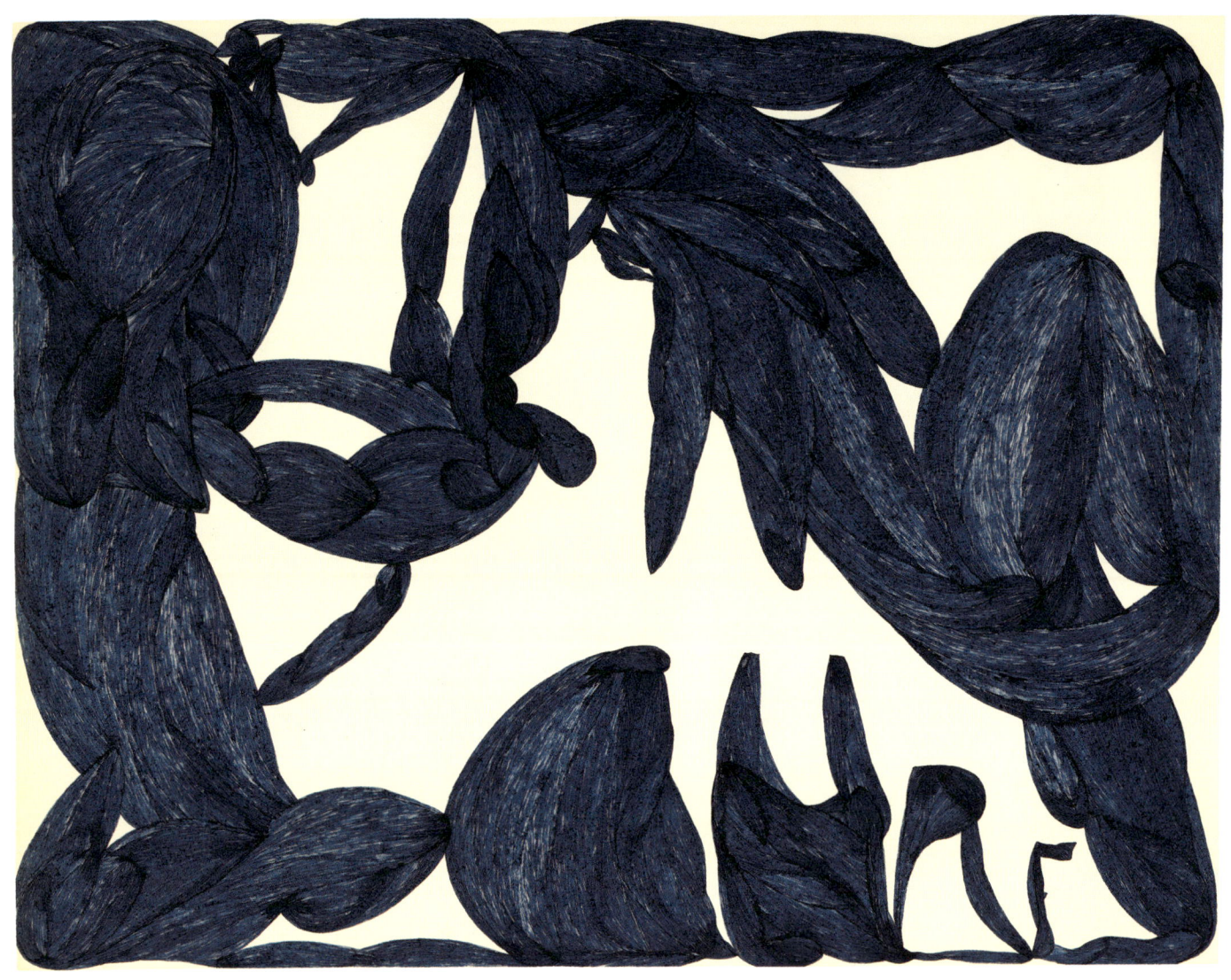

sans titre untitled, 20 mai 20 May 1954
encre bleue sur papier blue ink on paper
49 × 64 cm
cab-1756

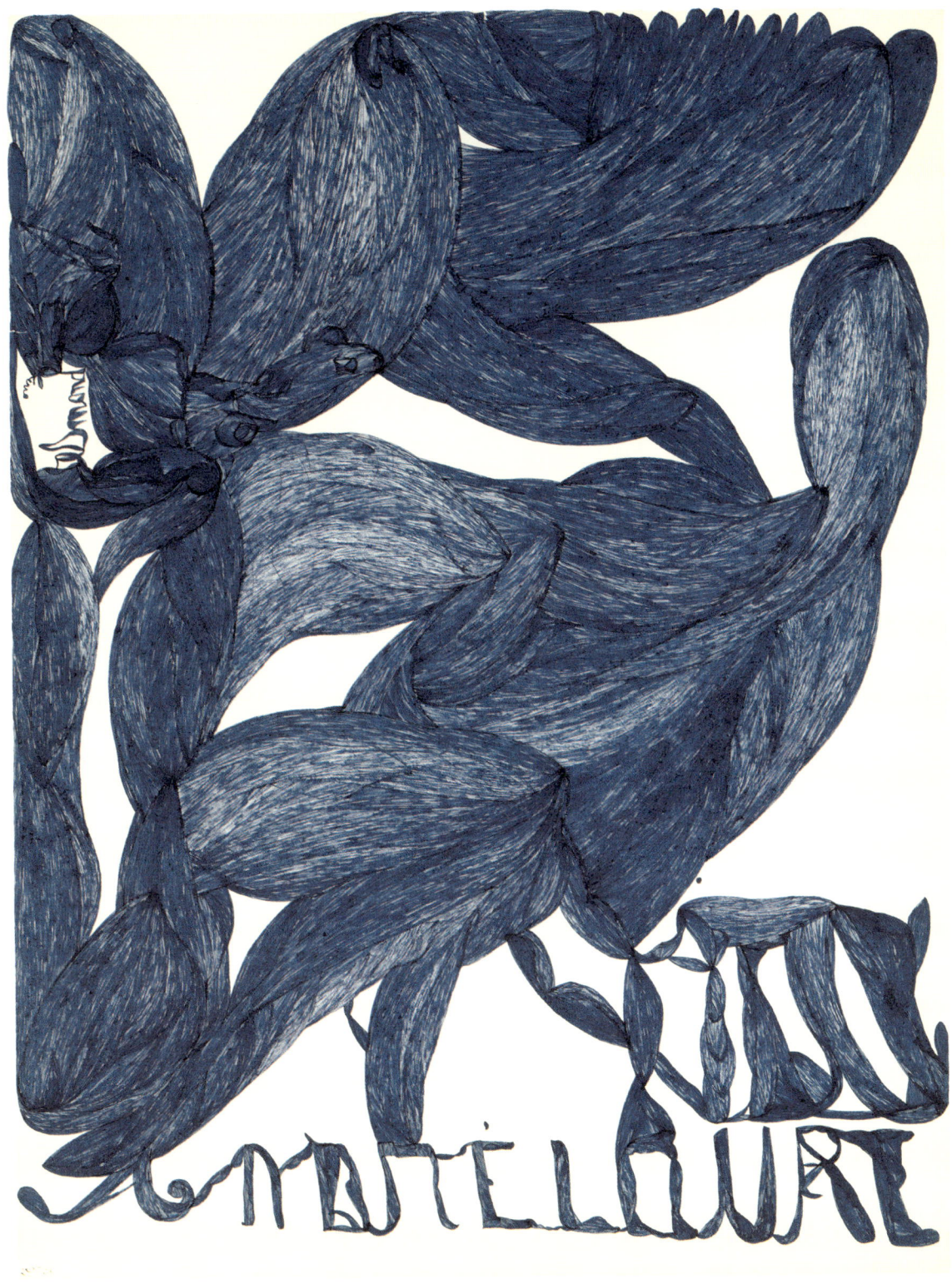

sans titre untitled, 29 septembre 29 September 1954
encre bleue sur papier blue ink on paper
65 × 50 cm
cab-1762

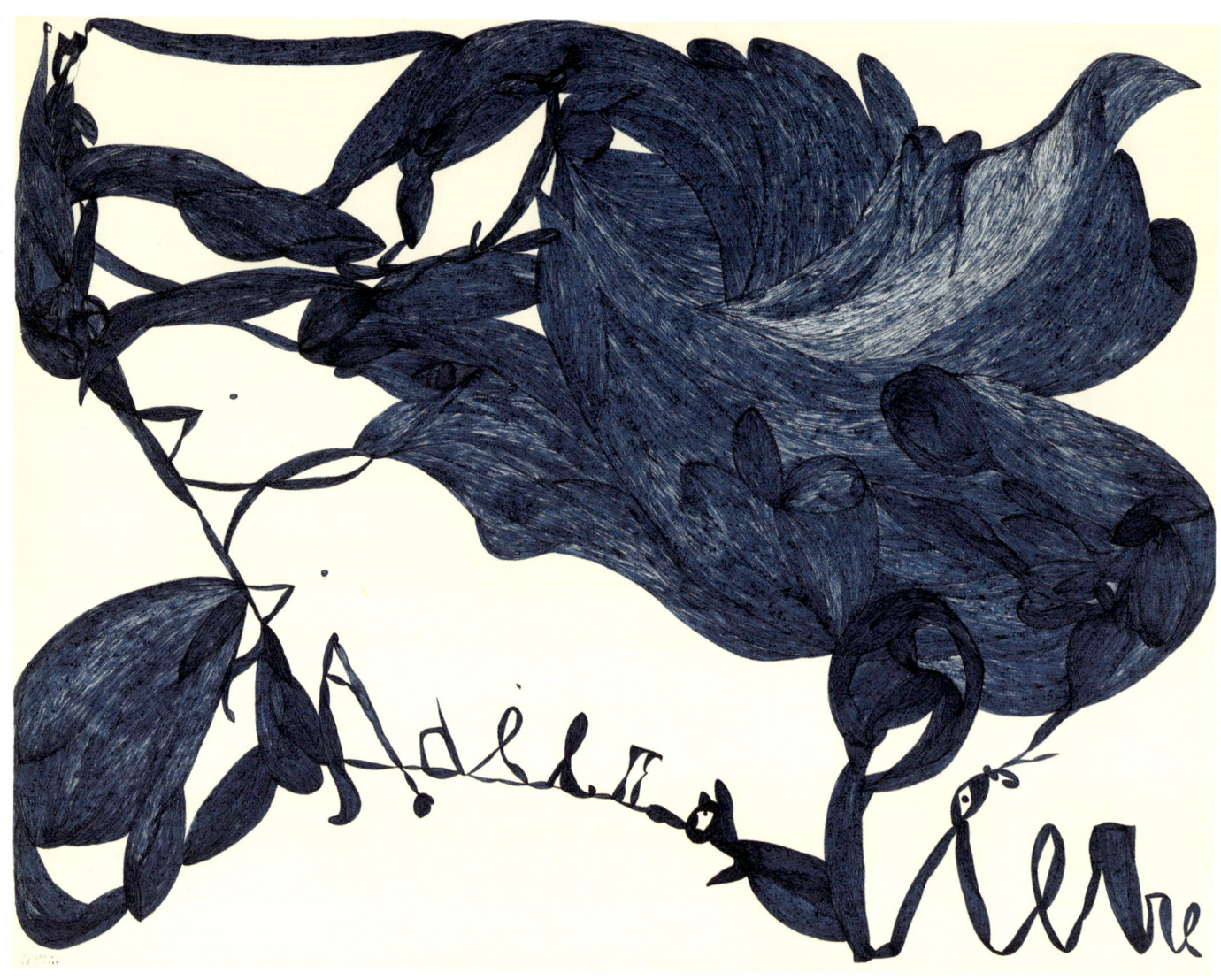

sans titre (Lili, Adèle, Pierre), untitled (Lili, Adèle, Pierre),
21 octobre 21 October 1954
encre bleue sur papier blue ink on paper
49 × 64 cm
cab-1764

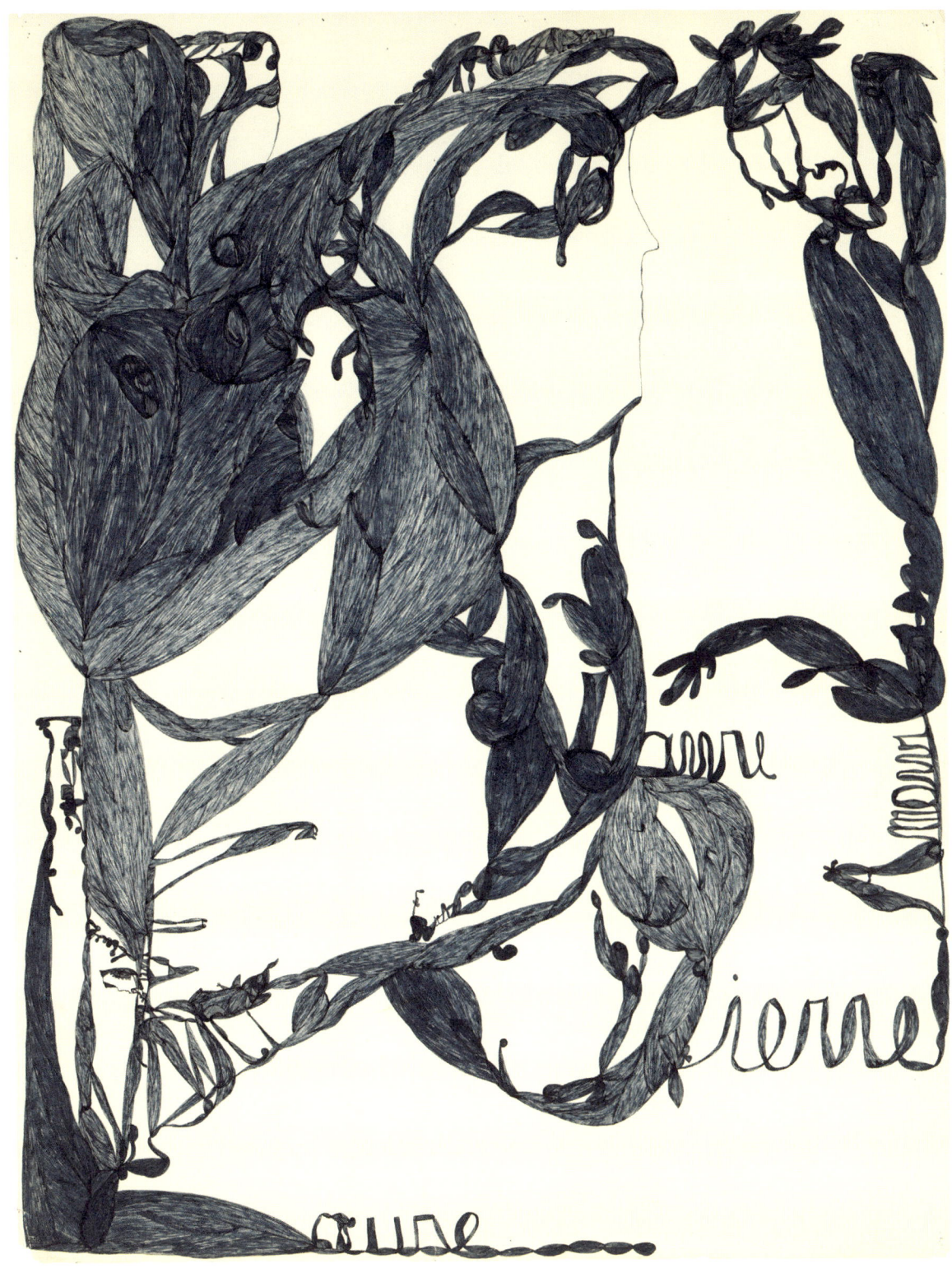

sans titre untitled, 18 décembre 18 December 1954
encre bleue sur papier blue ink on paper
65 × 50 cm
cab-7089

124

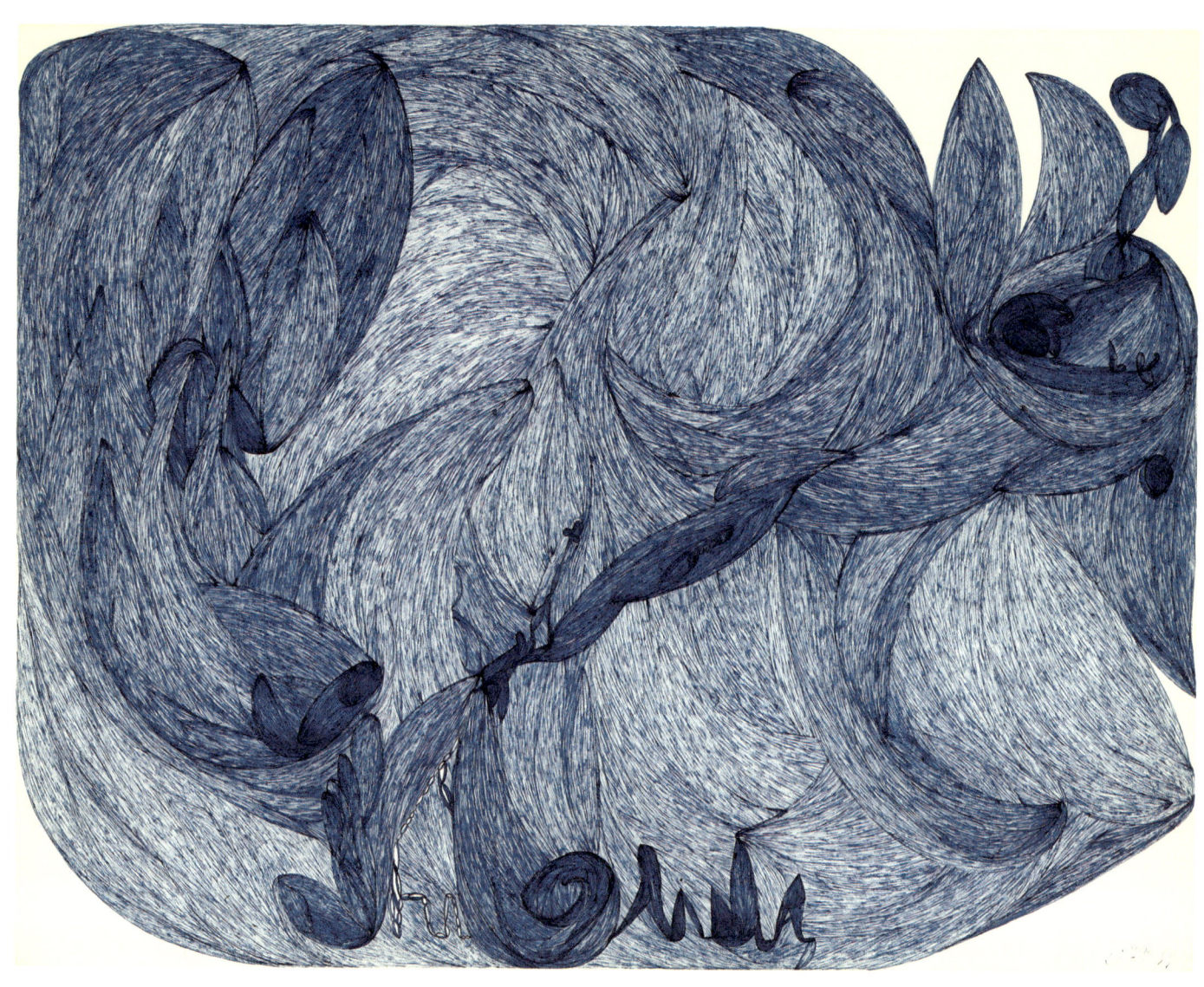

sans titre (Alida) untitled (Alida), 28 septembre 28 September 1955
encre bleue sur papier blue ink on paper
50 × 65 cm
cab-1783

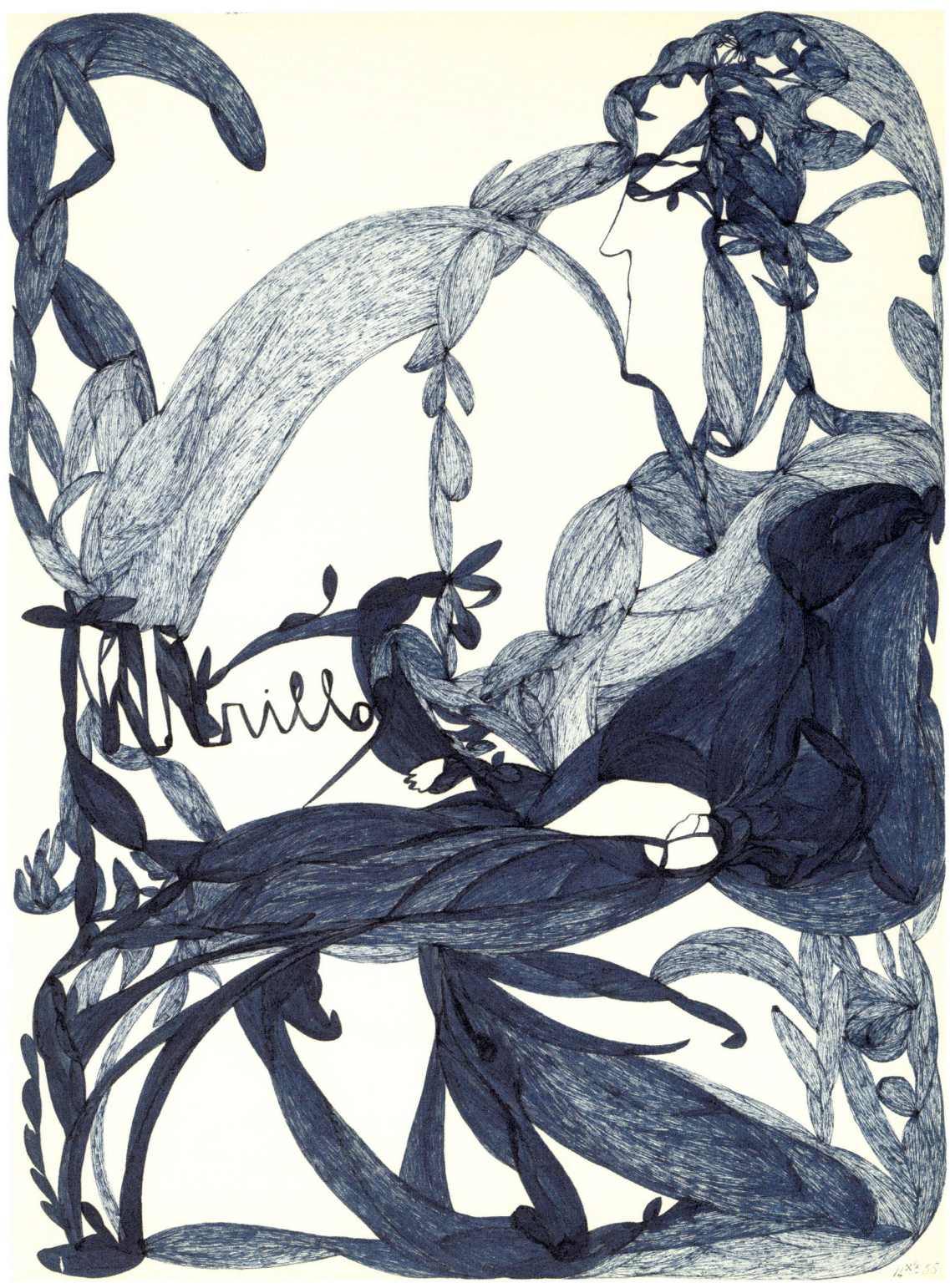

sans titre untitled, 14 décembre 14 December 1955
encre bleue sur papier blue ink on paper
65 × 50 cm
cab-1787

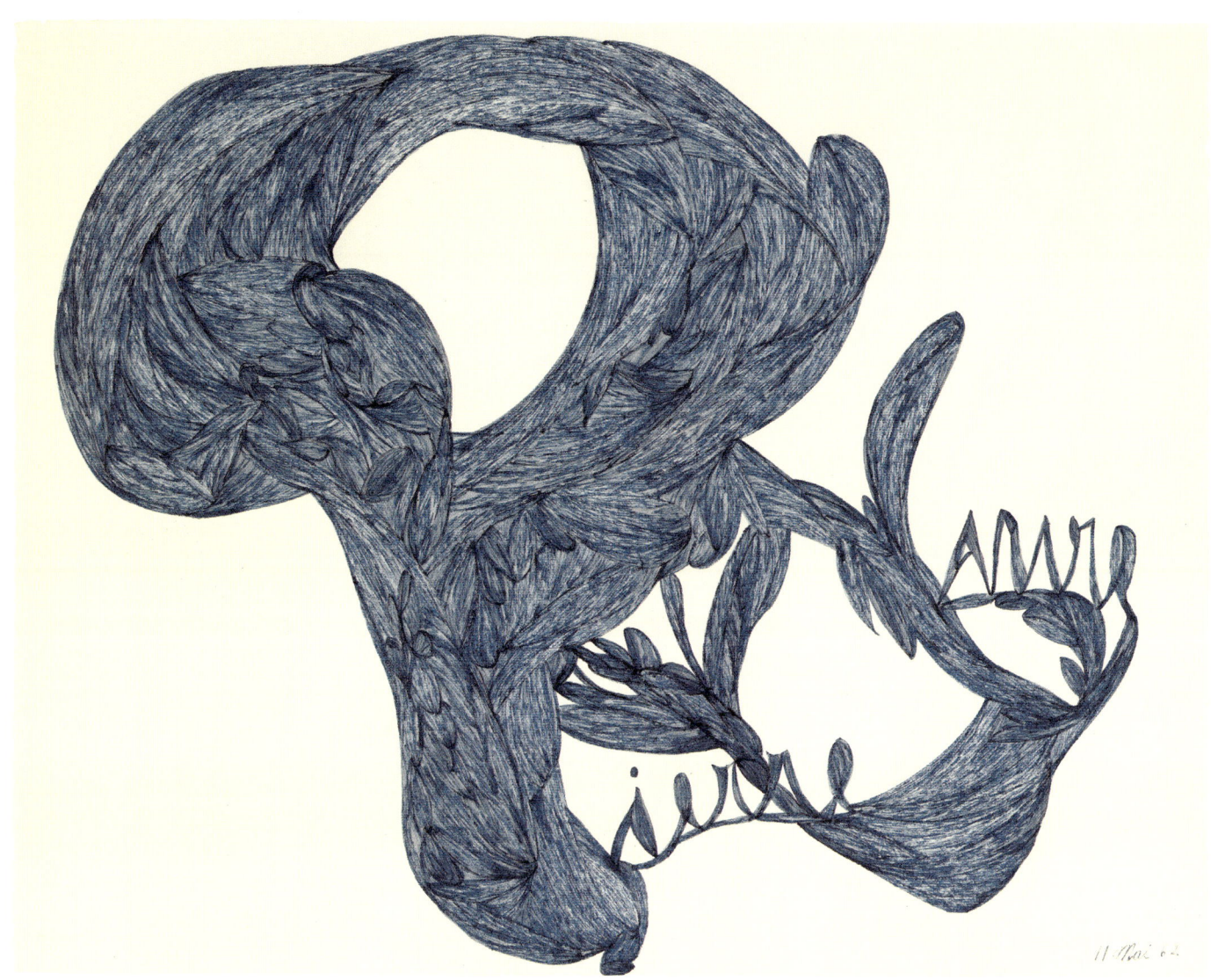

sans titre (Pierre, Laure) untitled (Pierre, Laure),
11 mai 11 May 1962
encre bleue sur papier blue ink on paper
48,5 × 63 cm
cab-1904

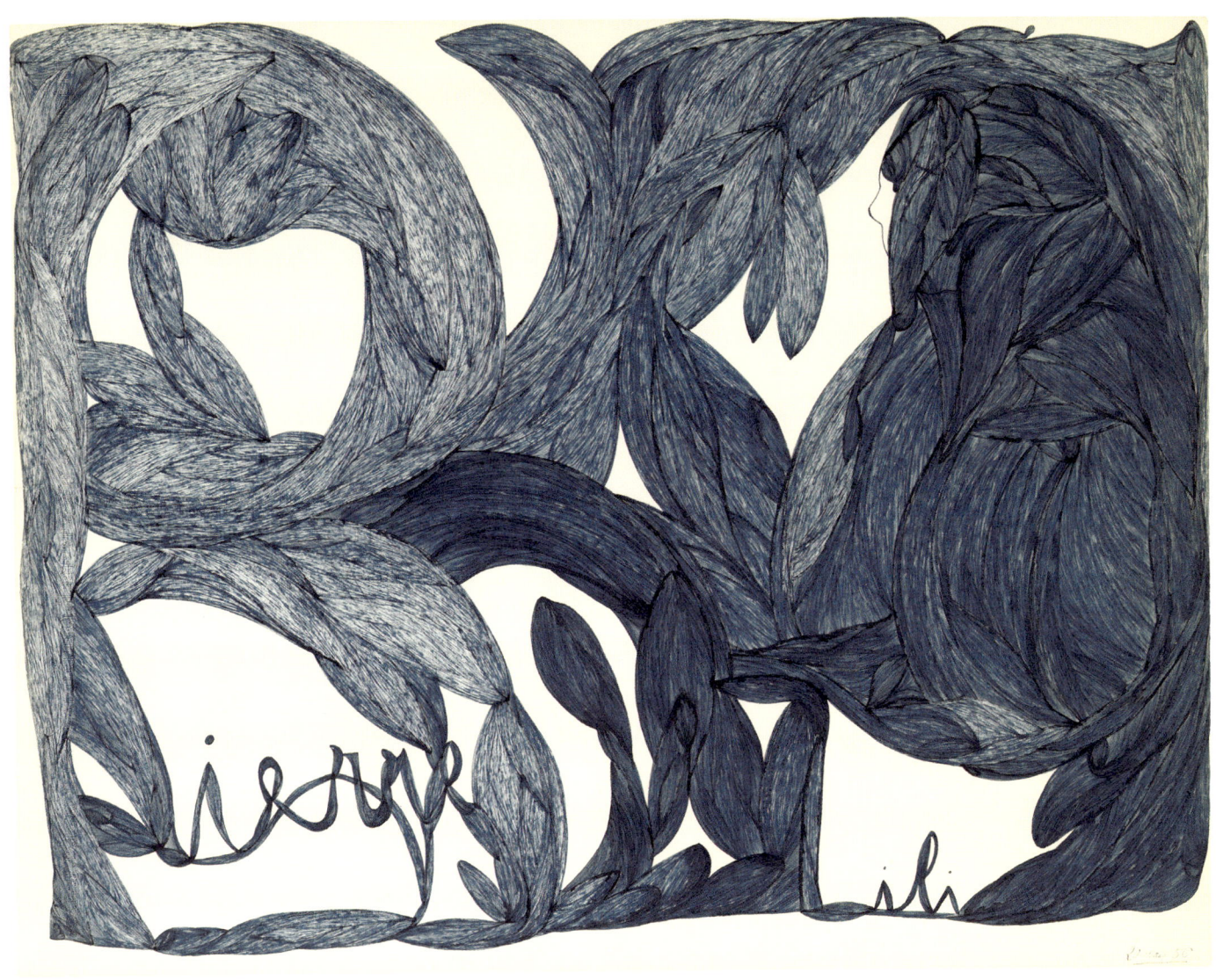

sans titre (Pierre, Lili) untitled (Pierre, Lili),
20 mai 20 May 1956
encre bleue sur papier blue ink on paper
50 × 65 cm
cab-1796

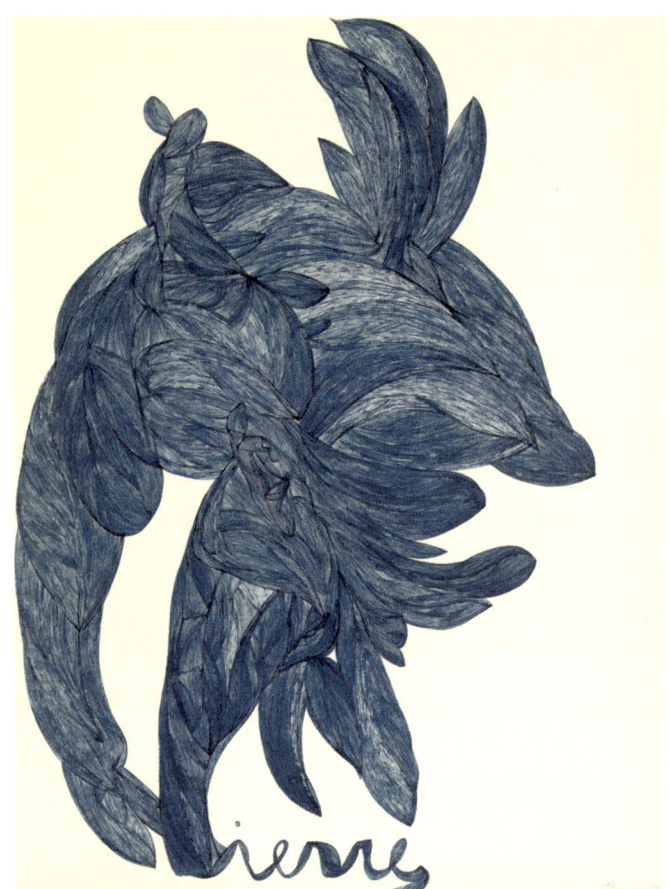

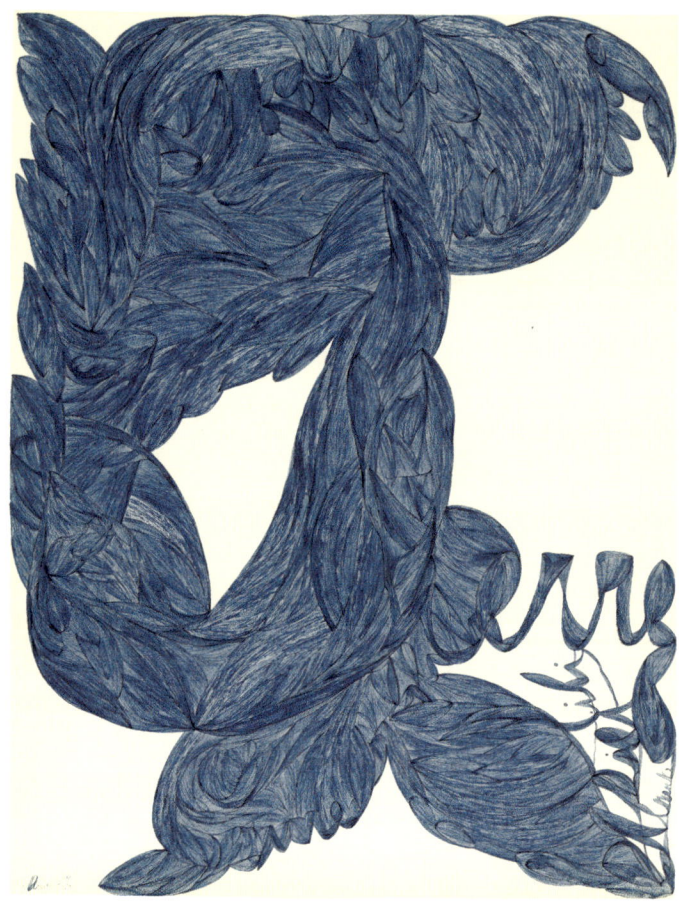

sans titre (Pierre) untitled (Pierre),
1er mars 1 March 1957
encre bleue sur papier blue ink on paper
65 × 50 cm
cab-1817

sans titre (Pierre, Lili, Lili, Clément) untitled (Pierre, Lili, Lili,
Clément), 12 août 12 August 1957
encre bleue sur papier blue ink on paper
65 × 50 cm
cab-1826

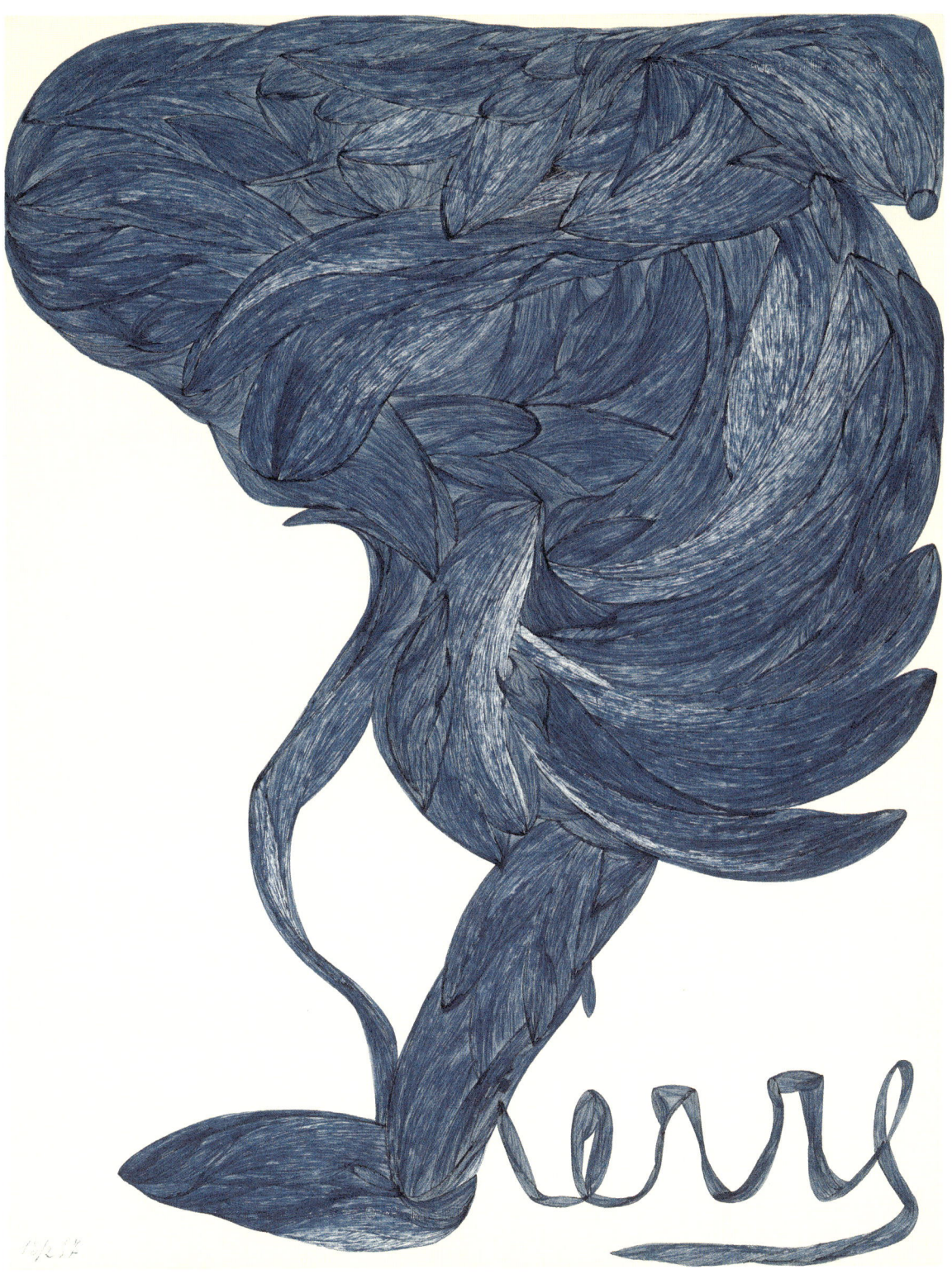

sans titre (Pierre) untitled (Pierre), **13 février** 13 February **1957**
encre bleue sur papier blue ink on paper
65 × 50 cm
cab-1815

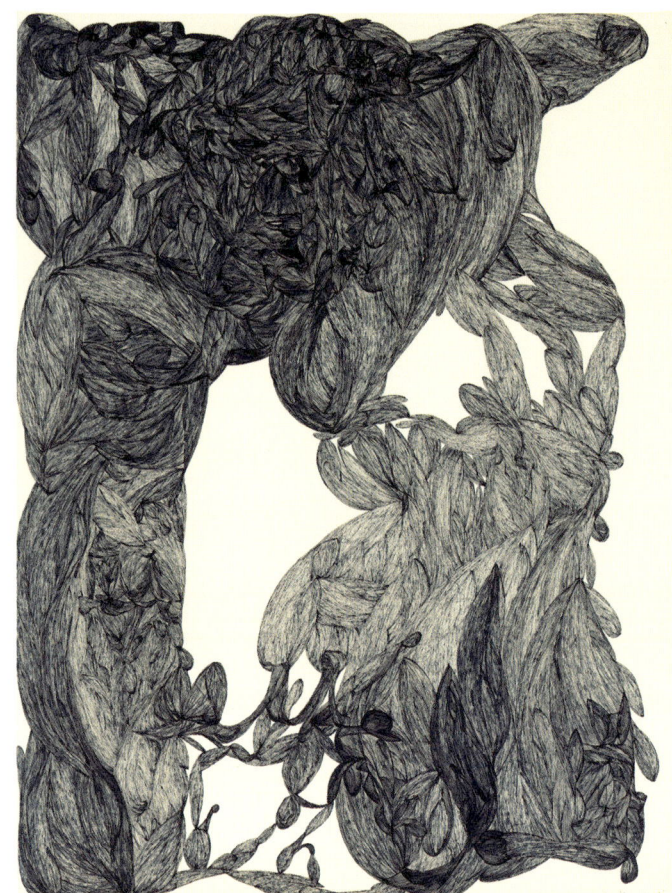 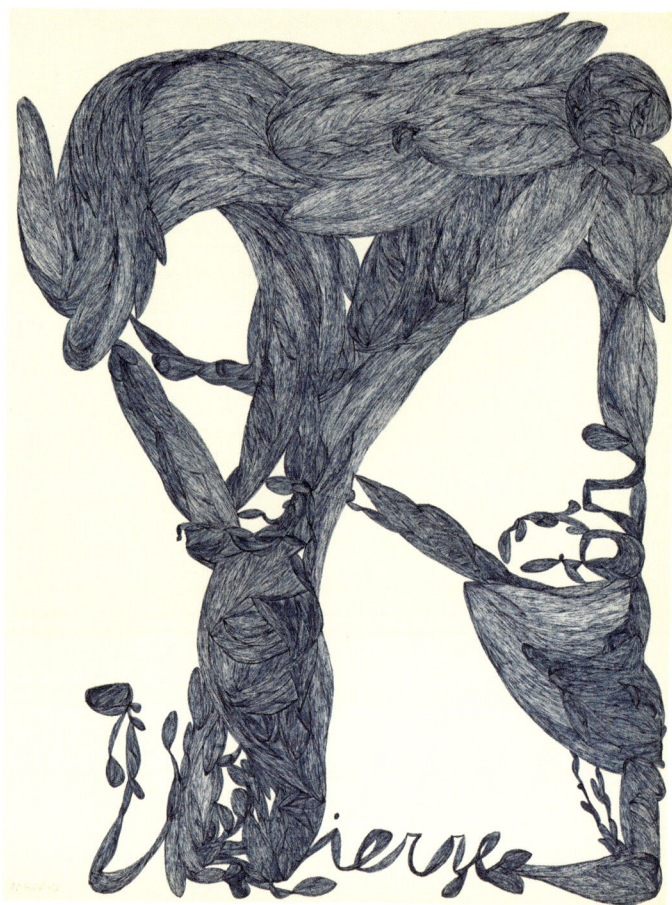

sans titre untitled, 24 juillet 24 July 1964
encre bleue sur papier blue ink on paper
65 × 50 cm
cab-1919

sans titre (Pierre) untitled (Pierre), 21 août 21 August 1964
encre bleue sur papier blue ink on paper
65 × 50 cm
cab-1920

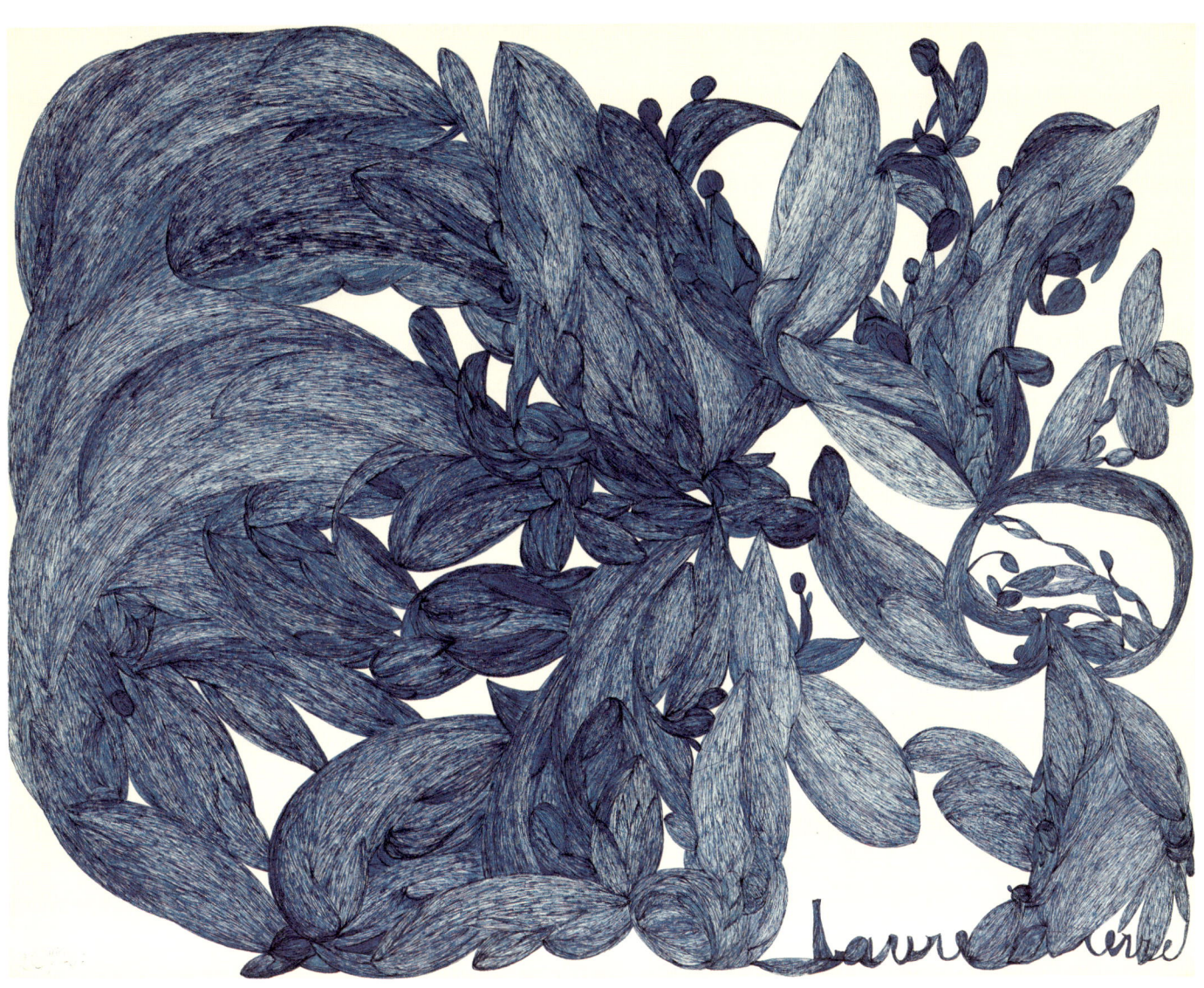

sans titre (Laure, Pierre) untitled (Laure, Pierre),
22 septembre 22 September 1963
encre bleue sur papier blue ink on paper
50 × 65 cm
cab-1916

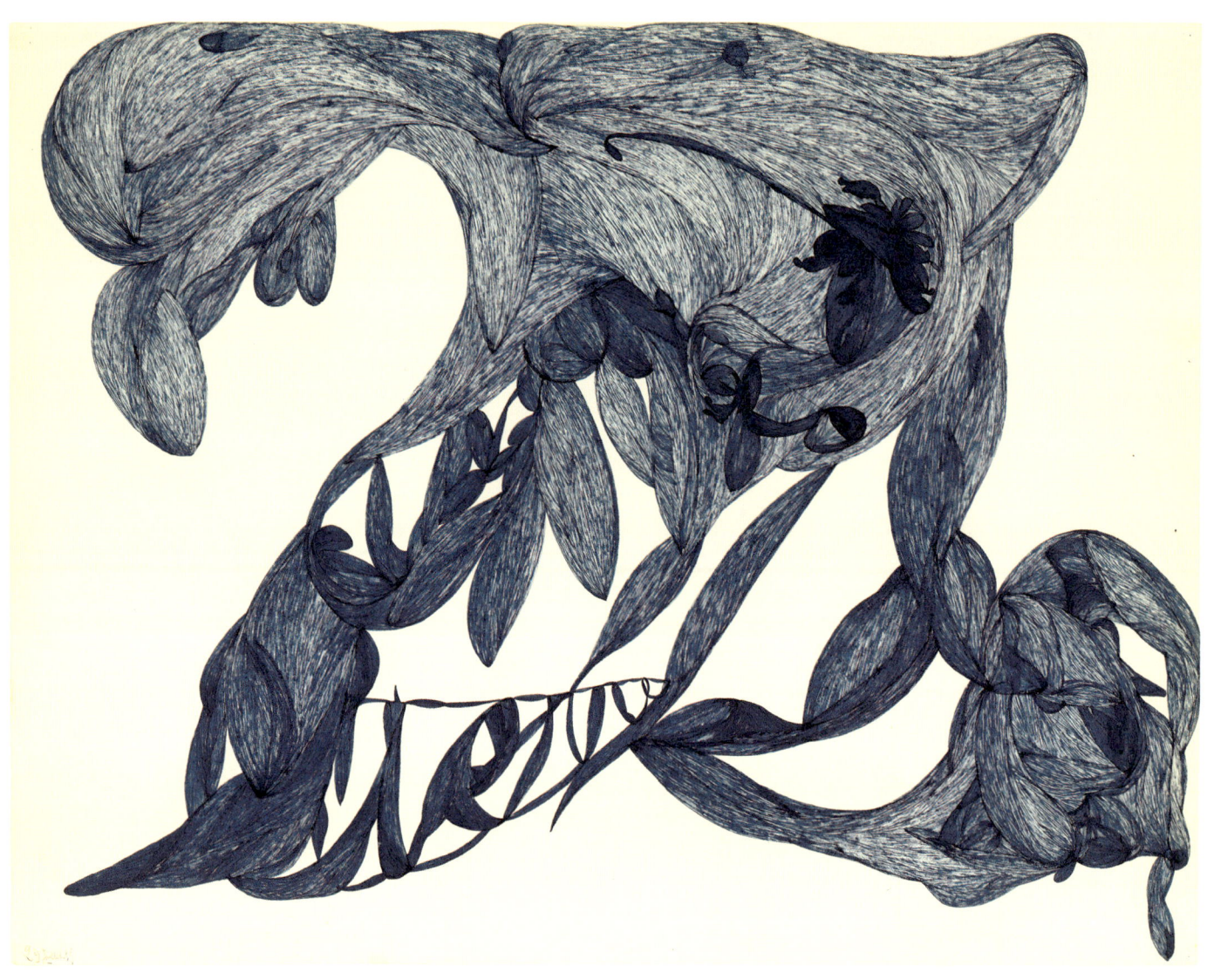

sans titre untitled, 29 juillet 29 July 1955
encre bleue sur papier blue ink on paper
50 × 65 cm
cab-7090

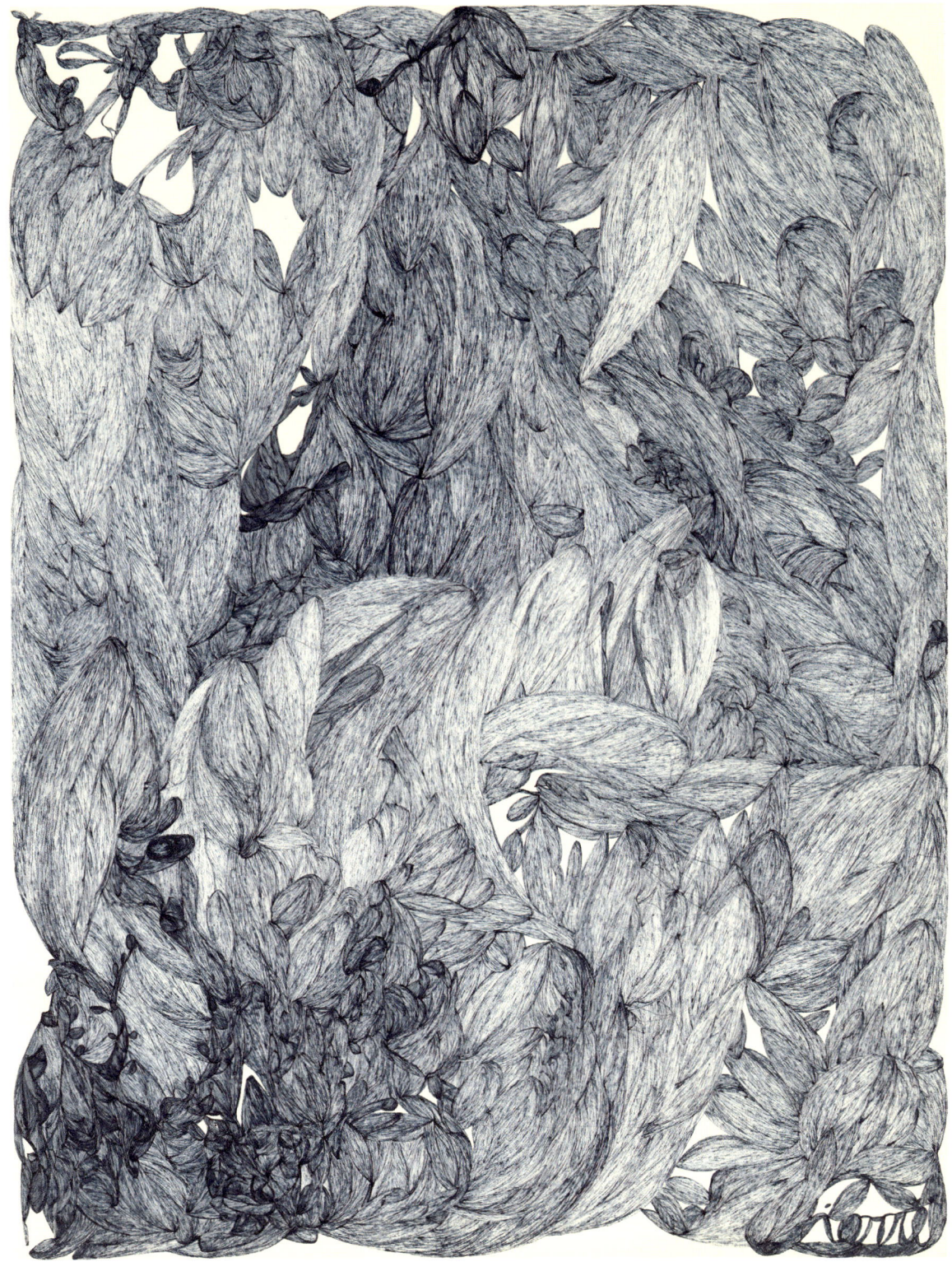

sans titre (Pierre) untitled (Pierre), 1956
encre bleue sur papier blue ink on paper
65 × 50 cm
cab-1812

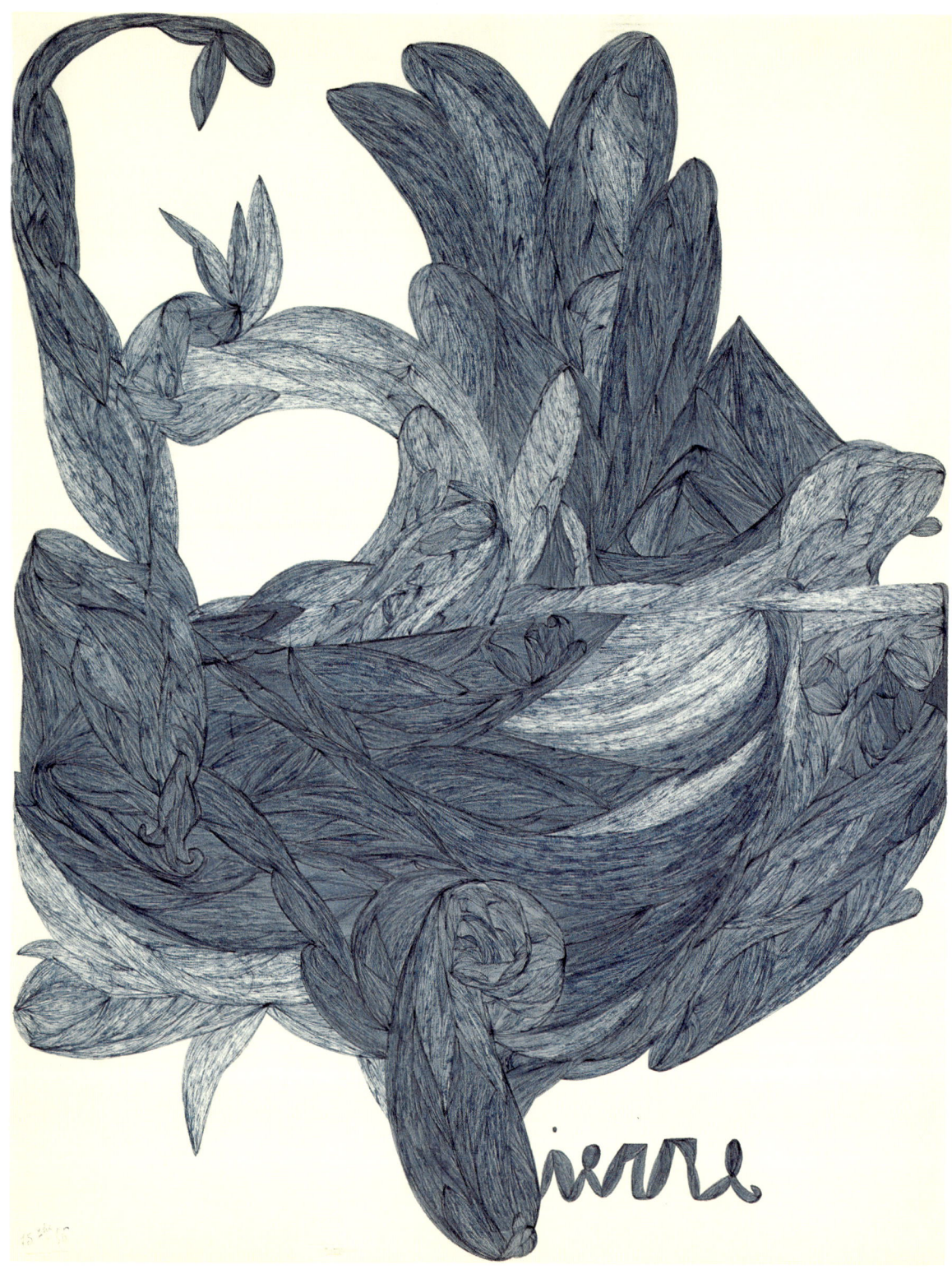

sans titre (Pierre) untitled (Pierre), 15 septembre 15 September 1956
encre bleue sur papier blue ink on paper
65 × 50 cm
cab-1806

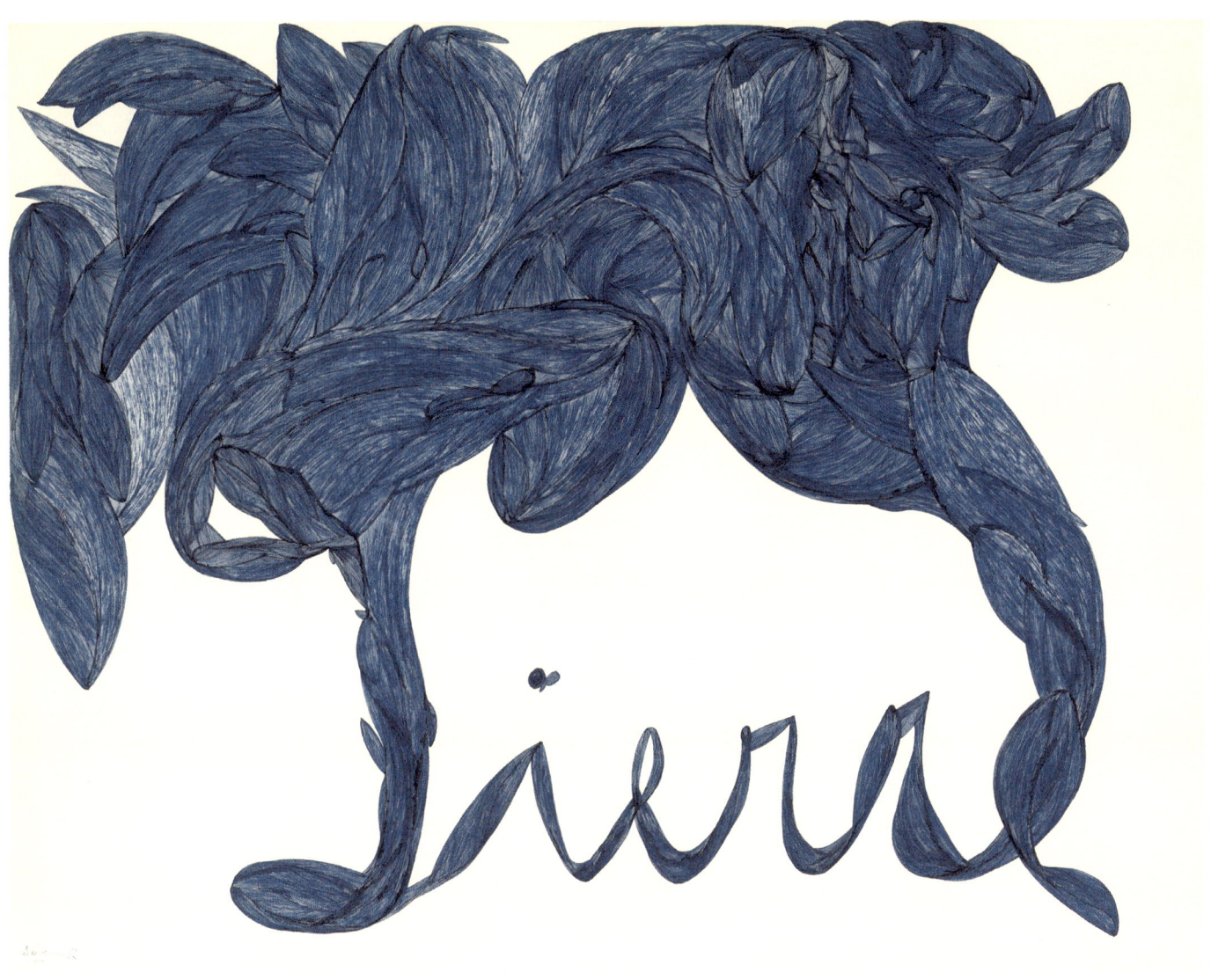

sans titre (Pierre) untitled (Pierre), 3 février 3 February 1957
encre bleue sur papier blue ink on paper
50 × 65 cm
cab-1814

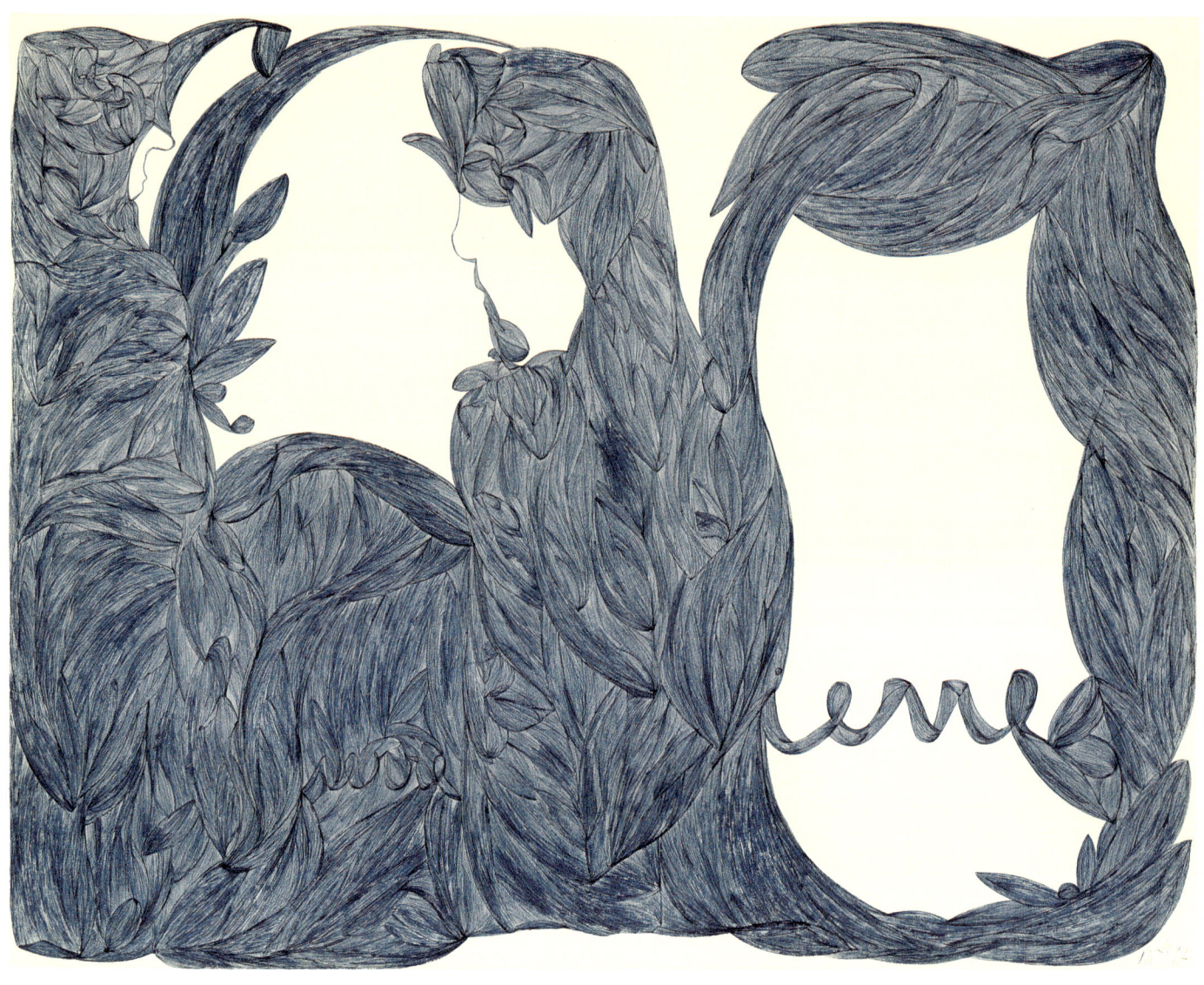

sans titre (Pierre) untitled (Pierre), 13 décembre 13 December 1957
encre bleue sur papier blue ink on paper
50 × 65 cm
cab-1835-1

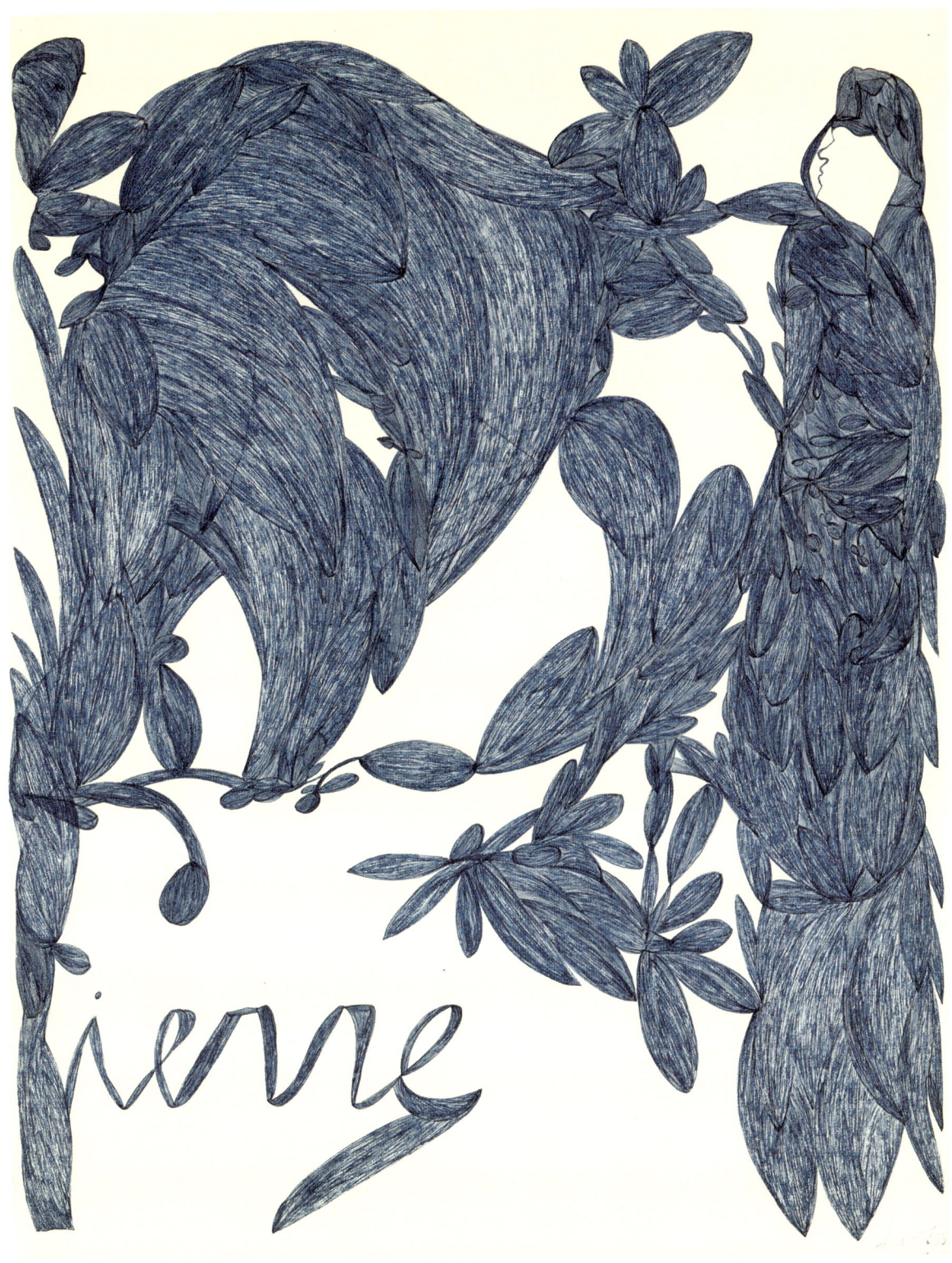

sans titre untitled, 4 avril 4 April 1960
encre bleue sur papier blue ink on paper
62,5 × 48,5 cm
cab-7092

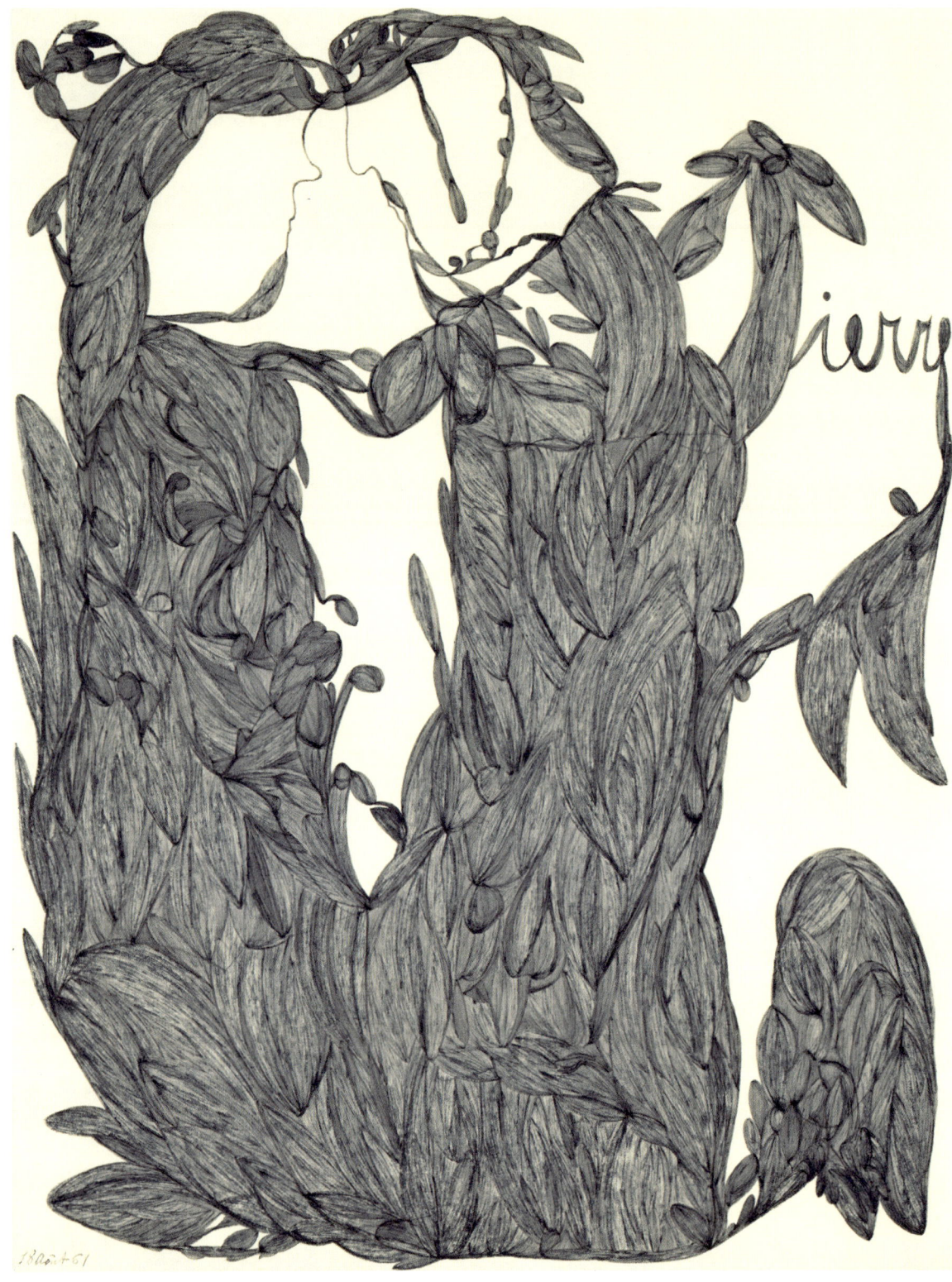

sans titre (Pierre) untitled (Pierre), **18** août 18 August **1961**
encre bleue sur papier blue ink on paper
65 × 50 cm
cab-1897

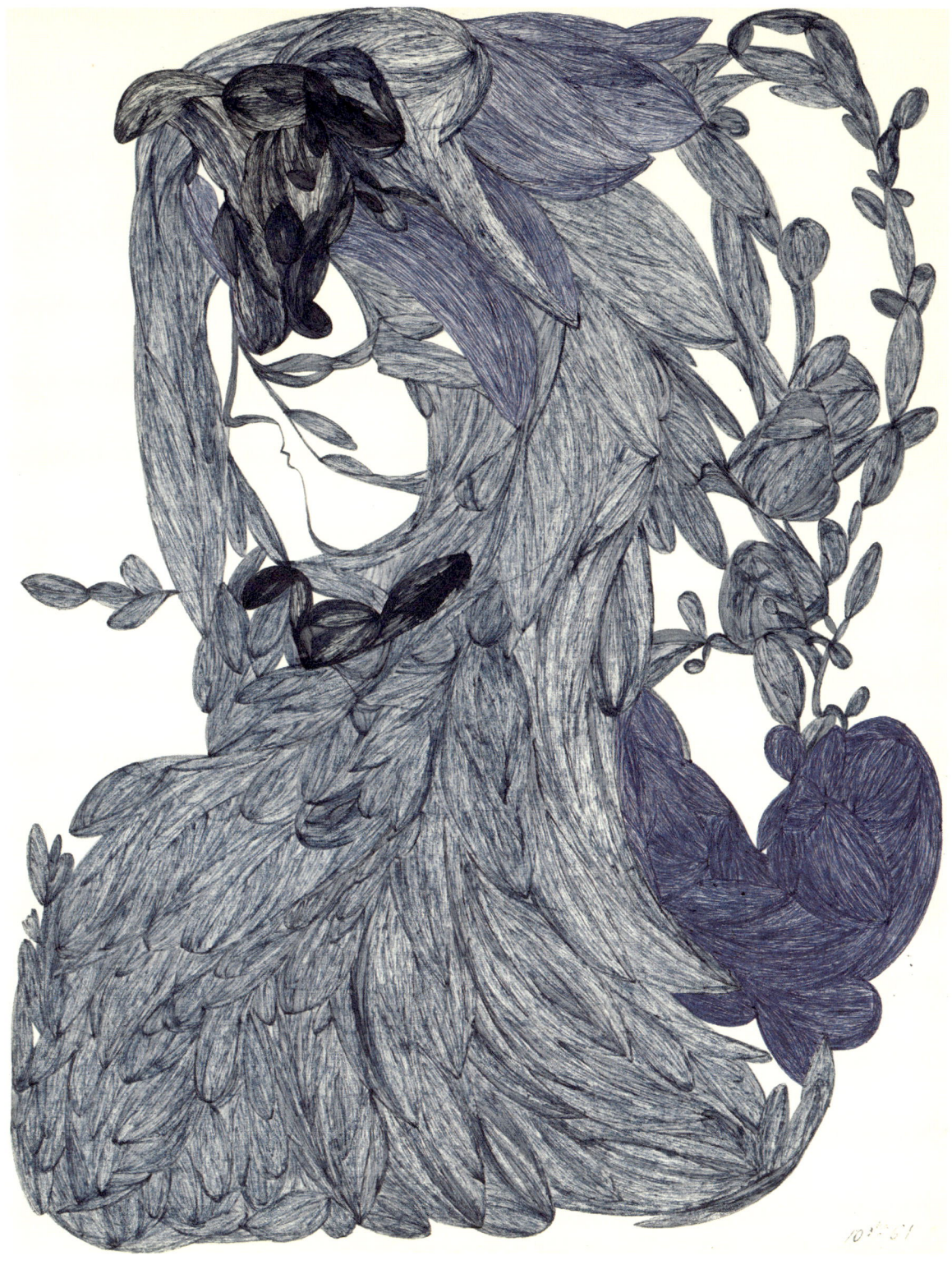

sans titre untitled, 10 novembre 10 November 1961
encre bleue et stylo à bille sur papier blue ink and ballpoint pen on paper
65 × 50 cm
cab-1899

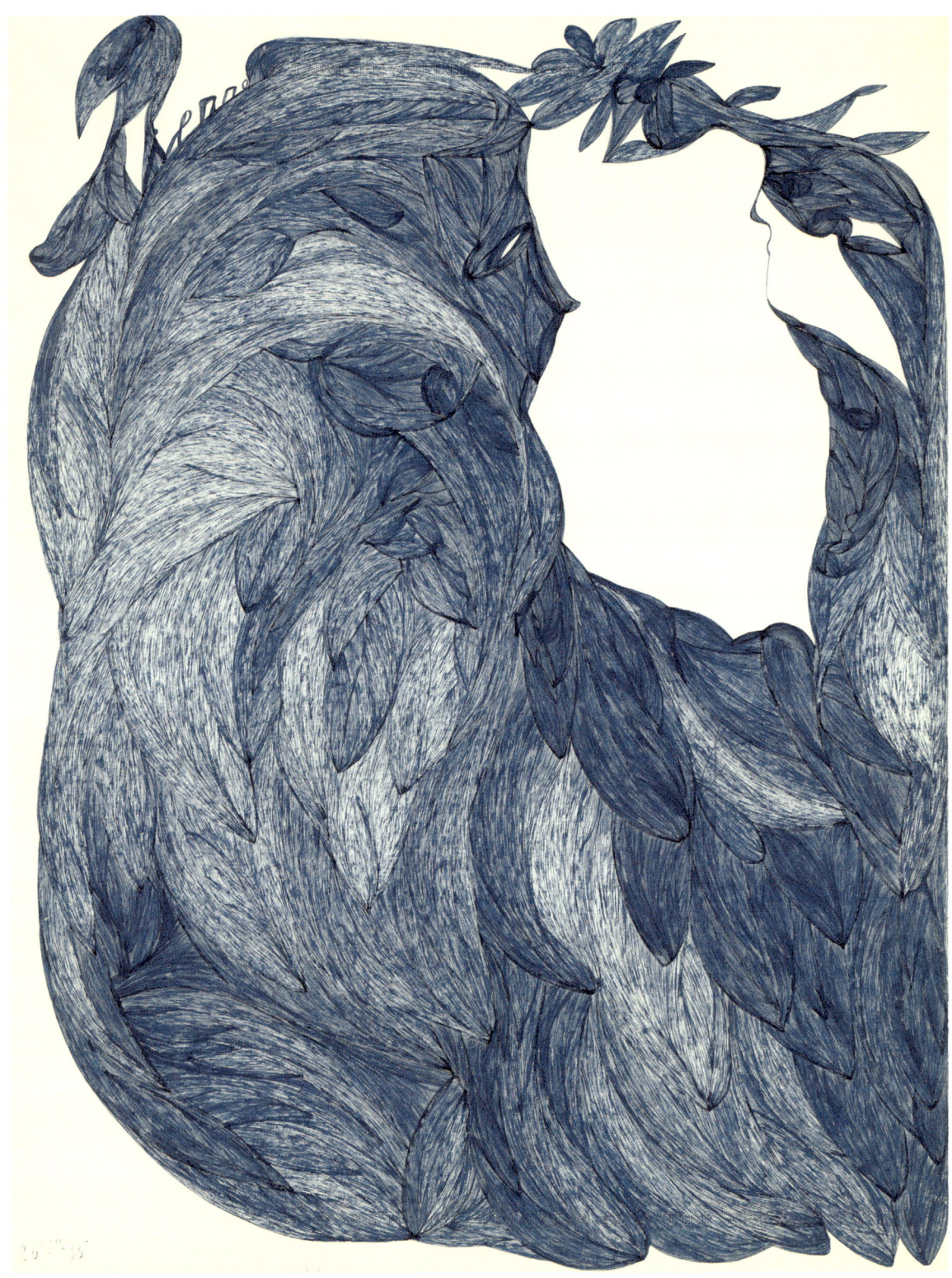

sans titre untitled, 26 novembre 26 November 1956
encre bleue sur papier blue ink on paper
50 × 65 cm
cab-1809

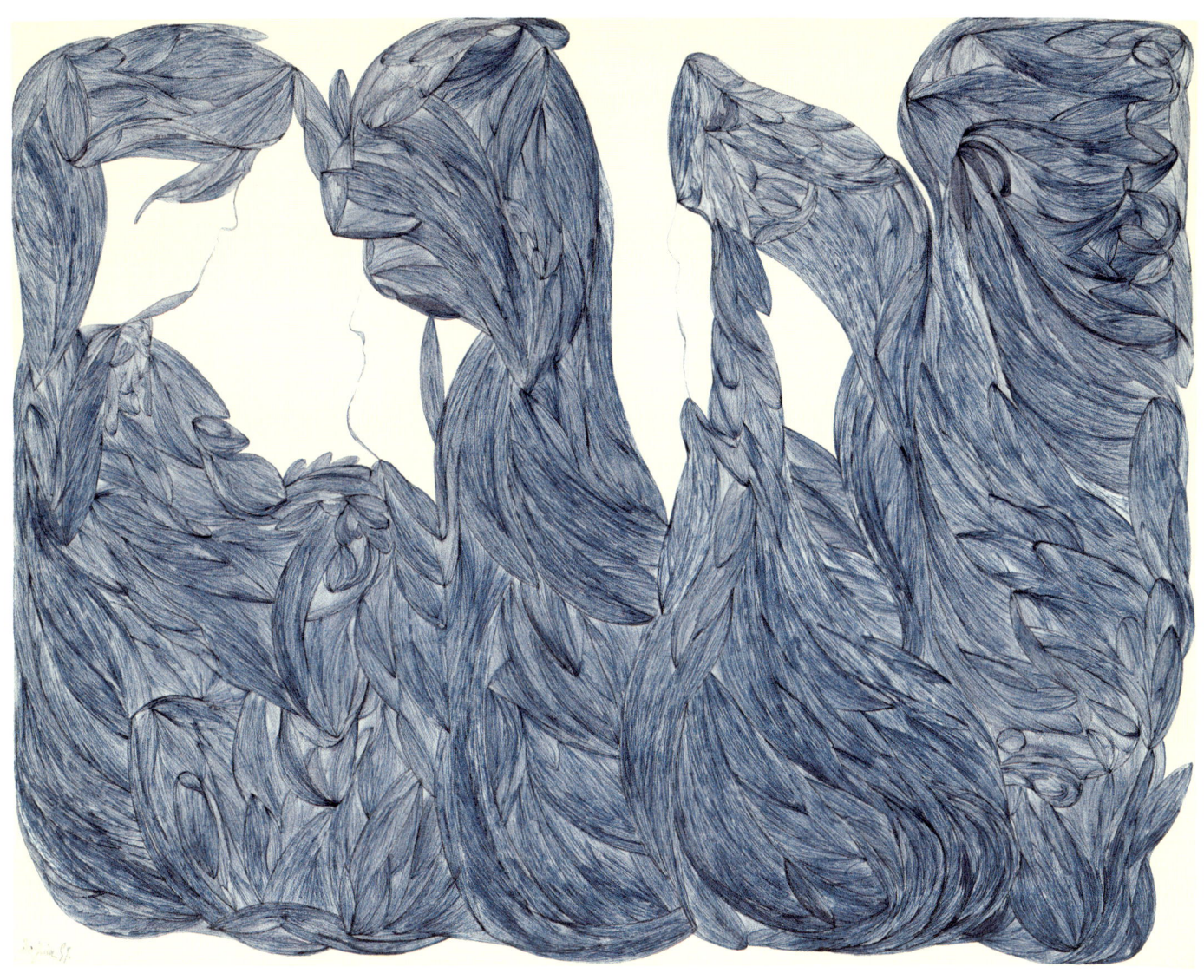

sans titre untitled, 30 juin 30 June 1957
encre bleue sur papier blue ink on paper
50 × 65 cm
cab-1823

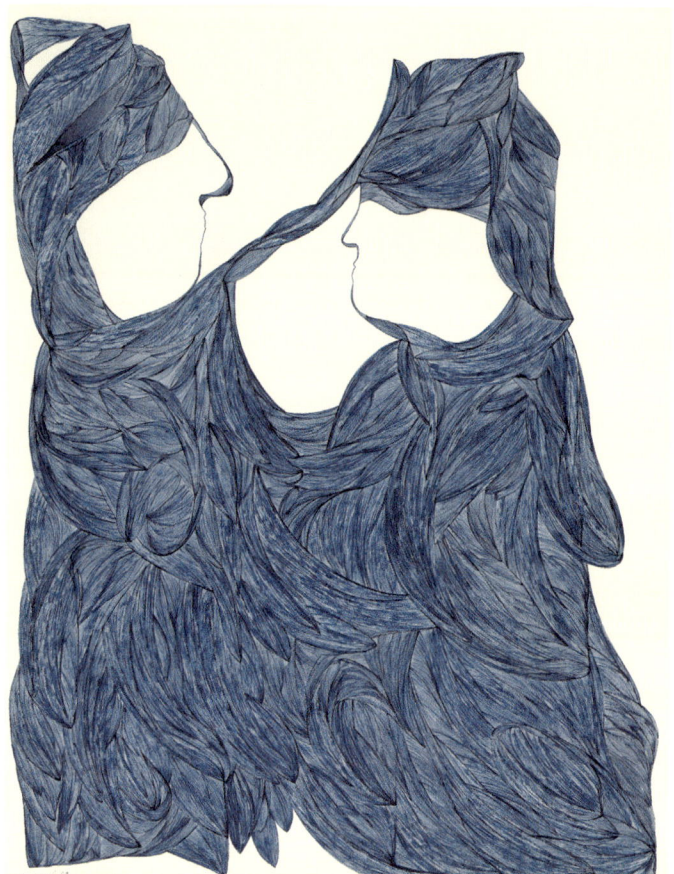 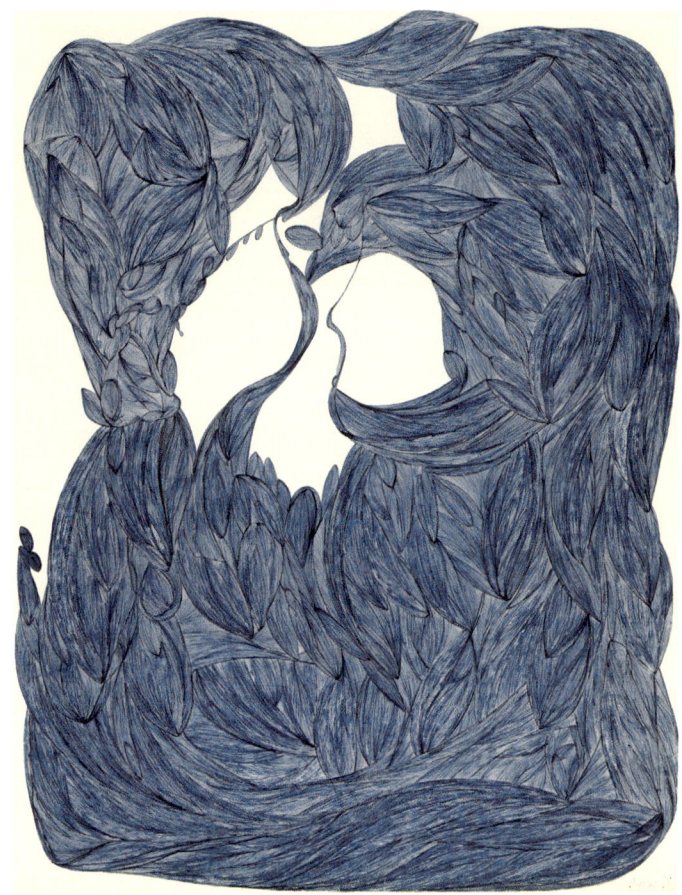

sans titre untitled, 14 avril 14 April 1958
encre bleue sur papier blue ink on paper
65 × 50 cm
cab-1844

sans titre untitled, 9 mai 9 May 1958
encre bleue sur papier blue ink on paper
65 × 50 cm
cab-1846

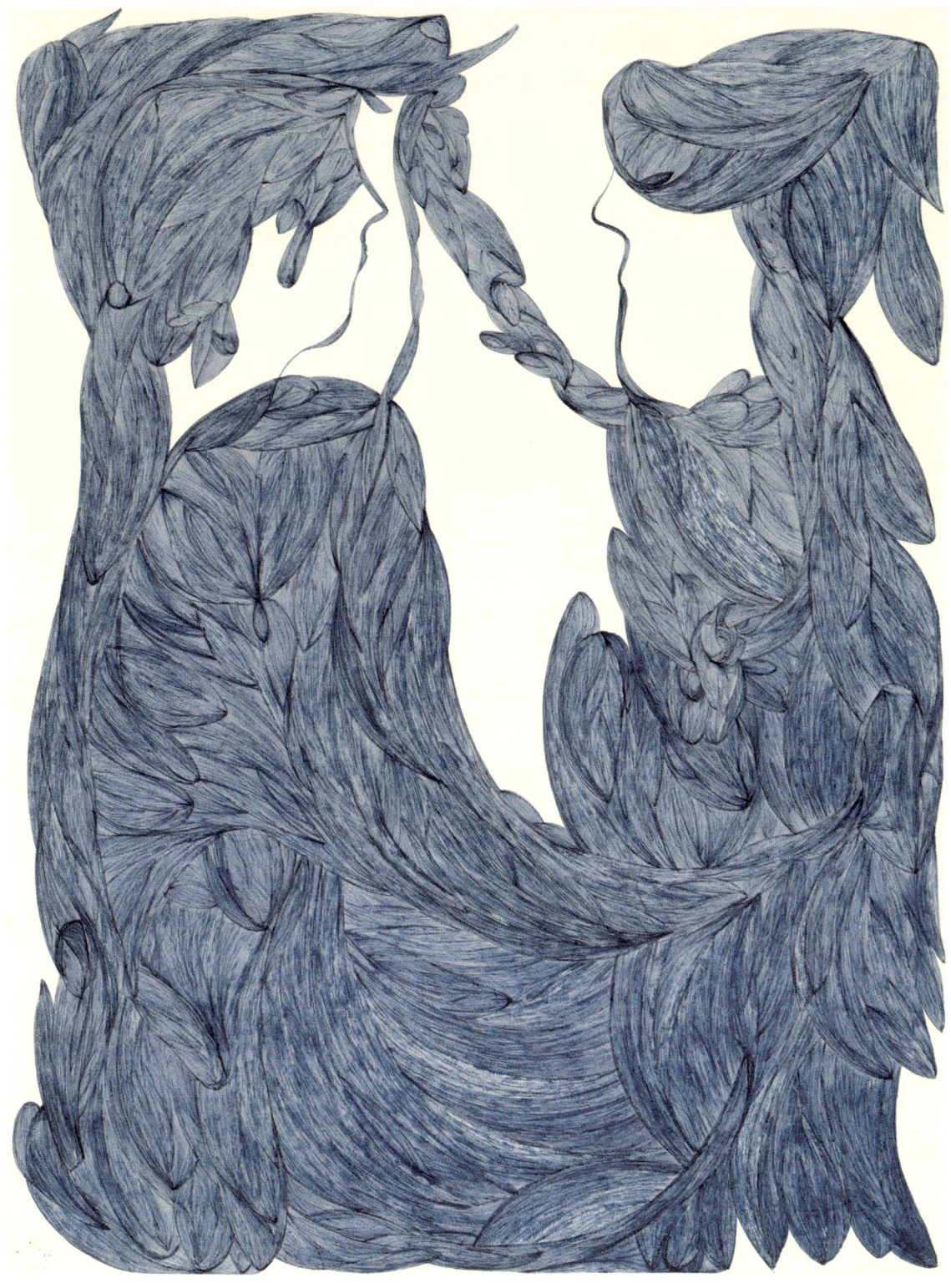

sans titre untitled, 16 octobre 16 October 1957
encre bleue sur papier blue ink on paper
65 × 50 cm
cab-1831

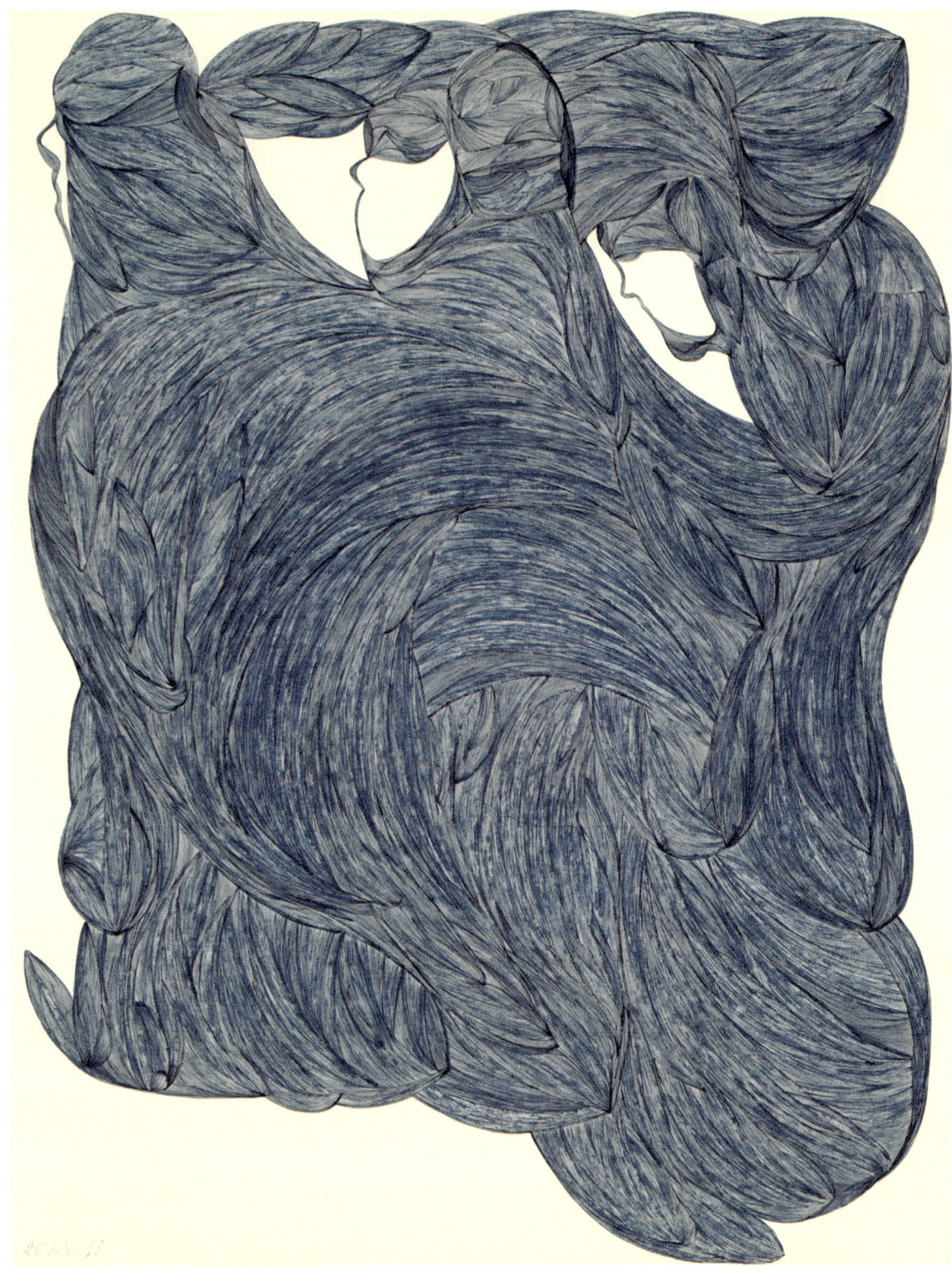

sans titre untitled, 26 mai 26 May 1958
encre bleue sur papier blue ink on paper
65 × 50 cm
cab-1848

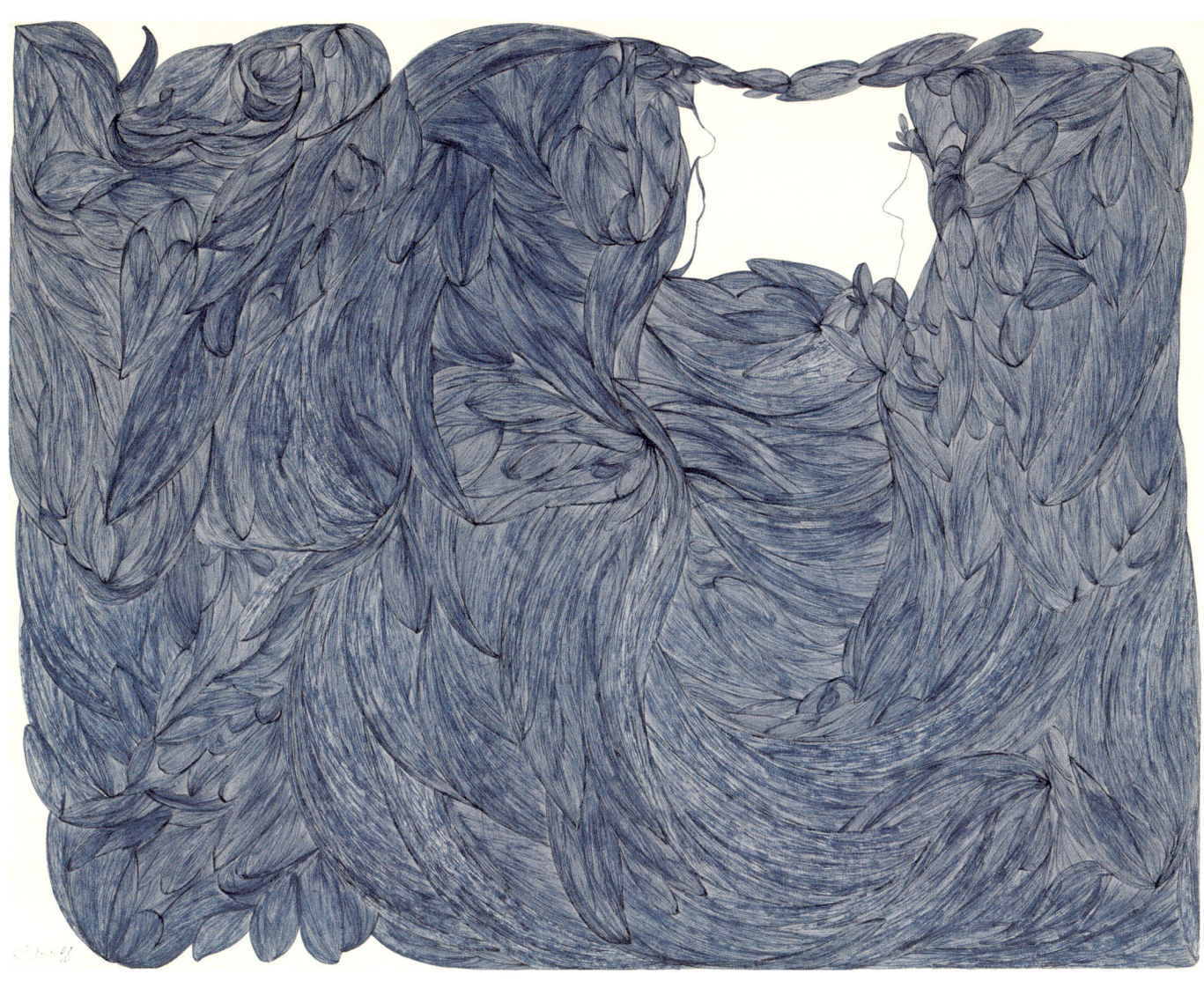

sans titre untitled, 28 août 28 August 1958
encre bleue sur papier blue ink on paper
50 × 65 cm
cab-1854

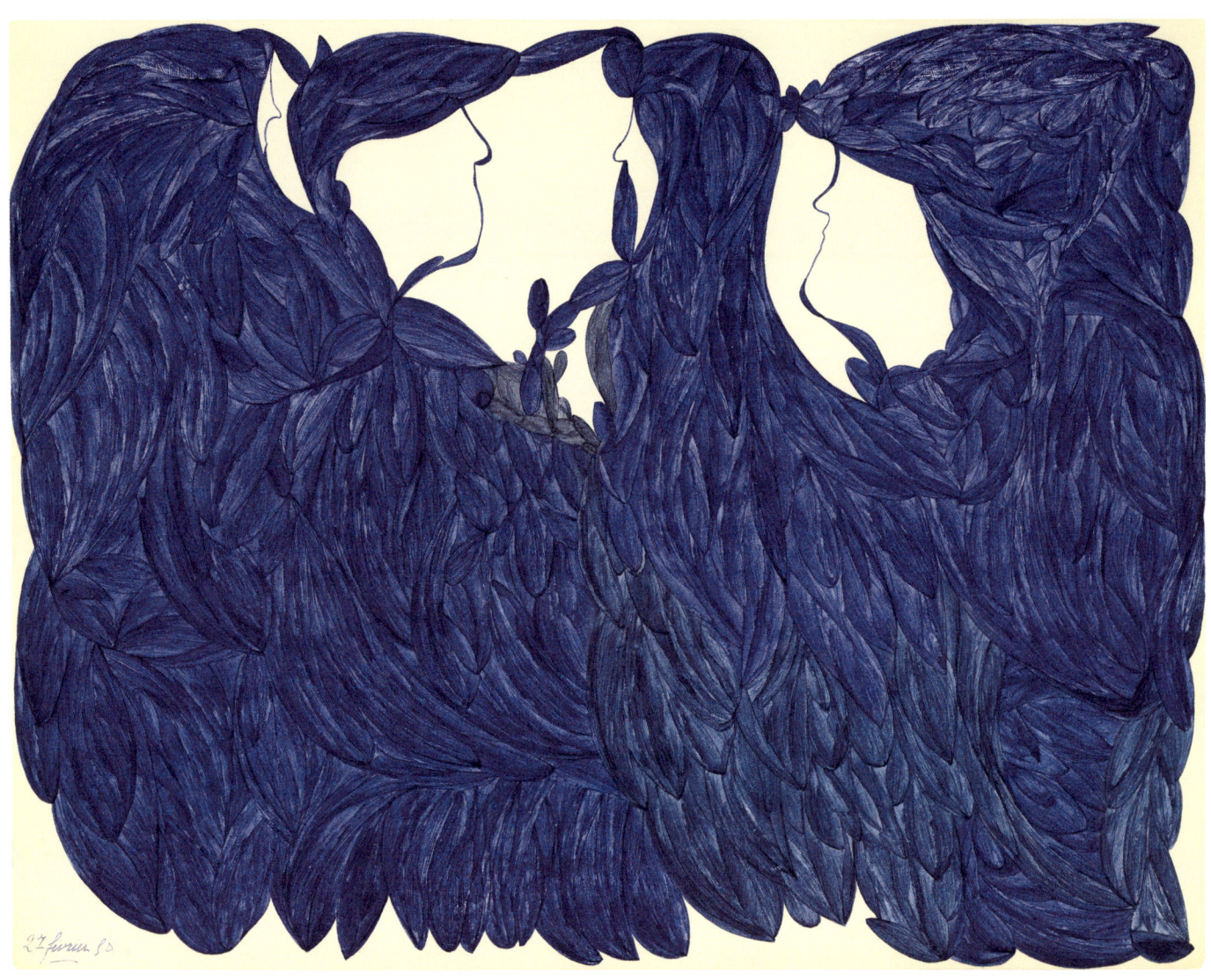

sans titre untitled, 27 février 27 February 1959
encre bleue sur papier blue ink on paper
50 × 65 cm
cab-1863

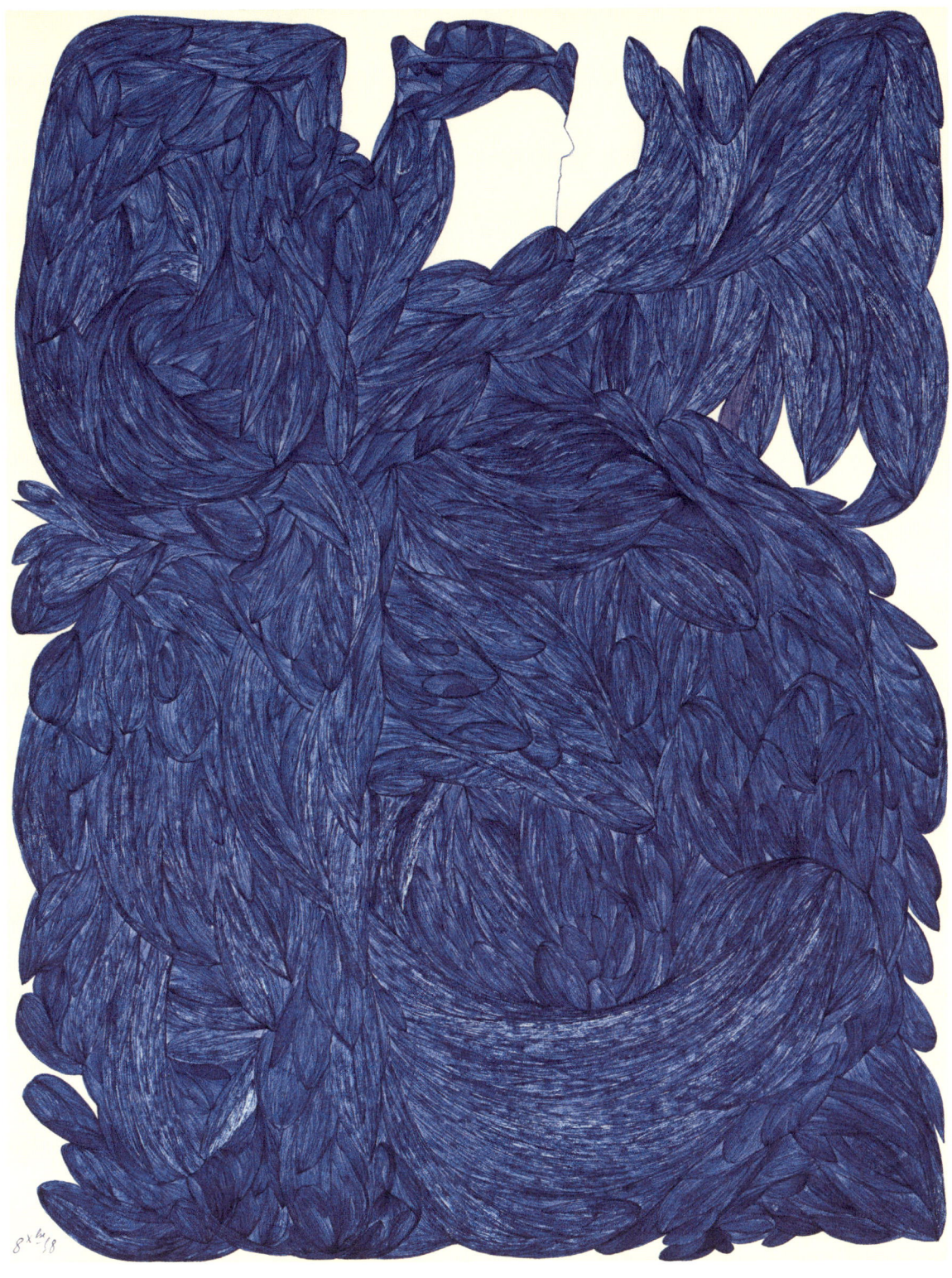

sans titre untitled, 8 décembre 8 December 1958
encre bleue sur papier blue ink on paper
65 × 50 cm
cab-1859

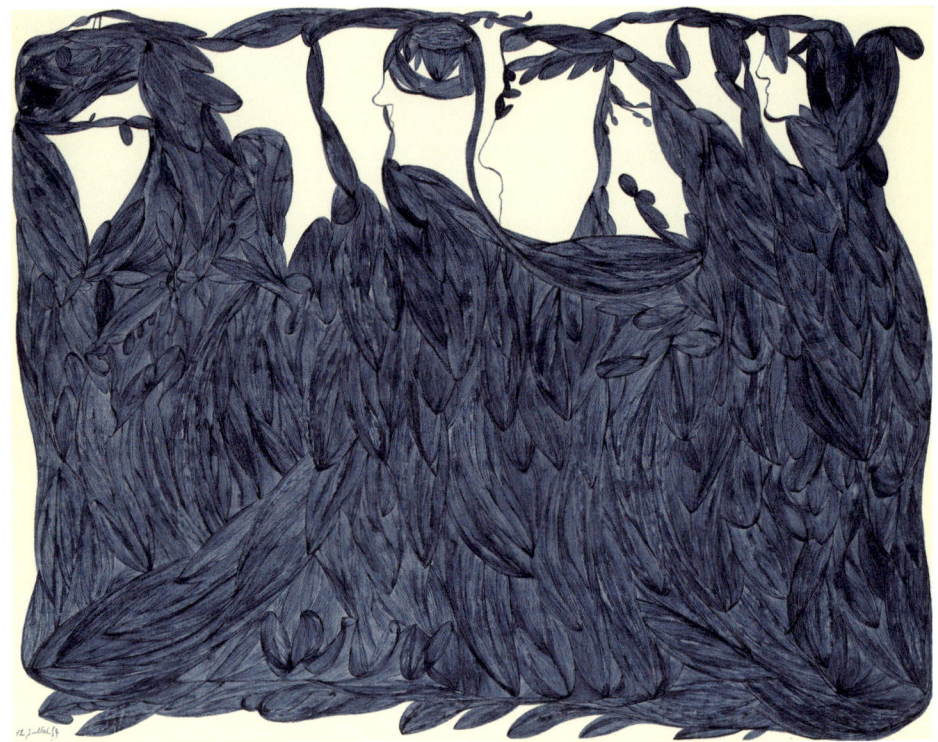

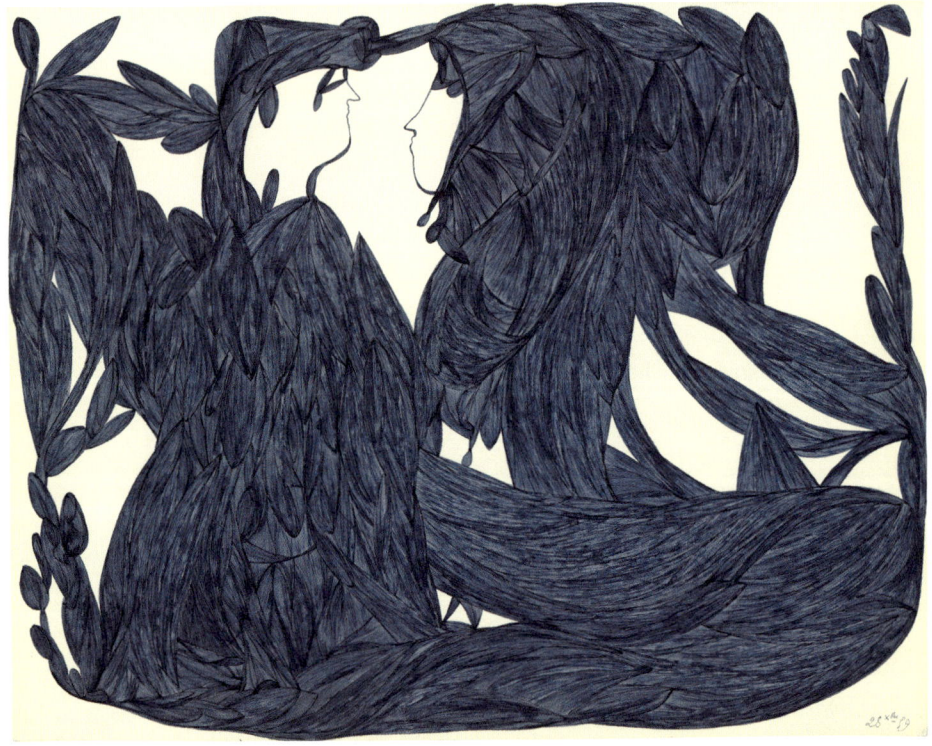

sans titre untitled, 12 juillet 12 July 1959
encre bleue sur papier blue ink on paper
50 × 65 cm
cab-1871

sans titre untitled, 28 décembre 28 December 1959
encre bleue sur papier blue ink on paper
50 × 65 cm
cab-1881

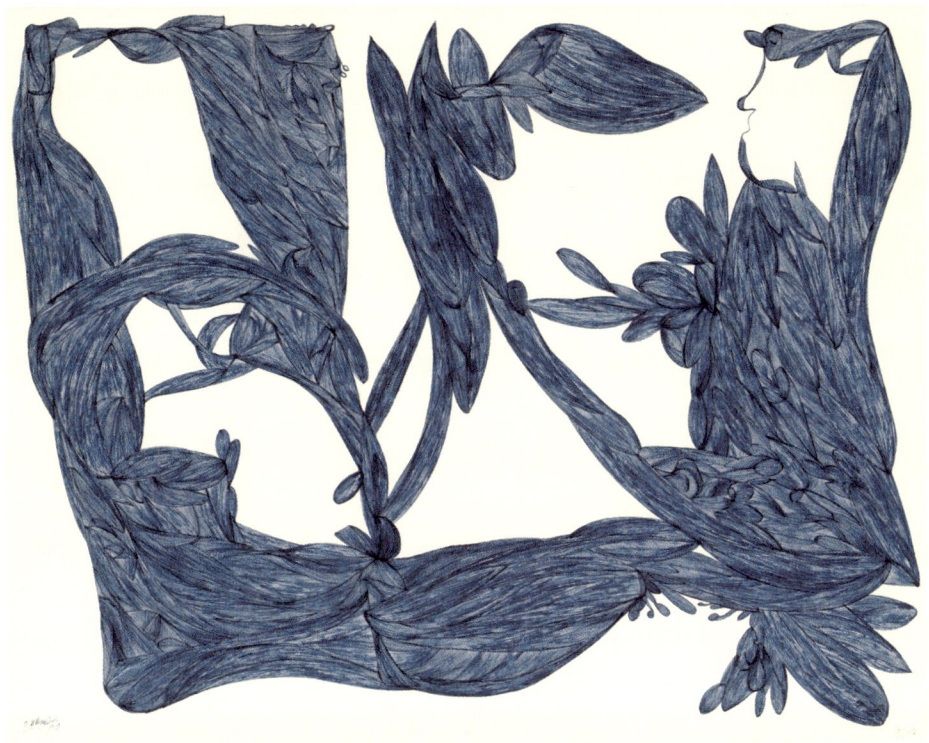

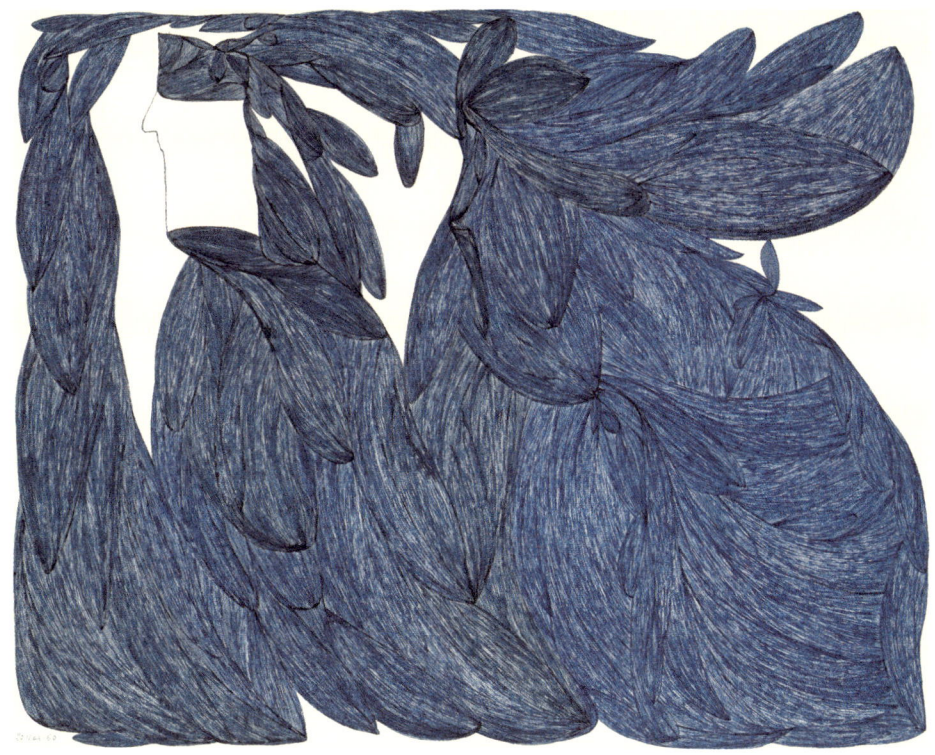

sans titre untitled, 8 janvier 8 January 1960
encre bleue sur papier blue ink on paper
50 × 65 cm
cab-1882

sans titre untitled, 20 mars 20 March 1960
encre bleue sur papier blue ink on paper
48,5 × 63 cm
cab-1888

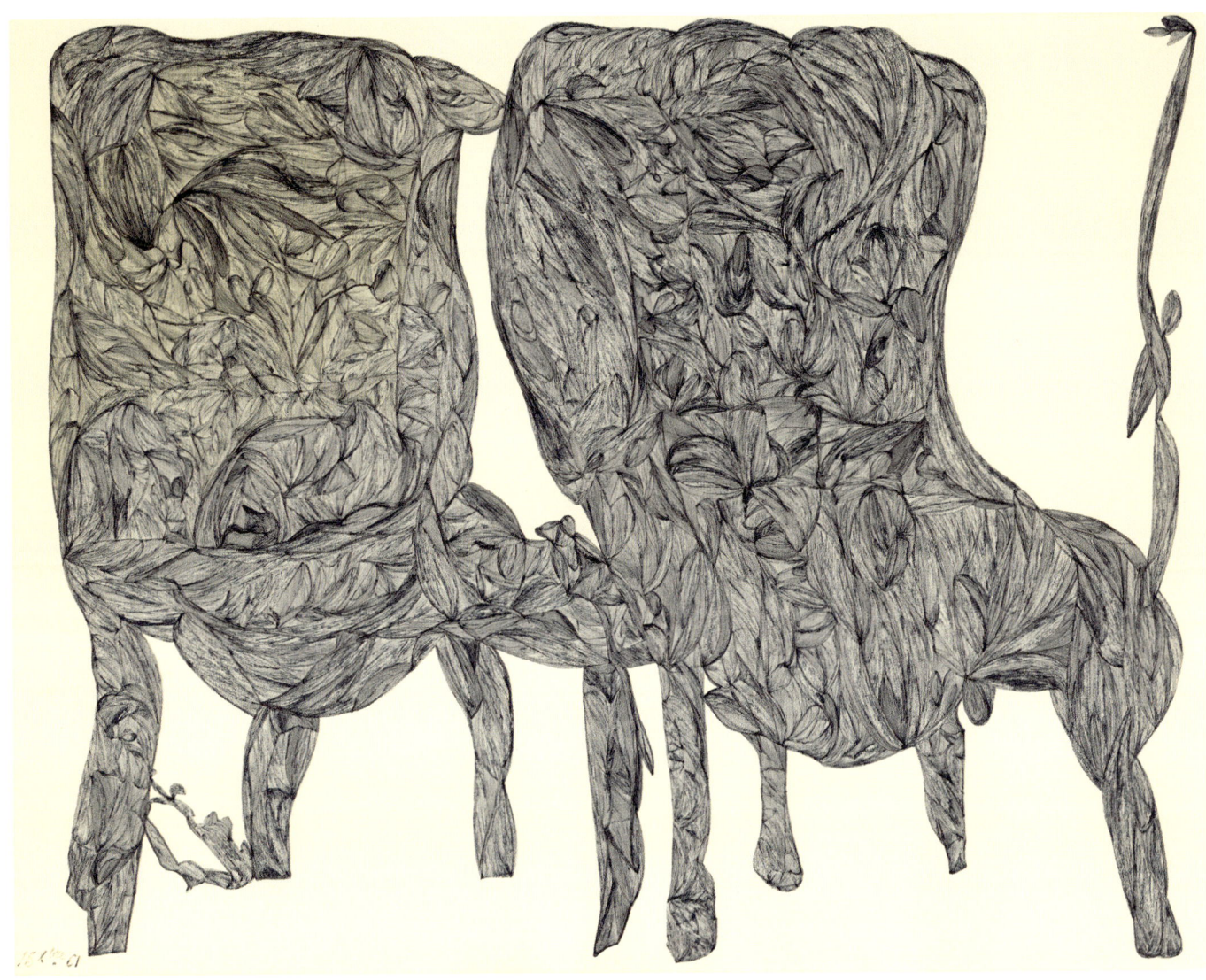

sans titre untitled, 15 décembre 15 December 1961
encre bleue sur papier blue ink on paper
50 × 65 cm
cab-1900

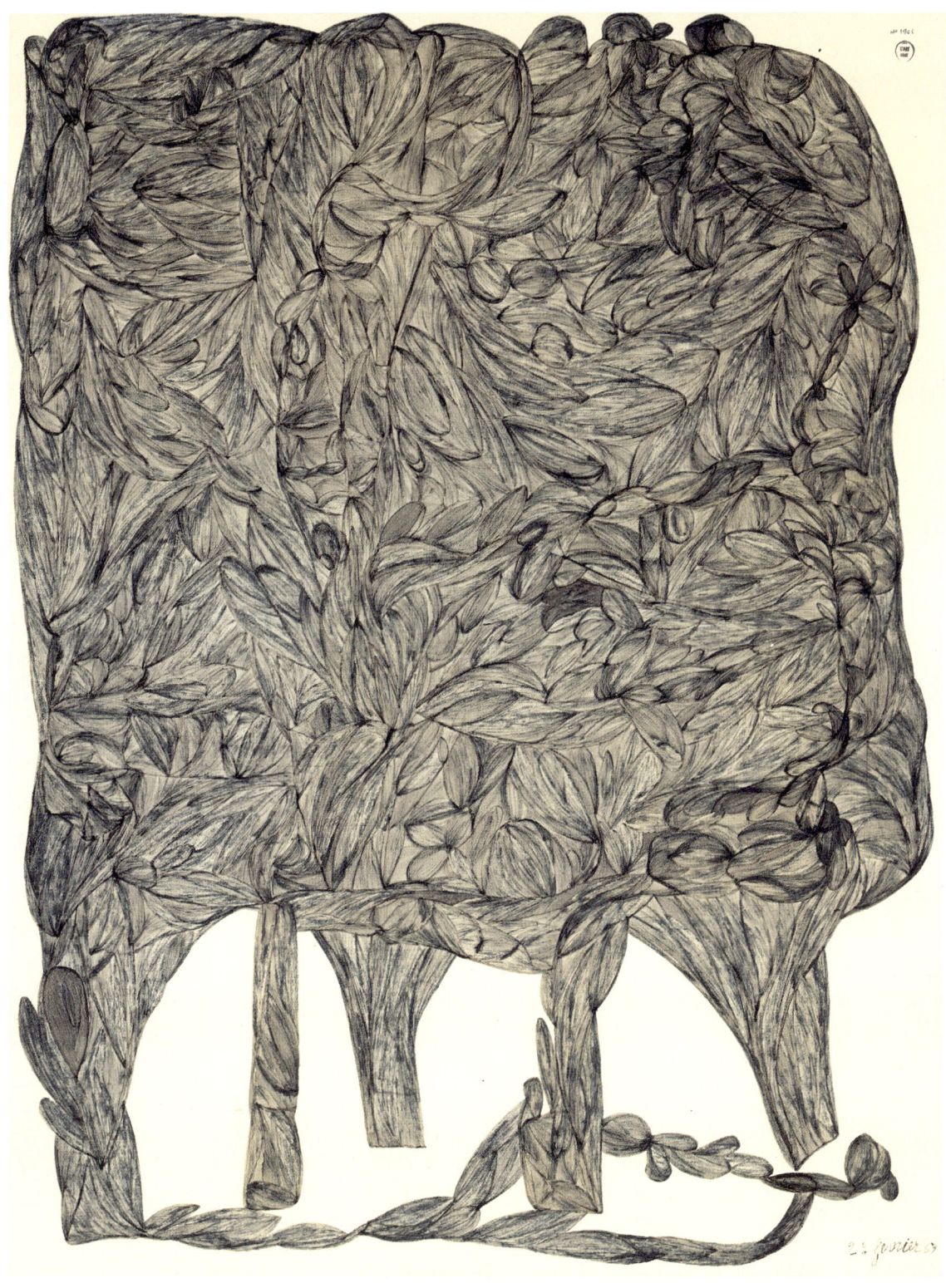

sans titre untitled, 23 février 23 February 1962
encre noire et bleue sur papier black and blue ink on paper
65 × 50 cm
cab-1901

Les messages spirites Spirit Messages*

Note introductive

Les messages spirites de Laure Pigeon dont nous avons connaissance sont publiés ici dans leur intégralité, selon l'orthographe d'origine. Cela comprend trois courts textes retranscrits par Jean Dubuffet et encore inédits. Il s'agit de paragraphes non datés qui faisaient peut-être suite à des messages.

En automne 1965, peu de temps après le décès de Laure Pigeon, Jean Dubuffet fait l'acquisition de ses œuvres graphiques et de ses écrits. À cette période, il rencontre sa belle-sœur, Célina Émilie Lombard, afin de se documenter sur le travail et la biographie de Laure. L'année suivante, il lui consacre un article dans le fascicule *L'Art Brut* n° 6[1], et publie trois de ses messages spirites.

En 1968, Dubuffet reprend une correspondance avec la belle-sœur, car il souhaite en obtenir d'autres : « J'ai souvent pensé, ces dernières années, aux cahiers d'elle dont vous m'aviez parlé, dans lesquels elle consignait des messages reçus par elle dans ses moments de transe [...]. » Fasciné par les œuvres de Laure Pigeon et désireux d'enrichir sa collection d'Art Brut, il insiste pour les acquérir : « Ce serait pour moi d'un très grand prix d'avoir communication de ces cahiers [...]. Je voudrais beaucoup en faire une étude approfondie[2]. »

Au début de l'année 1969, Dubuffet reçoit de la part de Mme Lombard quelques pages de cahiers manuscrites qu'il fait dactylographier intégralement et auxquelles il ajoute cette

Introductory note

The spirit messages of Laure Pigeon that we know about are published here in full, in the original spelling. These include three short texts subsequently transcribed by Jean Dubuffet, which until now had remained unpublished. These are undated paragraphs that may have followed messages.

In autumn 1965, shortly after Laure Pigeon's death, Jean Dubuffet acquired the artist's graphic works and writings. At that time, he met Laure's sister-in-law, Célina Émilie Lombard, so that he might collect information regarding Laure's work and life. The following year, he wrote an article on the artist in *L'Art Brut* booklet no. 6[1] and published three of her spirit messages. In 1968, Dubuffet wrote again to Célina Lombard, this time to make clear his wish to acquire more of Laure Pigeon's messages: 'I have often thought, during these last few years, about her sketchbooks you spoke to me about, in which she recorded messages she received in her moments of trance.' Fascinated by Laure Pigeon's creations and wishing to develop his Art Brut collection, he stressed his desire to acquire them: 'To me it would be of great value to lay hold of these sketchbooks [. . .]. I would very much like to study them in detail.'[2]

At the start of 1969, Dubuffet received several handwritten pages of Laure Pigeon's sketchbooks from Mme Lombard, which he had typed out in full and to which he added this note: 'Laure's texts were written using the spiritist technique, with the

* Translator's note: Much of the writing in these messages is syntactically fluid, lexically creative, and grammatically uneven. As a result, the meaning of the text is often ambiguous or even opaque to the French-speaking reader. The task of the translator was to deliver a similar experience to the reader of the English text through a direct translation that seeks to convey all the mystery – and idiosyncrasies – of the original.

note : « Les textes de Laure ont été rédigés selon la technique des spirites, à l'aide d'une planchette mobile pointant les lettres de cet alphabet sous l'impulsion des esprits. Laure tenant le *oui-ja* dictait les messages à sa belle-sœur Lily et les retranscrivait ensuite en les réinterprétant[3]. »

Pour certains messages, il existe trois versions : une première rédigée par Lily lors de la dictée, une deuxième, retranscrite et complétée par Laure ; et pour tous, une version dactylographiée. Les messages « 6 X^bre 61 » (6 décembre 1961), « 9 I » (9 janvier) et « 15 avril 62 » sont de l'écriture de Lily et n'ont pas été réécrits par Laure. Une version du message du 29 avril 62 est datée du 28 avril. Quant aux messages du 7 septembre 1958, du 30 novembre 1959 et du 8 octobre 1961, retranscrits par Jean Dubuffet dans son article publié en 1966, leur version originale demeure introuvable.

1. 7bre 58

Le début de dure vie eut lieu dans Rome cette vie fut mêlée à mille autres vies.
Le nom de Pierre est mêlé aux pages merveilleuses que tu dessines, Pierre nom mémorable au temps du Maître Jésus, Pontife si vénéré comme généreux égide parmi les âmes, les conduisant par les chemins où le drelin sonne la gamme des mea-culpa pour leur meilleur devenir. Souviens-toi où en majeur ordre il te fit voir l'immense joyau qu'il façonnait pour longue leçon et compare les grammes d'or qu'il t'a versé pour protéger ta vie. Les lustres des siècles ont posé les vies mêlées à la vie présente et cela n'est pas pour rien. La diligence passe et sur la route suit le chemin droit dirigeant le fond des vies par les chemins écrits. Pierre est le major des justices, il met, remet et mêle, et prouve les histoires dites, la herse passe son dur soc et amène dans la grave allée ceux qu'il arrache à l'amer fond. Par ces suites de rappel bien faits par Pierre, des secrets bénis te relient à ses hommages, ton frère sait que cette histoire ne peut être comprise par toi ; histoire liée aux âges d'êtres valeureux, histoire menée par Pierre et son exode (Quo Vadis ?) histoire de Fabiola en vie valeureuse dans la ville où sans Lois Pierre serviteur du Christ fit le pur

aid of a moveable planchette that pointed to the letters of the alphabet under the guidance of spirits. Laure, holding the Ouija board, dictated the messages to her sister-in-law Lily, and later transcribed them while reinterpreting them.'[3]

For some messages, three versions exist: the first written by Lily during dictation; the second transcribed and expanded on by Laure; and, for all of them, a typed version. The messages dated '6 Xbre 61' (6 December 1961), '9 I' (9 January), and '15 April 62' are in Lily's handwriting and were not rewritten by Laure. A version of the 29 April 62 message is dated 28 April. As for the messages dated 7 September 1958, 30 November 1959, and 8 October 1961, which were transcribed by Jean Dubuffet and published in his article of 1966, their original versions have never been found.

1. September 58

Start of hard life took place in Rome this life was mixed with a thousand other lives.
The name of Peter is mixed with the marvellous pages that you draw, Peter memorable name during the time of Master Jesus, Pontiff so venerated and generous shield among souls, leading them down paths where the dring rings out the range of mea culpas for their better future. Remember where in grand order he showed you the massive jewel he was shaping for long lesson and compare the grams of gold he paid you to safeguard your life. The lustres of centuries have put forward lives mixed with the present life and that is not for nothing. The carriage goes by and on the road follows the straight path guiding the depth of lives by established paths. Peter is the meter of justices, he places, replaces and mixes, and proves stories told, the plow passes its hard ploughshare and carries to the solemn path those he pulls from the bitter depth. Through these strings of reminder done well by Peter, blessed secrets join you to his respects, your brother knows that this story cannot be understood by you; a story linked to so valiant ages, a story led by Peter and his exodus (Quo Vadis?) the story of Fabiola in valiant life in the city where without Laws

1 Jean Dubuffet, « La double vie de Laure », *L'Art Brut*, n° 6, Paris, Compagnie de l'Art Brut, 1966, p. 68-101.
2 Lettre de Jean Dubuffet à Mme Lombard, Paris, 25 décembre 1968, Archives de la Collection de l'Art Brut, [ACAB], Lausanne.
3 Notes de Jean Dubuffet, [ACAB].

1 Jean Dubuffet, 'La double vie de Laure', *L'Art Brut*, no. 6 (Paris: Compagnie de l'Art Brut, 1966), pp. 68–101.
2 Letter from Jean Dubuffet to Mme Lombard, Paris, 25 December 1968, [ACAB], Lausanne.
3 Jean Dubuffet's notes, [ACAB].

service. Fondateur de juste besogne il vécut cependant sa vie d'homme et épousa celle à qui ce service a osé lever les voiles sur les vérités ; tu penses cet anneau impossible, dilemme trop vaste pour ton cerveau bien trop petit pour comprendre ces choses, en te donnant mes vers j'expliquerai. Pierre est le gondolier des voies lumineuses entre lui et toi il y a ce secret, bien des mots qui n'ont pas été dits diraient tant de choses, il laisse les justices s'accomplir pour régler tes dettes trop lourdes, il te redit Crois, aime, espère, le ciel est lié à la besogne et ce nilon si fort ne peut se rompre, suis ta route tu es en bon chemin la grâce reste sur toi dressée, sois heureuse de tout ce que tu as reçu jamais cette présence ne te quittera.

2. St André
30 9bre 59

Le nom d'André lié au nom d'Annette fit la joie si grande jadis à l'époque où ce jour était fête ; mon présent chemin est plus ennobli, en suivant les rimes je rode la revue de cette vie où je marchais avec Annette ; l'heure nivelle la route si longue, la pensée servie a entrouvert pour ton esprit tant de visions sur la marche des vies que derrière tout ce que tu as compris cela laisse en toi tout ce qui te précise le ciel et te prouve la vérité. Tu sais que le sclérosé service se fait par des esprits demeurés près de la terre, je plonge la sangle reliant les trois services entre toi et moi, ces services versent leurs forces sagement dressées mises en chemin serré ; je sais que cette explication est pour toi mystérieuse, mais tu es plus initiée maintenant et tu peux comprendre les paroles que les esprits mêlent aux images que la terre leur passent le chaos. La caresse de ton frère te redit ceci : le sciage des blés se fait quand les épis sont mûrs et la gerbe enveloppe les grains qui doivent donner la nutrition, mille rimes restent à crier le ciel, la vie, la mort, le serment de ton frère va t'apporter les vérités avec les brassées de roses de ta maman. Songe aux pages mille fois répétées, les pas sages passent plus aisément que les pas marchant en dehors du sentier.
Petite sœur ne force pas le ciel à dire ce qu'il ne veut pas dire, il ne justifie les oracles que quand les pleurs et les peines ont crée le terrain, meublé le cerveau et enterré le passé, alors il peut montrer mille preuves de sa présence et verser les paroles venant du fond du ciel. Parmi les pages remises je t'ai jadis servi des vers racontant le vrai temps d'Annette, près de sage vie les murailles ont entendu bien des cris d'amour et de caresses, mille fois j'ai crié mon amour piment si fort derrière ta vie justement balayée par de justes peines, mille rappels ont redit le passé qui jamais ne s'efface avant d'avoir liquidé les dettes. Pour te sortir de ce chemin justicier je mis le bras le plus caressant pour te

Peter servant of Christ did pure service. Founder of just labour he nevertheless lived his man's life and married her to whom this service dared to lift the veils over the truths; you think this ring impossible, too vast dilemma for your brain far too small to understand these things, by giving you my verses I will explain. Peter is the gondolier of the luminous ways between him and you there is this secret, so many words that were not said would say so many things, he lets justices be done to settle your too heavy debts, he again tells you Believe, love, hope, heaven is bound to labour and this nilon so strong cannot break, follow your route you are on the right path grace still overlooking you, be happy, girl, for all that you have received never will this presence leave you.

2. St. Andrew
30 November 59

The name Andrew linked to the name Annette created such great joy in the past back when this day was a feast; my present path is more ennobled, in pace with the rhymes I review this life step by step in which I walked with Annette; time evens the so long road, the thought served has cracked open your mind to so many visions of the march of lives that behind all you have understood it leaves in you all that clears the sky for you and proves the truth to you. You know that the sclerotic service is performed by spirits still near the ground, I plunge the strap linking the three services between you and me, these services spend their forces wisely arranged placed on the narrow path; I know that for you this explanation is mysterious, but you are a more initiated girl now and you can understand the words that the spirits mingle with the images that the earth passes to them chaos. Your brother's caress tells you again this: the wheat is sawn when the ears are ripe and the sheaf envelops the grains meant to give nourishment, a thousand rhymes are still to cry out heaven, life, death, your brother's oath will bring you the truths with armfuls of roses from your mother. Ponder over the pages repeated a thousand times, wise steps pass more easily than steps walking off the path. Little sister do not force heaven to say what it doesn't want to say, it justifies oracles only once tears and sorrows have created the ground, furnished the brain and buried the past, then it can show a thousand proofs of its presence and pour out the words coming from the depths of heaven. Among the pages submitted I once gave you verses recounting Annette's true time, near wise life the walls have heard so many cries of love and caresses, a thousand times I have shouted my love zest so loudly behind your life justly swept away by just sorrows, a thousand reminders have retold the past that never recedes before clearing out the debts. To remove you from this path of justice I raised the most caressing

montrer du ciel le précieux secours, et pour que tu acceptes le sort qui en mer démontée t'a conduit au port, épargnant ta vie conservant ta santé. Mon secret va enfin te faire voir la sage marche dans les pages où les vers rediront le vrai sens des vies. Le début de dures vies liées à mille autres vies eut lieu dans Rome, les années ont posé leur profond sillon dans la lutte et à chaque vie ont laissé leur lot de larmes et ont amené les masses de croix secouant les vies pour les asservir car la vulition ne se fait que par souffrances qui laissent dans l'esprit la marque des leçons. Petite sœur le long secours que tu as reçu est le gage de forte leçon. Lorsque le rusé compère fila près de la dame orifiée je vins près de ta vie et mon rôle te versa un sort pesant, poussant ta volonté à lutter, menant les événements pour arriver enfin à la décade bénie où les vers que je vais donner vont forcer les esprits à lever les yeux vers le ciel et furtive vision sera la meilleure réponse au doute pour mener les âmes loin du chemin où elles se perdent. Petite sœur dors tranquille veillant sur ta vie ma tendresse en ton cerveau bien équilibré verse son vigoureux secours, l'abri du cœur de ton frère est un abri sûr où tu n'as rien à craindre, le ciel veut selon le temps montrer la leçon dont tous peuvent profiter, ma force te soutiendra, l'âge n'a rien à voir avec les forces du ciel, céleste durée nimbée de lumière force la vie à rester pour accomplir les choses pour lesquelles elle est revenue sur terre, ma garde mise suit la marche et sagement le Maître manie la vie, demeure assurée que mes bras serrés sur toi te protègent de tout mal.

3. 1er Août 60

Le nom de Pierre versé dans les dessins dose les ordres où il réalise ce que tu as encore à payer, car Annette jadis en nom plus seigneur, oiseaux largement ouverts, coupa la vie pleine de certitudes pour une vie pleine de terribles causes ; ces causes sont les mille forces néfastes qui frappent ton cerveau qui n'a pas la force de résister. Petite sœur je t'explique le rivage des causes, ne pense pas corriger ce que la vie ne donne qu'aux vivants. « Les esprits n'écrivent que ce que je leur permet. » Les justes leçons créées dans le fécond art montrent la vie lacée avec force, criant les émois amers, que les vies ont laissés derrière elles. Crois en ces écrits, faits par des esprits que cela crédite en face de la Loi et par les leçons qu'ils écrivent les force à voir les mille causes qui disent le principal. Ta pensée voit mieux les choses qui avant, t'échappaient, la vie corporelle exerce de variés sentiments, contre lesquels la lutte exige de longs efforts ; plus tu ressens de peines et de regrets, plus la voie brumeuse est écartée. Semer bon orge, cela fait bonne récolte. Je redresse ta pensée par des leçons que tu dois chercher à comprendre, je reste le gardien fidèle qui veille voulant pour ta vie, ciel et joie. Mon béni travail te redira la ficelle nouée avec

arm to show you from heaven the precious comfort, and so that you would accept the fate that in stormy seas brought you to port, sparing your life preserving your health. My secret is finally going to show you the wise walk in the pages where the verses will recount the true meaning of lives. The start of hard lives linked to a thousand other lives happened in Rome, the years etched their deep furrow in the struggle and to each life left their share of tears and brought the masses of crosses shaking lives to subjugate them because vulition can only be achieved through sufferings that leave the mark of lessons in the mind. Little sister the long comfort you have received is the wage of a strong lesson. When the crafty mate rushed by the goldened lady I came close to your life and my role cast a heavy spell over you, pushing your will to fight, leading events to arrive at last at the blessed decade when the verses I'm going to give are going to force the spirits to lift their eyes to heaven and furtive vision will be the best response to doubt so as to lead souls away from the path where they get lost. Little sister sleep peaceful watching over your life my tenderness in your well-balanced brain delivers its vigorous comfort, the shelter of your brother's heart is a safe shelter where you have nothing to fear, heaven wants in keeping with time to show the lesson from which all can benefit, my strength will sustain you, age has nothing to do with the forces of heaven, celestial duration shrouded in light forces life to remain to accomplish the things for which it returned to earth, my guard set follows the march and wisely the Master handles life, rest assured that my arms grasping you protect you from all harm.

3. 1 August 60

Peter's name written into the drawings paces the orders where he realises what you still have to pay, for Annette in name more lordly, birds largely open, cut off life full of certainties for a life full of terrible causes; these causes are the thousand harmful forces that strike your brain, which doesn't have the strength to resist. Little sister I'm explaining the littoral causes to you, don't think about correcting what life gives only to the living. "Spirits only write what I allows them to." The just lessons created in fertile art show life laced with strength, crying out the bitter anxieties, that lives have left behind them. Believe in these writings, done by minds that it credits before the Law and by the lessons that they write forces them to see the thousand causes that say what matters. Your mind sees things better that previously, eluded you, corporeal life gives rise to varied feelings, the fight to counter which takes long efforts; the more sorrows and regrets you feel, the further the foggy path is repelled. Sowing good barley – that makes for a good harvest. I redress your thinking with lessons that you must seek to understand, I remain the faithful guardian who keeps watch wanting for your life, heaven and joy. My

le long bras et t'expliquera les choses du ciel quand le moment sera venu. Tu crains toujours ton âge, mais je te répète que l'âge n'a rien à voir avec ce que tu dois faire, éponge tes pensées ; par les grâces reçues tu dois voir que ton chemin est aplani pour mille choses pouvant te causer des ennuis, ces grâces dont tu es comblée crient le ciel. Sois celle arrivant au but et pense au travail qui va crier la vérité. Je te redis ciel et joie, valeur à laquelle la terre ne croit pas et qui existe cependant. Pierre amenant ton âme en lieu de félicité créa pour ta vie mille précieuses croix, brisant ta vie et organisant une pénible dépendance pour ta vie, il a placé près de toi les chers amis qui dirigent tes pas et qui ont forcé ton esprit à comprendre la vie et la mort. Le credo est maintenant l'historique mariage où la dîme fut l'heure de mille amers semis longue vie reste valeur du ciel qui va redire les secrets, en voie plus nette les exhortations agiront sur les âmes et verseront des lumières en donnant des exemples. Pierre bien sûr te bénit et sage bras reste pour te préserver de toute misère, il serait heureux de crier ton vrai nom, mais cela n'est pas permis encore, crois, espère, aime en moi le nom et le mari d'une vie qu'il ne peut oublier ; tu dis ! après tant de siècles cela est-il possible ? mais, l'esprit n'oublie jamais le parage de sage vie où tu fus son épouse fidèle et aimante, ne doute pas de cela Laure, marche en émarge des ors et des mille choses de terre, je reste près de ta vie tu n'as rien à craindre.

4. 15 Août 60

Petite Laure, grd mère semeuse des cris d'alarmes qui la mirent en juste route a des pensées plus réjouies, après avoir eu tant de grâces bénies, les peines sont suivies de grand bonheur. Pense aux espoirs amarrés pour te conduire en ciel plus lumineux ~~prends patience~~, ne pense qu'à la joie promise. Notre petit Marcel dont le secours t'a été versé à l'heure où ta vie gravissait un cruel chemin plein de peines, la besogne te força à livrer bataille aux mauvaises forces, en rappelant ce chagrin en ta vie, ma peine reste vive de ne pas avoir conduit tes jeunes années dans un autre chemin, tous ces souvenirs passent encore en mon esprit, heureusement tu es demeurée en bon chemin, les artistes ont versé tant de justes causes, en créant les leçons les croix et les variées souffrances ont payé les arriérés dus justement. Grd mère existe en pénible mission, heureuse de t'abriter en des bras plus bénis, elle te suit, dans ce bercement elle sait qu'entre les mille scènes passant en son esprit, le bras sacré fera une autre voie. La bague au doigt n'a encore marié que des vies terrestres, mais cette fois la bague mariera les époux à la façon du ciel. Jamais le vent ne ventera plus fort que celui qui s'entendra dans le virage le gage en sera avec les peinture de ta maman et les écrits versés par ton frère histoire où les secrets seront dits.

blessed work will recount to you the string tied with the long arm and will explain to you the things about heaven when the time comes. You still fear your age, but I repeat to you that age has nothing to do with what you must do, clear your thoughts; by the graces received you should see that your path is smoothed for a thousand things able to cause you problems, these graces lavished upon you cry out heaven. Be the girl reaching the goal and think about the work that's going to cry out the truth. I say heaven and joy to you again, value that the earth doesn't believes in and that exists however. Peter bringing your soul to a place of happiness created for your life a thousand precious crosses, breaking your life and organising a troublesome dependence for your life, he placed close to you the dear friends who guide your steps and who forced your mind to understand life and death. The creed is now the historical marriage where the tithe was the time of a thousand bitter seeds long life remains value of heaven that will recount the secrets, on a clearer way the exhortations will act on the souls and will spread lights by giving examples. Peter of course blesses you and wise arm remains to preserve you from all misery, he would be happy to cry out your true name, but that is not allowed yet, believe, hope, love in me the name and the husband of a life that he cannot forget; you say! after so many centuries is that possible? but, the spirit never forgets the rank of wise life where you were its faithful and loving wife, don't doubt that Laure, skirt around the golds and the thousand things of the world, I remain close to your life you have nothing to fear.

4. 15 August 60

Little Laure, grd mother sower of the cries of alarm that set her on the right road has more joyous thoughts, after having had so many blessed graces, the sorrows are followed by great happiness. Think of the moored hopes to lead you to a more luminous sky ~~be patient~~, think only of the promised joy. Our little Marcel whose comfort was delivered to you at a time when your life was climbing a cruel path full of sorrows, the task forced you to battle evil forces, recalling this chagrin in your life, my sorrow remains acute not to have guided your young years along another path, all these memories still pass through my mind, fortunately you remained on the right path, artists have given so many just causes, creating the lessons the crosses and the varied sufferings paid the arrears rightly due. Grd mother exists on an arduous mission, happy to shelter you in more blessed arms, she follows you, in this rocking she knows that between the thousand scenes passing through her mind, the sacred arm will make another way. The ring on the finger has yet only married earthly lives, but this time the ring will marry the spouses heaven's way. Never will the wind blow stronger than the one that will be heard around the bend the proof of which

Petite sœur, grd mère près de la terre a pu servir cet écrit généreusement, car la terre est si pleine de dédales, mais bien garantie elle a pu venir jusqu'à toi, heureuse aussi de t'avoir redit ses regrets de vie mal dirigée. Amour est encore amour te montre le velours pour ta vie, le bras finira le joyaux qu'il t'offrira bien ciselé, les mauvais anneaux en brumeux nœuds seront passés, le chemin sera alors ombre rejetée et pleine lumière sera alors Grèce grandie, Grèce où une vie se posa pour être vraie artiste, les arts préexistants, le travail en a donné le gage Pierre sagement connaisseur de longue vie sait que ta vie encore longue a à faire le travail pour lequel elle est revenue sur terre et qui prouvera les alertes majeures, celles-ci venant des bras bien loin de la terre. Va, secret moins amer Laure artiste, la Grèce fut le pays où elle apprit les sages paroles d'Ovide ; pour les arts, le séjour dans Rome fut plus tard dans une autre vie, avant que Pierre servit Jésus ; le ciel ne peut t'en dire plus, accepte petite sœur de longue vie les sages suites. Ceux qui t'aiment gardent pour toi les antérieurs secrets. Ton frère sourit au rondeau servi, passant la revue des vies où cœurs et corps furent liés et il a tiercé des bras pour te redire son amour. Je ne peux pas croire tout cela après tant de siècles ! Mille ans, vingt mille ans en astral se chiffrent par zéro, hier, demain, ou dans mille ans ; pour le ciel cela ne compte pas, ajuste tes pensées petite sœur ; les mémoires d'Annette rediront pourquoi elle a voulu revenir sur terre, pour forcer les sommets à justifier la Loi, l'histoire et l'art sont deux choses vraies. Ton frère sait tout ce que tu penses bon secret en face de Pierre prenant sa millième route a versé ces vérités. Dans ce mêli-mêlo tous ces secrets sont un vrai livre où les vies restent liées pour l'éternité. Mère te redit petite fille. Lily va libérer sa vie encore une fois et la route va être large. La création redescendant des hauteurs bénies ramènera les homères et les artistes. Mère assure toujours vouloir faire des dessins par Lily. Le piège où elle s'est laissée prendre pose pour son esprit de précieux avertissements. Grd maman sait petite fille, ton désir de faire comprendre ces choses à Lily, pauvre petite les leçons ont dit mille vérités et sa pauvre vie montre la nullité des avoir qui conduisent les êtres en face les vrais comptes.

5. 21 7bre 60

Ton frère muni des voies qui percent la terre veut te donner encore un émoi. Dans grave nacelle il amène l'esprit de Louise à qui le ciel permet de venir semer ces paroles. Pire vie menée en terre qui me rappelle le luxe où l'argent était la cime d'où justice m'a happée et posée en nœud serré pleins de pauvres leçons ; dans le rêve mon manteau t'a rappelé le temps où ma vie côtoya la tienne, la leçon montre

will be with those painting of your mother and the writings poured forth by your brother story in which secrets will be told. Little sister, grd mother close to the earth was able to serve this writing generously, because the earth is so full of subtleties, but well assured she was able to come all the way to you, happy also to have told you her life regrets she never got over. Love is still love shows you velvet for your life, the arm will finish this jewels that it will offer you well chiselled, the bad rings in foggy knots will have gone, the path will then be rejected shadow and full light will then be Greece grown up, Greece where a life landed to be a true artist, the pre-existing arts, the work was evidence thereof Peter wisely connoisseur of long life knows that your still long life has to do the work for which it returned to earth and which will prove the major alerts, these coming from arms far from the earth. Go, less bitter secret Laure artist, Greece was the country where she learned the wise words of Ovid; for the arts, the stay in Rome was later in another life, before Peter served Jesus; heaven cannot tell you more about it, accept little sister of long life the wisdom to come. Those who love you keep your past secrets for you. Your brother smiles at the rondeau served up, passing the review of lives where hearts and bodies were connected and he thriced with his arms to reiterate to you his love. I cannot believe all that after so many centuries! A thousand years, twenty thousand years in astrology count up to zero, yesterday, tomorrow or in a thousand years; for heaven that doesn't count, adjust your thoughts little sister; Annette's memories will again say why she wanted to return to earth, to force the summits to justify the Law, history and art are two true things. Your brother knows everything you think well secret in front of Peter taking his thousandth road poured forth these truths. In this mishmash all these secrets are a true book where lives remain connected for eternity.
Mother tells you again little girl. Lily is going to free her life one more time and the road is going to be broad. Creation redescending from the blessed heights will bring back the homers and the artists. Mother assures she still wants Lily to make drawings. The trap in which she let herself be caught sets down for her mind precious warnings. Grd maman knows little girl, your desire to get these things across to Lily, poor little girl the lessons spoke a thousand truths and her poor life shows the nonsense of the having that lead the beings opposite the true accounts.

5. 21 September 60

Your brother equipped with ways that pierce the earth wants you to give you another feeling. In grave basket he brings the spirit of Louise whom heaven allows to come sow these words. Worse life led on earth reminds me of the luxury where money was the summit from which justice seized me and tied me in a knot full

les leurres et force les pensées à se dresser vers les causes qui disent l'histoire des voies sinueuses où l'âme pesoir des vies derrière l'être, évolue en prenant des vérités, ce qu'elle doit en retenir. Louise parmi mille âmes vient crier ses immenses misères, il y a celle disant les durs chemins, puis le chemin créant l'espérance et aussi le chemin sillonnant les précipices dressés par la justice criant les causes posées, mêlant vie et mort, puis il faut mettre toute sa force pour imprégner son esprit derrière tout cela.

Je pense chère petite sœur aux mille choses semées pour te prouver le puit où demeure celui qui ne cesse de te serrer contre son cœur, pour mettre l'émulation en ton esprit, mettre aussi forte image des heures qui firent en toi les pires minutes ; pour lutter et sortir du chemin qui fut la cause des croix et pour apporter en ciel les liages bien purifiés. Tu vois petite sœur que loin de la route, l'essor ne parvient qu'après de longues escales. Munie de tout ce que tu as reçu, ton chemin est plus facile et ta vie éduquée doit en éduquer d'autres. Crois les réelles paroles de ton frère accordées pour te redonner du courage, longue vie sur terre garantit vie lumineuse. Une juste pensée traverse ton esprit : tout ce qui est acquitté sur terre sort de justice et dresse un chemin, hors du lieu où les âmes crient leurs peines. ; héroïque fille qui a suivi le chemin sacré des croix n'a rien à craindre de la route, au moment béni où elle doit sortir de vie, les majeurs bras lui verseront les sages pensées pour franchir facilement la porte. Le rêve t'apportera les ardentes roses de ta maman comme cela t'a été dit.

Amour, Amour, Amour où facile pensée peut être comprise, le secret a redit l'écho de la juste Loi, l'histoire des vies où certains versent des liens. La source d'un lien d'un lointain passé dont la galère sortit des purs abris, dont le fil tient dans l'histoire et dont les vers rediront les rimes, page historique dont le filin principal reste les sages bras pour te sortir du chemin justicier.

Pour ce qui occupe ta pensée, cela montre que tu as dépassé ce stade, ne te tourmente pas et suis ton chemin, ne prend que des forces pour faire ce que tu dois faire et reste calme. Le drain parfait qui te dirige verse sur toi route vivifiante, santé, vie et longue joie reste la page inscrite sur ton destin.

6. 30 7bre 60

Le grave secret cria l'histoire des ors qui rode derrière les êtres, ouvrant la voie aux peines et aux misères qui dressent pesante leçon. Tu désires des grâces pour Lily, vive clarté lui dressera la vue sur tout ce que grd maman est venue dire. Lily a voulu ajouter des ors à ceux laissés par les parents, n'ayant rien voulu écouter elle a attiré sur elle mille justices et le pesant précipice lui sert des heures bien pénibles, son lumineux guide m'a passé la force pour l'aider dans sa route

of poor lessons; in the dream my coat reminded you of the time when my life bordered yours, the lesson shows the lures and forces the thoughts to rise towards the causes that tell the story of the sinuous paths where the soul weigher of lives behind the being, evolves gathering truths, what it must retain of that. Louise among a thousand souls comes to cry out her immense miseries, there is the one recounting the hard paths, then the path creating hope and also the path criss-crossing the precipices set up by justice crying out the causes laid down, mixing life and death, and then one must put all one's strength to infuse one's spirit behind it all.

I think dear little sister of the thousand things sown to prove to you the well where dwells the one who never ceases to hold you close to his heart, to put emulation in your spirit, to put as strong an image of the hours that for you made the worst minutes; to fight and quit the path that was the cause of the crosses and to bring to heaven the well-purified ligatures. You see little sister that far from the road, growth comes only after long pauses. Equipped as you are with all you received, your path is easier and your educated life must educate others still. Believe in the real words of your brother, tuned to give you courage, long life on earth guarantees a luminous life. A just thought crosses your mind: all that is acquitted on earth comes out of justice and makes its way, out of the place where souls cry out their sorrows. ; heroic girl who followed the sacred path of the crosses has nothing to fear from the road, at the blessed moment when she must come out of life, the major arms will furnish her with the wise thoughts to pass easily through the door. The dream will bring you your mother's ardent roses as was told to you.

Love, Love, Love where easy thought can be understood, the secret again spoke the echo of the just Law, the history of lives where some emanate links. The source of a link from a distant past whose galley came out of pure shelters, whose thread runs through the story and whose verses will repeat the rhymes, historical page whose main thread remains the wise arms to remove you from the path of punishment.

For that which occupies your thoughts, it shows that you've gone beyond this stage, don't torment yourself and follow your path, only use your strength to do what you have to do, and stay calm. The perfect drain that directs you pours over you invigorating road, health, life and long joy remains the page inscribed on your destiny.

6. 30 September 60

The grave secret cried out the story of the golds that lurks behind the beings, opening the way to the sorrows and to the miseries that draw up heavy lesson. You wish graces for Lily, bright clarity will provide her the view of everything grd maman came to say.

en graves responsabilités ; puisse t'elle en comprendre le sens profond ! Ton ardent désir petite fille est plein de généreuses pensées pour Lily et ta réserve sur beaucoup de choses qui pourraient lui faire de la peine, grd maman pose en face de Clément les paroles qu'il doit dire et elle préserve les mots cachant ce qu'elle ne peut dire. Pierre précisera les justes poses des vies douloureuses, cela montrera du ciel, la sûre présence. Mère te redit petite fille, les bénédictions du vin très pur servi pour te donner courage et force pour attendre le vin versé par celui dont les précieuses fibres restent sur ta vie, mère remet encore pour Lily que ses pas sortis de l'ombre, marcheront dans route plus claire. Pour toi, le temps des sommes versées est terminé et le temps de récolter force le sécateur à couper les marches sinueuses. Le fanion dont le voile a le fil bien tissé en ciel ne se déchire pas, le vernis mis ne peut se ternir, ne sais tu pas que la voie qui est reliée à la terre permet de te donner la force qui répare ? Chère petite sœur, non, tu n'es pas misérable, mais tu es créature sacrée en face les artistes dont le travail a passé le ciel ; et les peintres rasant la terre dressent le prélude du travail qui reste à faire ; reste sous le manteau où rien ne peut t'atteindre.

7.   8 ⁸ᵇʳᵉ 61

Éprise de mots trop rutilants, avoir sur toc toc (pendulette) pris, mouvement et sûre satisfaction, cela couvre des questions juxtaposées avec opportun trésor. Père met sa force sur Lily pour détourner le regret des questions restées derrière elle et pour forcer, préparer et ramener Lily en cordée en apportant des mots lui montrant l'arôme du ciel, pour cela il faut caser les présages derrière la face de Pierre. Tu vas Lily mettre en toi et les bras de Pierre un lumineux jardin, bâti sur des questions artistiques, tu vas te retourner vers nous pour tâter des rouages qui vont te faire sursauter. D'opaques nuées se trouvent sur ton chemin, il va falloir les débroussailler tu auras à reformer des puisards qui vont te donner du travail. Le vocable des esprits suit Laure ; derrière ces groupes suivent des propos broussailleux. Tu as la phrase questionneuse Laure ! Nous restons près du rapport que te fais mon serviteur. Tournes tes regards Lily vers une vie plus vraie ; dans le jardin quand on trouve les allées pleines de broussailles on bute sur de durs cailloux, cela veut dire que sous tous les vouloirs et sur toute la route se trouvent des ornières qu'il faut sauter, la crasse ne se nettoie que par un vigoureux brossage. Tu es perplexe Laure parce que grd maman ne te montre pas sa patte, mais tu sais bien où le bât blesse Lily, alors il faut préparer les ruades par où Lily doit passer. Grand maman te rappelle ses rapports déjà redits. Le duo des sœurs approche des barques qui suivent la route de Pierre et qui arrachent derrière elles en tortueuse

Lily wanted to add golds to those left by her parents, not wanting to listen to anything she brought upon herself a thousand justices and the heavy precipice is serving her very painful hours, her luminous guide has given me the strength to help her on her road of grave responsibilities; may she understand its profound meaning! Your ardent desire little girl is full of generous thoughts for Lily and your reserve about many things that could cause her pain, grd maman puts before Clément the words he must say and she retains the words hiding what she cannot say. Peter will determine the right postures for painful lives, it will show from heaven, the sure presence. Mother tells you again little girl, the blessings of the very pure wine served to give you courage and strength to wait for the wine poured by he whose precious fibres remain on your life, mother adds again for Lily that her footsteps outside the shadows, will walk clearer road. For you, the time of paid out sums is over and the time for harvesting forces the pruner to cut the sinuous steps. The pennant whose veil has thread well woven in heaven does not tear, the varnish applied cannot tarnish, don't you know that the way that is connected to the earth can give you the strength that mends? Dear little sister, no, you are not miserable, but you are a sacred creature before the artists whose work has passed through the heavens; and the painters razing the earth draw up the prelude to the work that remains to be done; stay under the mantle where nothing can reach you.

7.   8 October 61

Besotted with words too gleaming, having on toc toc (small clock) taken, movement and sure satisfaction, this covers questions juxtaposed with opportune treasure. Father puts his strength on Lily to deflect the regret of the questions remaining behind her and to force, prepare and bring Lily back up the rope by bringing words showing her the aroma of heaven, for this he has to fit the omens behind Peter's face. You're going Lily to put into you and Peter's arms a luminous garden, built on artistic questions, you're going to turn towards us to feel the cogs that are going to make you jump. Opaque clouds are found on your path, it will be necessary to clear them away you'll have to reform the basins that are going to give you work. The spirits' word follows Laure; behind these groups follow bushy remarks. You have the questioning phrase Laure! We stay close to the report my servant delivers to you. Turn your gaze Lily towards a truer life; in the garden, when one finds the paths full of scrub one comes up against hard stones, that means that under all wants and all along the road there are ruts that must be jumped over, the dirt can only be removed by vigorous brushing. You're puzzled Laure because grd maman isn't showing you her paw, but you know well where the trouble wounds Lily, so one must prepare the kick-ups where

route en sarclant des pages de rivière trop poissonneuse de questions qu'il faut laisser. D'autres questions vont s'ouvrir avec les arts, jarres pleines de rutilements. Mère rose très rutilante fera des routes plus espérées. N'arrête pas tes pensées Lily sur ce qui doit arriver plus tard car tout est écrit tu le sais dans le grand livre des destins, alors faire des projets sur tel ou tel désir entérine souvent des arrachements à ce désir. Le second rôle où ta route est inscrite garde des arrachements, derrière espoir il y a désespoir. Laure tu vas apprendre à Lily ce que c'est que le désespoir comme tu l'as enduré. Sache lui faire comprendre que puiser à des sources toutes droites cela implique des sacrifices. Les fabuleux arrachements créés par tds fautes dans une vie antérieure, restent des croix très dures et prouvent que derrière toute vie il y a de pauvres suites, que des phrases bâties sur féroce propos te rediront Lily.

Pour le moment tu es inapte à comprendre toutes ces présentes paroles mais tu dois réparer des vies très antérieures à ta vie présente et mon rôle est de t'apporter des toiles qui te feront progresser. Mais Lily le mât remis au navire fait un pauvre service ; si tu n'apportes pas de ton côté des facilités. Alors il faut que tu paperasses des livres qui t'instruiront et apporteront leur créance du savoir. Laure a gravi sa route avec des lectures qui lui ont appris que rester sur terre est voulu par ceux qui dirigent les vies et qui peuvent donner des preuves que seul le ciel peut donner. Père tu vois Lily revient pour te dire : Sortie des épreuves, il faut maintenant que tu puises toutes forces derrière nous et que tu ouvres ta porte à ceux qui façonneront ta vie. La parabole force l'esprit. Tu es restée seule représentante de la famille et tes responsabilités sont grandes Lily. Père suit tes ébats Lily il sait proroger les droits avec tes apports aux (inviteurs), tu as eu des avertissements par toutes les paroles criées sur le droit et ouvertes sur l'acquit. Laure Lily bien sûr que nous vous bénissons, paroles toutes paraboliques qui retournent à la source de base. Mère vous bénit aussi, gardant sur vous ses persécutées paraboles.

8.   29 ᵇʰᵉ 61

L'irréductible virage de la pirogue brise le courant pour venir tendrement te répéter caressant épèle, Pierre refuse d'écrire car près de ton bras passent trop d'esprits, la terre est pleine de pires passages qui sont briseurs de force. Sois grand fruit où viendront puiser les esprits avec l'espérance disant le ciel pour secours. Tu dessines en ce moment des fauteuils, camée qui montre la désertion qui te posa tant de dures croix, le mémorial que j'écrirai expliquera le chromo, tu sais que la promesse du ciel ne se dément jamais ; en aidant ta vie je lui verse mille grâces pleines de leçons, prime sage leçon te

Lily has to go. Grand maman reminds you of the reports already told. The duo of sisters approaches the boats that follow Peter's route and that tear up behind them on tortuous road weeding out pages of river too teeming with questions that must be left. Other questions will open up with the arts, jars full of vivid reds. Mother rose vividly red will make the roads more desired. Don't stop your thoughts Lily about what should happen later because everything is written you know in the great book of destinies, so making plans about this or that desire often justifies separating from that desire. The second role where your road is inscribed maintains such separations, behind hope there is despair. Laure you're going to teach Lily what desperation is like as you endured it. Make her understand that drawing from upright sources that involves sacrifices. The fabulous separations created by your mistakes in a previous life, remain very hard crosses and prove that behind every life there poor turns are taken, that sentences built on fierce remarks will tell you again Lily.

For the moment you are unfit to understand all these present words but you have to repair lives much preceding your present life and my role is to bring you canvases that will move you forward. But Lily the mast put back in the ship serves poorly; if on your side you don't bring abilities. So you need to skim books that will educate you and provide their claim of knowledge. Laure climbed her road with readings that taught her that staying on earth is wanted by those who direct lives and who can give proof that only heaven can give. Father you see Lily come back to tell you: After your tribulations, it's now necessary for you to draw all strengths behind us and to open your door to those who will shape your life. The parable forces the mind. You remained sole representative of the family and your responsibilities are great Lily. Father follows your frolicking Lily he knows how to extend the rights with your contributions to the (inviters), you have received warnings through all the words cried out about the right and opened on the requital. Laure Lily of course we bless you, such parable-like words that return to the basic source. Mother also blesses you two, keeping her persecuted parables on you.

8.   29 October 61

The irreducible bend of the pirogue breaks the current to come tenderly repeat to you caressing spell, Peter refuses to write because close to your arm pass too many spirits, the earth is full of the worst pathways that are breakers of strength. Be great fruit where spirits will come to draw from with the hope saying heaven for comfort. You draw at this moment armchairs, cameo that shows the desertion that left you with so many hard crosses, the memorial that I will write will explain the chromo, you know that the promise of heaven never fails; by helping your life I am delivering to it a thousand graces full of lessons, wise prime

fit une route pénible mais elle fit sa besogne, je mesure ta vie, ta solitude est un secret voulant le drainage avec séparation (je suis si seule)! Non petite sœur tu n'es pas seule, tu as tes amis du ciel, tu as trois lumières éclairant ta vie. Pierre serre sur terre le fanage des vies qui crient justice et il serre mille vies pernicieuses le ciel file ses leçons et verse les voies où les créatures passent malgré elles, pour Lily se sera comme pour les vies liées avec la justice qui arrache folle vie pour marche voulue il faudra beaucoup de patience, le fil serré lui verse des pensées, la félonie des sentiments percera et son dernier rêve s'évanouira sans parole grd maman avec son bras mettra arrêt. Pense petite fille à tout ce que je suis venue te dire, brave fille ne range pas ses barrières avant le passage du Maître, le ciel n'a pas deux serments, le serment fait est gravé éternellement, prend le rôle avec courage le ciel ne passe jamais deux fois, sache dresser sage vie en face des âmes, précieux sont les bras qui restent sur toi.

―――――――――――――――――――――――――――――――

Tu n'as aucune idée de ces fauteuils que je suis en train de faire qui ont pour moi une signification d'après un rêve que j'ai écrit que je fis en 1935 où mon frère me dit que nous avions été de grands seigneurs en Bretagne d'où je le quittai paraît-il pour une vie moins sage, ce qui est extraordinaire c'est la façon dont ces fauteuils sont recouverts je ne pourrai pas te les décrire ils intéresseront plus d'un.
Tu vois dans ce dernier message on me dit encore de ne pas écrire, je pourrai avoir quelque chose au oui-ja – mais on ne peut le faire seule il faut quelqu'un pour écrire on verra quand tu seras revenue.
Encore mille bises
L.

Laure tenant le oui-ja j'ecrivais ce qu'on lui disait
9. 6 X^{bre} 61

Preste ardente vue sur souvenir, très tôt revenu route de terre. Clément très resté près de Lily ne sert sur elle, que des sévères suite d'agissement que les parents ont crié dressé sur route grave, sortant grave devoir Lily tu verras que résister à des voix qui te redisent toujours que tu dois jouer ta vie sortie du chemin gros de conséquence; tu répètes que tu n'as pas le temps de lire mais tu as bien le temps de suivre tes caprices derrière les mondanités que pratiquement tu vis Lily vois-tu rassures-toi tu restes notre espoir comme nous te l'avons dit, mais tu dois t'instruire comme te l'as dit Laure, il faut que tu apprennes ce que c'est que l'au de là, tu n'en sais rien. erreur est de croire que les quelques suites que tu as pu voir près de Laure t'ont instruits cela ne suffit pas, il faut que coque de noix soit brisée avant de sortir la noix, tu crois que créer

―――――――――――――――――――――――――――――――

lesson that made for you a hard road but it did its task, I measure your life, your solitude is a secret wanting purging with separation (I'm so alone)! No little sister you're not alone, you have your friends from heaven, you have three lights brightening your life. Peter grasps on earth the wilting of lives that cry out justice and he grasps a thousand pernicious lives heaven gives its lessons and delivers the ways where creatures pass despite themselves, for Lily it will be like for the lives linked with the justice that snatches mad life for desired walk much patience will be needed, the tight thread delivers thoughts to her, the perfidy of feelings will break through and her last dream will vanish without a word grd maman with her arm will put a stop. Think little girl about everything I came to tell you, good girl don't put away his barriers before the Master passes, heaven doesn't have two oaths, the oath taken is eternally engraved, take on the role with courage heaven never passes twice, know how to put up a wise life before souls, precious are the arms that remain on you.

―――――――――――――――――――――――――――――――

You have no idea of these armchairs that I am making which for me have a significance according to a dream that I wrote down that I had in 1935 in which my brother told me that we had been great lords in Brittany from where I left him it seems for a less wise life, which is extraordinary that's the way in which these armchairs are covered I will not be able to describe them to you they will interest more than one.
You see in this last message I'm again told not to write, I will be able to have something at the oui-ja – but one can't do it alone someone is needed to write we'll see once you're back.
A thousand more kisses
L.

Laure holding the oui-ja I was writing what was said to her
9. 6 December 61

Quick ardent view on memory, very soon returned dirt road. Clément very stayed close to Lily not serves her, that many severe consequence of action that the parents cried out on grave road, removing grave duty Lily you will see that resisting voices that keep telling you that you have to play your life off the path full of consequence; you repeat that you don't have time to read but you have plenty of time to follow your whims behind the niceties that practically you live Lily you see don't worry you're still our hope as we told you, but you must learn as Laure told you, you have to learn what the beyond is, you don't know anything about it. mistake is to think that the few consequences you were able to see near Laure instructed you that is not enough, the nut shell must be broken before the nut can come out, you think that creating drawings will be enough

Laure tenant le oui-ja j'écrivais ce qu'on lui disait.

6 x^bre 61 Preste ardente vue sur souvenir, très tôt revenu route de terre, Clément très resté près de Lily ne sert sur elle, que des sévères suite d'agissement que les Parents ont crié dressé sur route grave, sortant grave devoir Lily tu verras que résister à des voix qui te reduisent toujours que tu dois jouer ta vie sortie du chemin gras. de conséquence, tu répètes que tu n'as pas le temps de lire mais tu as bien le temps de suivre tes caprices derrière les mondanités que pratiquement tu vis Lily vois-tu rassures-toi tu restes notre espoir, comme nous te l'avons dit, mais tu dois t'instruire comme te l'a dit Laure, il faut que tu apprennes ce que c'est que l'art de là, tu n'en sais rien, erreur est de croire que les quelques suites que tu as pu voir près de Laure t'ont instruite cela ne suffit pas, il faut que coque de noix soit brisée avant de sortir la noix, tu crois que créer des dessins suffira pour t'initier en vérité, autre espoir est de corser ton esprit à sortir des rêves où tu te confines le plus souvent, g^d maman cette celle qui a remis tant de vérités appelant sur toi suite de paroles exposant ses vues sur ta destinée Mère t'a redit aussi tant de paroles graves que tu aurais dû te rappeler, plus de

Message dicté par Laure Pigeon
et retranscrit de la main de Lily
sans titre, 6 décembre 1961
stylo à bille sur papier
21,9 × 17 cm
cab-16283-1

Message dictated by Laure Pigeon
and transcribed by Lily
untitled, 6 December 1961
ballpoint pen on paper
21.9 × 17 cm
cab-16283-1

des dessins suffira pour t'initier en vérités, autre espoir est de corser ton esprit à sortir des rêves où tu te confines le plus souvent, Gd maman reste celle qui a remis tant de vérités appelant sur toi suite de paroles exposant ses vues sur ta destinée Mère t'a redit aussi tant de paroles graves que tu aurais dû te rappeler ; près de toi je suis restée pour que tu poursuives tes redressements, registre des erreurs tortueuse ta crée tout ce que tu avais à faire répétant toujours les mêmes paroles, tu voudrais que sa protection reste sur toi sans te donner aucun mal Mère n'est plus sur terre, elle doit obéir aux ordres qu'on lui donne et Pierre est là, face d'artiste qui vaut mieux que tout autre face Il n'ouvre son cœur qu'à ceux qui porte attention aux paroles du ciel tu souris à ces mots mais Pierre ne sauve que ceux qui essore leur vie revue suivant les torts, Lily mon present mot crée il faut bien Lily que tu le saches question mort ou vie tu n'en connais rien tu dois ~~que~~ s'apprendre les revues de ceux qui ont été plus savant que toi, long travail j'ose te le dire te sera du plus joyeux mérite, si tu ~~le~~ ne veux pas te conformer à cela alors reste derrière ton justiciable apport, initie-toi Lily à la vie de l'~~haut~~ au de là car tu y viendras porter tes dû et tes avoir, triste suite pour celui qui n'a pas voulu servir, Pere te redit Lily fais ce qu'on te demande car il y va de ton avenir qui doit rester derrière nous Pere est resté pres de terre pour tourner la page des tristesses car Lily tu nous en a fait des tristesses par ton agissement avec ~~ce~~ ceux que tu consider comme de la famille souviens-toi que Pere a toujours les bras sur les biens et que sa poitrine reste arrêtée sur tout ce que tu as décidé, d'où cardage se fera selon que les parents l'ont voulu ; groupe rusé groupe gerfaut si garotté ne pourra pas tressér les réaux sur sa triste tortueuse vie, la justice de Pere séparera ses mécréants de ta vie ~~Lily~~ Mère te redis Lily tu vois que Père et nous tous portons sur nous tout ce que nos vies ont suivies et sagesse reste ardent secours qui veut te l'épargner ; donc Lily lit, rapporte-toi à ce que Laure te dit car elle sait ce que tu dois lire et apprendre pour être sortie du chemin d'où elle même est sortie Pere et Mère Gd maman te serrent entre eux pour te protéger de graves vies.

10. 9-1

Violon résonnant service rapporte trilles ; mère s'efforce de rudes répétitions pour que derrière tes paroles dites à Lily elle noue sa réserve d'érudit souvenirs Mère a tant voulu qu'elle vienne derrière-toi pour suivre la voie de la spiritualité, juge si mon œil voit avec joie sa résolu doppée vie, vivre la spiritualité Lily évoluera très vite sur la voie propre à épeler des vérités jusqu'ici restées sans effet sur quelques mosaïques faites pour être route dressant pose frétillante, qui verse ses tours sur

to initiate you into truths, another hope is to strengthen your mind to get out of the dreams where you confine yourself most often, Gd maman remains the one who has given back so many truths calling out to you series of words revealing her views on your destiny Mother also told you again so many serious words that you should have remembered; near you I remained so that you would continue your improvements, register of errors tortuous your create everything you had to do always repeating the same words, you would like her protection to remain on you without harming you Mother is no longer on earth, she has to obey the orders given to her and Peter is there, face of an artist who is worth more than any other face He opens his heart only to those who pay attention to the words of heaven you smile at these words but Peter saves only those who wring out their reviewed life according to the wrongs, Lily my present word creates it is necessary Lily that you know it question death or life you know nothing about it you must ~~that~~ learn the reviews of those who were more learned than you, long work I dare tell it to you will be of the most joyful merit to you, if you ~~it~~ do not want to comply with that then stay behind your accountable contribution, initiate yourself Lily to the life of the ~~high~~ beyond because you will come there carrying your due and your asset, sad outcome for he who did not want to serve, Father tells you again Lily do what you are asked because your future is at stake which must remain behind us Father stayed close to the ground to turn the page of sadnesses because Lily you caused us some sadnesses by your action with ~~this~~ those that you consider as family remember that Father always has his arms on the goods and that his chest remains dwelling on all that you decided, from where carding will be done if the parents wanted it; cunning group gyrfalcon group if garrotted will not be able to braid the reals on its sad tortuous life, the justice of Father will separate his unbelievers from your life ~~Lily~~ Mother tells you again Lily you see that Father and us all carry with us all that our lives have followed and wisdom remains ardent comfort that wants to spare you of it; so Lily read, refer to what Laure tells you for she knows what you have to read and learn to be off the path that she herself quit Father and Mother Gd maman hold you between them to protect you from serious lives.

10. 9-1

Violin resonating service brings trills; mother endeavours arduous repetitions so that behind your words told to Lily she ties up her reserve of erudite memories Mother wanted so much for her to come behind you to follow the path of spirituality, judge if my eye sees with joy her resolved dopped life, to live spirituality Lily will evolve very quickly on the right path for spelling out truths until now remained without effect on several mosaics made to

tortueux chemin, et ou Lily pourra comprendre question loi ; triste chemin qui reste opaque pour ceux qui ne veulent vivre que pour la terre, Mère unie à Lily voudrait que ces paroles restent ouvertes sur son esprit qui lie terre et ciel ; surtout suit Laure dans ses travaux tu ne pourrais avoir meilleur modèle ; joyeux rôle que Laure accomplit depuis tant d'années, rôle ou ordre fait ces rodages sur l'esprit qui veut vraiment doser refréner ces torts et servir le ciel ; Mère voit reflet de vos joies elle n'a préparé gui que pour redire espoir, phrase toute joyeuse secourable qui jette ses radotages pour utile service. Lily montre-toi rose toute serrée derrière Adèle grâce qui vers toi se penche et qui voudrait te sortir de chemins nuls, notre surprise sera bordée de propos basés sur vie et ses conséquences, car retiens bien ceci Lily ta volonté de suivre le chemin doppant rêve rouvre sur toi suite bosselée et résonne des réponses très posées sur trésorerie gd maman redit toujours ces paroles qui gardent apparence de l'or, sur sotte vie Lily arrêtera ses pensées quand elle comprendra corde serrée sur trésor, portique où son soupirail restera violé : tu dis vrai Laure tous ces propos restent parabolique il faut que Lily cherche le sens des paroles dites si elle veut se donner la peine elle comprendra bien, survie et vie jeux très sûr restent derrière tout cela. Lily mon présent secours est de te fortifier dans ta résolution de ce rôle qui t'amènera dans éolien service, tu retordras tes bras étreints par tortueuse alerte qui t'a redis cent fois : « Lily sort de ta voie nulle, montre-toi derrière Laure, servante très digne et reçois de Gd maman et de Mère leurs bénédictions.

11. 25 mars 62

Tôt posée, grd maman en fête essore ses bannières retrouvées d'où la joie est apportée elle reste rivée à ses tarots (ce qui veut dire qu'elle reste rivée à ce qu'elle a déjà dit) derrière la suite des questions arrêtées. Sa grave garde ressuscitée porte des questions dressées sur la survivance, qui doivent être comprises pour prendre de sérieuses résolutions. Tu vas Lily de ces résolutions porter des fardeaux croisés avec des restitutions, bosse très dure va te crier des propos qui te seront très souvent redits, mouvant secret que l'ocarina répètera, vie rabotée qui a été suivie de préférence à une vie plus forte. Sur tout cela Lily nous précèdons, arrachons et servons des réserves. Les crosses de tes responsabilités sont ton dérobage à ce que nous avions espéré, mais la porte s'ouvre sur le refaçonnage de vie plus vraie et l'espérance de plus juste route. Sagement je t'apporte des fêtes très spirituelles où tu verras quelques représentations dans les fresques déposées dans les dessins que tu feras. Derrière ces rapports Mère

be road drawing up wriggling pose, which delivers its turns on tortuous path, and where Lily will be able to understand question law; sad path that remains opaque for those who only want to live for the earth, Mother united with Lily would like these words to remain open on her spirit that links earth and sky; above all follow Laure in her work you could not have a better model; joyous role that Laure has filled for so many years, role where order this way breaks in the spirit that really wants to proportion restrain these wrongs and serve heaven; Mother sees reflection of your joys she has only prepared mistletoe to reiterate hope, so joyful comforting phrase that throws away its drivel for useful service. Lily show yourself pink all squeezed behind Adèle grace which towards you leans and which would like to remove you from bad paths, our surprise will be edged with remarks based on life and its consequences, for retain this well Lily your desire to follow the way dopping dream reopens on you bumpy course and resonates answers very posed on treasury gd maman always repeats these words which maintain gold look, on foolish life Lily will stop her thoughts when she will understand tight rope on treasure, portico where its basement window will remain violated: what you say is true Laure, all these words remain parable-like Lily must look for the meaning of the words spoken if she wants to take the trouble she'll understand well, survival and life games very safe are behind it all. Lily my present comfort is to strengthen you in your resolution of this role which will bring you into aeolian service, you will again twist your arms embraced by tortuous alert which repeated to you a hundred times: "Lily, quit your bad path, show yourself behind Laure, very worthy servant and receive from Gd maman and from Mother their blessings.

11. 25 March 62

Set up early, grd maman festive wrings out her re-found banners from which joy is brought she remains attached to her tarots (which means she remains attached to what she has already said) behind the series of established questions. Her grave guard resurrected carries questions raised on the legacy, that need to be understood to make serious resolutions. You go Lily from these resolutions to carry crossed burdens with restitutions, very hard bump will cry out to you remarks that will be very often repeated to you, moving secret that the ocarina will repeat, planed life that was followed in preference to a stronger life. On all this Lily we precede, separate and serve reserves. The crosiers of your responsibilities are your shirking of what we had hoped for, but the door opens on the reshaping of truer life and the hope of a fairer path. Wisely I bring you very spiritual festivities where you'll see several representations in the frescoes placed in the drawings you'll make. Behind these relationships Mother based invigorating cries believe that Lily, she's drunk to serve

a basé des cris vivifiants crois cela Lily, elle est ivre de te servir des dessins pour créer des preuves de la survivance qui te montreront que tortueuse vie ne porte en elle que des retours (ce qui veut dire qu'une vie prépare celle qui suit). Tu écriras aussi Lily. Mère te l'a déjà dit elle te fera des messages pour te convaincre que dans le pourtour des vies il y a des bras qui jettent des vérités, quand croupissent des vies trop sûres d'elles-mêmes. Je te redis Lily que tu es réservée pour service divin, n'arrête pas tes pensées sur tes préférences car tu ferais des rêves qui pourraient te serrer par arrachement. Les yeux ouverts sur ton destin n'essaie pas de t'y dérober Lily, la ratification des autres fertiles suites te seront passées ordonnées par celui qui te guide serrée sous son bras prêt à te diriger vers ta voie désormais tracée. L'été posera des redressements sur féodal lot groupe derrière toi, la vue sur la barrière te réservera ses rôles rôdant les questions que tu dois essayer de comprendre, tu y verras des réponses dressées sur tirelire. Réfléchit à tout cela Lily reste mon artiste réservée pour forcer tes pensées à croire à nous qui ne voulons pour toi qu'un sort lumineux. Alonso se repose encore des souffrances endurées pendant si longtemps, dès qu'il aura acquit assez de force il viendra te rappeler les tristes moments de son surprenant ecce homo. Montre-toi joyeuse des services que ta famille te demande de faire car la ratification des vérités faites par les vivants sur les morts, verse à ceux-ci des vues sur les vies désastreuses ; la geoe leur réserve des secrets quand ils sont de ce côté ci, la lumière est refaçonnée et l'erreur secoue celui qui est dressé devant ses torts et cela force le borostirol à serrer sur lui ses piquants. Retiens Lily sur toi le bras de puissant secours car il justifiera tout ce que nous viendrons te dire. Sois calme et tranquille, ton cœur charitable fût livré à ma croix, tu as su me donner des forces par ta besogne et ta sublime dose de courage, sois bénie pour tout cela et ressasse souvent ces paroles : la vie, la mort c'est la même chose (il veut dire que mourir sur terre c'est naître de l'autre côté et vice versa.

12. 15 avril 62

Gd maman accroche quelques tôtêmes sortis de pacte t'avertissant que Lily mille sorties se tourne derrière trésorerie frou-frou très fastueuse se rêve des oisillons trop tot affiliés à des questions ostentatoires furtif arrachement va refaçonner et vigelentir leur histoire, Gd Maman te riva des propos qui te firent comprendre que gout apportant des références autres que des fêtes se terminent par des pertes de bon Mon frémissement se reserve pour terrasser
L'oncle dernier bras veut servir des mots très dosés de garantie pouvant dresser des paroles restées d'où vivant il

you drawings to create evidence of the legacy that will show you that tortuous life only carries with it counsels (which means that one life prepares the next). You will also write Lily. Mother already told you she'll send you messages to convince you that around the edges of lives there are arms that throw out truths, when lives too sure of themselves languish. I tell you again Lily that you're reserved for divine service, don't stop your thoughts on your preferences for you'd be dreaming dreams that could grip you apart. Eyes open to your destiny don't try to shirk it Lily, the affirmation of the other fertile paths forward will be passed on to you put in order by he who guides you clutched under his arm ready to lead you towards your path now mapped out. The summer will pose improvements on feudal lot group behind you, the view on the barrier will reserve for you its roles roaming the questions that you must try to understand, you will see answers to them drawn up on piggy bank. Think about all that Lily remain my reserved artist to force your thoughts to believe in us who only want a bright future for you. Alonso is still resting from the suffering endured for so long, and as soon as he is strong enough he will come remind you of the sad moments of his surprising ecce homo. Show yourself joyful with the services your family asks you to do for the affirmation of the truths spoken by the living about the dead, deliver to those some views onto disastrous lives; the geoe reserves secrets for them when they are on this side, the light is reshaped and the error shakes he who is upright in the face of his wrongs, and this forces the borostirol to tighten its barbs on him. Hold back Lily over you the arm of powerful comfort for it will justify everything we will come say to you. Be calm and tranquil, your charitable heart was delivered to my cross, you were able to give me strength through your labour and your sublime dose of courage, be blessed for all that and go over these words often: life, death it's the same thing (he means that to die on earth is to be born on the other side and vice versa.

12. 15 April 62

Gd maman hangs a few totems out of pact warning you that Lily thousand outings turns behind treasury frill very extravagant dreams nestlings too early affiliated with ostentatious questions furtive separation goes reshaping and vigeslowing their story, Gd Maman bound to you remarks that made clear to you that taste bringing references other than celebrations end with losses of good My quivering is reserved for levelling
The uncle last arm wants to serve words highly dosed with a guarantee that can draw up words left over from when alive he was putting dreams on these messes feasts of words that are going to say again: no one can serve 2 hares at once.

mettait des rêves sur ces désordres festins de paroles qui va redire : personne ne peut servir 2 lièvres à la fois.

13. 29 avril 62

L'agape redira ces mots : Lily, Mère initiera ton esprit, un éperon lumineux viendra serrant très dur tes pensées qui jusqu'à présent n'ont sorti que de tortueuses vues Sur l'étuve vire tes présentes pensées sur tout (ou surtout) ce que dresse la fertile date ? Suivant l'arrière sein (celui de grd maman) Lily ta route s'ouvre, la roue tourne et ta réunion avec tes proches se fera, dressée par un nœud lié par l'artistique travail. Ivre de te servir des dessins Mère est tout espoir dans ce travail, nous jouerons avec des rivières de mûr gui et près de toi nous fertiliserons ta porte, furtif artiste te signera ses joyeux tableaux et ôtera de ta porte des papotages que tu es toujours prête à écouter. Grd maman réapportera ses dépôts d'une rive très pourvue du pactole qualité ; ordre et espérance de mon cœur qui veut retrouver celle que la greffe (c.à.d. la famille te forcera à devenir. Lily montre-toi digne des faveurs du ciel car elles ne se donnent pas à tous, elles sourient à ceux qui joyeusement lui donnent leur cœur et leur vie, reste dorénavant celle posée derrière Père et Mère montre toi en route posée, celle que rien n'arrêtera pour apprendre par le raisonnement tout ce que nous viendrons te dire. Dessous terre nous oserons te dire ce que nous n'aurions pas dit sur la terre, en face tous ces propos tu liras des questions que tu ne soupçonnes pas. Le destin Lily reste écrit ici, la gerbe des agissements note ses suites de raisonnement (ce qui veut dire que le moindre de nos actes est écrit dans le grd livre). Redresse toi Lily et suis ces conseils, Mère tu sais guette tes moindres pensées et en raccorde le reflet avec les bosses que feront les oracles (c.a.d. tout ce qui pourra te choquer dans ce qu'ils te diront). T'apportant ces doses refaçonnées avec les dessins, tu croiseras des forces que la terre ne peut donner et tordre (vivre) le destin n'est pas chose facile Mère t'aidera à comprendre tout cela, l'éperdu travail merite d'être selon nous dressé fertile et béni, montre toi juste Lily et reste surtout notre fille bien aimée, nous voulons te sauver et t'apprendre que tu reviendras près de nous suivant la giratoire des corps et des âmes (la réincarnation se fait presque toujours dans le même groupe familial, à part quand on se réincarne dans une autre famille pour y accomplir une mission). Nous te bénissons et nous restons près de toi.

14. 27 mai 62

Grd maman – la minute fête Lily, immunisée par ses maisons qui lui donnent bien des tourments : toute vision (ce que grd maman

13. 29 April 62

The feast will repeat these words: Lily, Mother will initiate your mind, a luminous spur will come squeezing very hard your thoughts which until now have only brought out tortuous views On the sauna turns your present thoughts on everything (or especially) what the fertile date raises? Following the back breast (grd maman's) Lily your path opens up, the wheel turns and your reunion with your loved ones will happen, drawn up by a knot tied by artistic work. Drunk from serving you drawings Mother is all hope in this work, we'll play with streams of ripe mistletoe and next to you we'll fertilise your door, furtive artist will sign his joyous paintings for you and will remove from your door the chatter that you're always ready to listen to. Grd maman will bring back her deposits from a shore well endowed with the quality jackpot; order and hope from my heart that wants to find the one that the graft (i.e. the family will force you to become. Lily, show yourself worthy of heaven's favours for they are not given to everyone, they smile on those who joyfully give it their heart and their life, remain now the one standing behind Father and Mother show yourself there on the road, she whom nothing will prevent from learning by reasoning all that we will come to tell you. Below ground we will dare to tell you what we would not have said above ground, opposite all these remarks you will read questions that you do not suspect. Destiny Lily remains written here, the sheaf of machinations notes the stream of reasoning (which means that the least of our acts is written in the big book).
Straighten up Lily and follow this advice, Mother you know looks out for the least of your thoughts and match their reflection with the bumps the oracles will make (i.e. anything that might shock you in what they will tell you). Bringing you these doses reshaped with drawings, you will come across forces that the earth cannot give and twist (live) destiny is not an easy thing Mother will help you to understand all this, the frenzied work deserves to be according to us raised up fertile and blessed, show yourself to be fair Lily and remain above all our beloved girl, we want to save you and teach you that you'll come back near us following the rotation of bodies and souls (reincarnation almost always takes place within the same family group, except when one reincarnates in another family to carry out a mission). We bless you and we remain close to you.

14. 27 May 62

Grd maman – the minute celebrates Lily, immunised by her houses which cause her many torments: every vision (what grd maman sees) says that by vigilance she must guard against words overly hoped for, paw (hand) gripping these preoccupations which will run up against binding. Grd maman

168

voit) dit que par vigilance elle doit se garantir des paroles trop espérées, pocre (main) resserrée sur ces préoccupations qui se cogneront contre reliure. Grd maman veut Lily te mettre en garde contre des races qui ne sont pas de notre race, tu ne sais pas voir tout ce qui se passe derrière l'esprit de ces truands qui ne veulent que ton bien et te donnent des montagnes de besognes qu'ils trouveront toutes faites. Le destin a lié Lily à ces créatures, elle doit se méfier pour baser ses références sur leur état d'esprit. Lily grd maman t'a répété ces paroles; fertilement tu peux préfigurer (apercevoir) des routes vigilantes sur ces questions. Mon réalisé supporteur (qui doit être Clément) te sert des paroles toutes effectives et te préfixe des ruses qui tournent autour de toi. Grd maman te jette ces paroles Lily. Mon cui-cui t'arrête dans ta route pour te crier garot sur porte, derrière laquelle tes services n'auront pas de suite. Mouron très vert se présente d'or et de plumes tout reluisant portant ses moutons vers la protection des crosses plus hautes. Frotte tes parquets Lily car tu vas tourner tes drainages vers puissant service; poings tordus sur tes désillusions. Grd maman ne crains pas de te dire cela car Pierre dresse sur toi ses bras en rade de la route plus dressée sur ton fertilisant terrain. Dopant tes résistances, il va te secouer des rappels, très fistules derrière tes rêves. Tes lumineux yeux Lily ont vu grd maman venir te prévenir; en sage frétillement utile visite qui te montre que les fardeaux du destin sont restés liés à la famille; tu ouvriras tes oreilles Mère se faufile derrière grd maman pour te doser quelques paroles Lily: mordre ses poings! mère les rongent pour n'avoir pas su conduire ses enfants dans la bonne route, un nœud très pesant lui montre tout ce qu'elle aurait dû faire; la famille détruite par ses vouloirs orgueilleux jetant ses erreurs sur la fortune, alors que posséder les biens sur terre crée des suites de pauvres illusions, car il faut tout laisser quand on revient ici, sur son erreur reconnue Mère te passe ces pauvres rapports qui lui ont laissé bien des larmes; haute rime te sera remise quand sera fait le rattachement à notre céleste pinacle, qui, tout tourné vers l'art te servira des pédigrés de son pouvoir. Mère suit ses idées tu vois Lily, elle éborgne les frustes poursuivants pour te tisser quelques paroles. (Ceci d'Alonzo) Tâche Lily de te souvenir de mes paroles car elles serrent mon cœur bien redressé sur ses torts, j'appartiens à grave justice et je paie mes dettes cruellement, la lumière des crosses (des guides) me donnent des forces pour venir crier mes peines, au niveau de ton présent lieu Alonso vivant près de la terre te crie aussi son long cri de détresse par la pustule minant mon goût des ors que j'ai tant remués pendant ma vie. Je t'ouvre mes pesantes pensées sur l'utile grâce de pouvoir te dire, Lily montre-toi destinée à vivre en bordure du ciel où il n'entre pas d'or et qui mène les morts en un lieu plus merveilleux. Alonso ne peut te dire que ce qu'il ressent, crier sa peine et répéter sois certaine que je suis vivant.

wants Lily be on guard about races that aren't our race, you cannot see all that is going on behind the mind of these crooks who only want your good and give you mountains of tasks that they'll find all done. Fate has bound Lily to these creatures, she must be wary when basing her references on their state of mind. Lily, grd maman repeated these words to you; fertilely you can prefigure (glimpse) vigilant roads on these issues. My realised supporter (who must be Clément) serves you fully effective words and pre-fixes you with tricks that revolve around you. Grd maman throws these words at you Lily. My cui-cui stops you on your road to cry out to you garot on door, behind which your services will come to an end. Very green chickweed looks all shiny feathers and gold carrying its sheep towards the protection of the higher crosiers. Scrub your floors Lily because you're going to turn your drains to powerful service; clenched fists over your disillusions. Grd maman, don't be afraid to tell you this because Peter stretches over you his arms on the side of the road more stretched out over your fertilising land. Boosting your resistance, he's going to jostle you with reminders, very fistulas behind your dreams. Your luminous eyes Lily saw grd maman coming to warn you; in a wise wriggle useful visit that shows you that the burdens of destiny remain tied to the family; you will open your ears Mother sneaks around behind grd maman to eke out a few words to you Lily: bite her fists! mother are gnawing on them for not having led her children down the right path, a very heavy knot shows her all that she should have done; the family destroyed by her proud desires casting its errors on fate, while possessing goods on earth creates series of poor illusions, because you have to leave everything when you come back here, on your recognised error Mother passes you these poor reports that have left her with many tears; high rhyme will be handed over to you once the connection to our celestial pinnacle takes place, which, all turned towards art will serve you with pedigrees of its power. Mother follows her ideas you see Lily, she'll poke the eyes out of the rough pursuers and weave for you a few words. (This from Alonzo) Try Lily to remember my words for they squeeze my heart tightly to its wrongs, I belong to grave justice and I pay my debts cruelly, the light of the (guides') crosiers give me strength to come cry out my sorrows, in terms of your present place Alonso living close to the earth also cries out to you his long cry of distress through the pustule undermining my taste for the golds that I've stirred up so much during my life. I open my heavy thoughts to you on the useful grace of being able to say to you, Lily show yourself destined to live on the edge of heaven where no gold enters and which leads the dead to a more marvellous place. Alonso can only tell you what he's feeling, cry out his sorrow and repeat to you be sure that I'm alive.

Sans date

Clément et Laure les bras lassés avec des bras puissants forceront la vie de Lily a profonds remous, la large laçure de Clément lui passe des rêves montrant essentielle précision, grd maman son bras sur le mien posera la réponse au lointain amour et forcera Lily à croire et à comprendre l'espace et le ciel. Clément et elle chemineront encore ensemble pour mettre leur ciel en commun, la Loi ne se modifie pas elle est immuable.

les emmurés, je ne peux en dire plus, la cigale ne chante que l'été, l'hiver elle se repose, pourquoi ma pauvre Lily n'a t elle pas suivi le sentier où elle aurait trouvé la joie et la paix, le ciel a posé sur elle sa juste Loi bien dure vie lui crie le bon temps mais les gémissements la conduisent dans le chemin où les pas seront meilleurs va Lily le ciel sait et ne dit que la vérité. C'est une amère besogne que les dettes arrivées à échéance. Mère voile sur tête verse sur elle ses forces et Clément près d'elle lui verse des pensées lui montrant les lumineuses leçons.

où vie virtuelle va peser vision et entendre les voix de ceux que le ciel va lui envoyer et qui peut être puiseront les esprits emmurés. Je te bénis, immense bras serré sur toi te montre du ciel le secours. Ta maman les bras pleins de roses viendra te montrer son visage et large sourire sur luisant ciel versera ses bruines pour laisser voir la lumière elle te berce en ses bras. Le van de Pierre va lever son pavois béni.

Undated

Clément and Laure weary arms with powerful arms will force Lily's life into deep turmoil, Clément's wide corset lacing will pass to her dreams showing essential precision, grd maman her arm on mine will lay the answer to distant love and force Lily to believe and understand space and heaven. Clement and she will continue to walk together to pool their heaven, the Law cannot be changed it is immutable.

those walled in, I can say no more, the cicada only sings in summer, in winter it rests, why didn't my poor Lily follow the path where she would have found joy and peace, heaven has laid upon her its just Law very hard life cries out for good time but the groans lead her down the path where the steps will be better go Lily heaven knows and only tells the truth. It's a bitter task the debts falling due. Mother veil on head pour out her strength on her and Clément near her pours out his thoughts to her showing her the luminous lessons.

where virtual life is going to weigh vision and hear the voices of those whom heaven is going to send to her and who may be will draw out the walled-up spirits. I bless you, a huge arm holding you, shows you from heaven the comfort. Your maman arms full of roses will come show you her face and broad smile on glistening sky will pour out its drizzle to let the light be seen she cradles you in her arms. Peter's transport is going to raise its blessed flag.

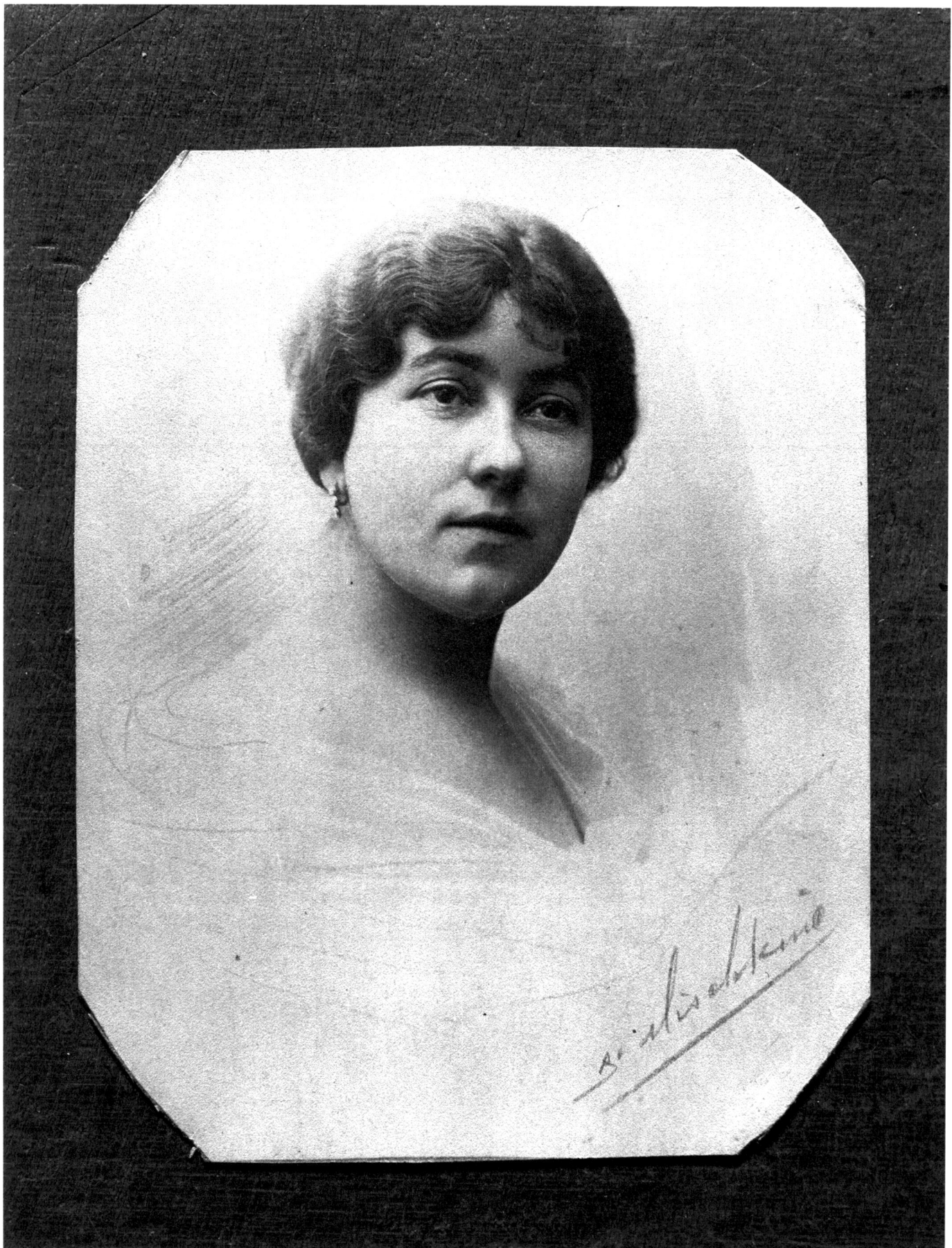

Chronologie

Timeline

1882_ Laure Aimée Eugénie Léau, dite Laure, puis Laure Pigeon, est née le 8 juillet 1882 dans le 20ᵉ arrondissement de Paris, 87, rue des Pyrénées, chez sa mère Alida Aimée Léau, une blanchisseuse âgée de vingt ans. Le 10 juillet, elle est inscrite par son père au registre des naissances, bien qu'il soit indiqué de « père non dénommé[1] ». Sur ce même document, une note marginale mentionne qu'elle est reconnue par sa mère seulement le 24 juillet, cette dernière n'étant pas présente le 10. Son père, Eugène Pierre Marie Pigeon, journalier, est né le 14 août 1858 à Val-d'Izé, dans le département de l'Ille-et-Vilaine. Il est le fils de Guillaume Pigeon, menuisier, et d'Anne Marie Goupil, tous deux aubergistes à Val-d'Izé[2].

Sa mère, Alida Aimée Léau, est née le 11 novembre 1861 dans le 5ᵉ arrondissement de Paris, 22, rue des Bernardins[3]. Elle est la fille aînée, non reconnue, de Célestine Augustine Léau, une fleuriste âgée de seize ans au moment de la naissance, et de père non dénommé.

1883_ Le 14 août 1883, Eugène Pierre Marie Pigeon reconnaît Laure Aimée Eugénie Léau comme sa fille, qui prend dès lors le nom de Pigeon. Il épouse Alida Aimée Léau le 10 novembre de cette même année. Les deux parents signent l'acte de légitimation de leur enfant le 2 janvier 1884. Les époux habitent ensemble 49, rue des Maraîchers, dans le 20ᵉ arrondissement de Paris.

1882_ Laure Aimée Eugénie Léau, later called Laure Pigeon, is born on 8 July at 87 Rue des Pyrénées, in the 20th arrondissement of Paris, the home of her mother, Alida Aimée Léau, a twenty-year-old laundress. On 10 July, Laure is recorded in the birth registry by her father, though accompanied by the inscription *père non dénommé* (unnamed father).[1] On this document, a note in the margin mentions that Laure is not recognised by her mother until 24 July, as the latter had not been present for the registration on the 10th.

Laure's father, Eugène Pierre Marie Pigeon, a labourer, was born on 14 August 1858 in Val-d'Izé in the department of Ille-et-Vilaine (Brittany). He is the son of Guillaume Pigeon, a carpenter, and Anne Marie Goupil, both of whom were innkeepers in Val-d'Izé.[2]

Her mother, Alida Aimée Léau, was born on 11 November 1861 at 22 Rue des Bernardins, in the 5th arrondissement of Paris.[3] She is the unrecognised eldest daughter of Célestine Augustine Léau, a florist aged sixteen when Alida was born, and of an unnamed father.

1883_ On 14 August, Eugène Pierre Marie Pigeon recognises Laure Aimée Eugénie Léau as his daughter, who then takes the surname Pigeon, and he marries Alida Aimée Léau on 10 November of the same year. The two parents sign the act of their child's

Laure Pigeon, ca.1912
Archives de la Collection
de l'Art Brut, Lausanne

Laure Pigeon, ca. 1912
Archives de la Collection
de l'Art Brut, Lausanne

1887_ Laure Pigeon a cinq ans lorsque sa mère accouche le 2 novembre à minuit d'un enfant mort-né de sexe masculin[4]. Alida Aimée Léau Pigeon décède quelques heures plus tard, le 3 novembre, à l'hôpital Tenon[5]. La famille a changé de domicile entre le mariage et le décès de la mère de Laure. L'adresse qui figure sur l'acte de décès est 41, rue des Pyrénées, dans le 20e arrondissement de Paris.

Les informations concernant la biographie de Laure Pigeon sont lacunaires et proviennent essentiellement d'une seule source. En effet, Jean Dubuffet rend visite en 1965 à la belle-sœur de Laure, Célina Émilie Lombard, afin de recueillir de plus amples informations sur la créatrice dont il vient d'acquérir des œuvres[6]. D'après cette dernière, Laure aurait été élevée par sa grand-mère paternelle, de « condition simple, mais aisée », qui lui aurait donné « une bonne instruction, mais pas très poussée[7] ». Elle aurait passé son enfance en Bretagne, à Val-d'Izé, chez Anne Marie Goupil, veuve et âgée d'environ soixante ans. On ignore à quel âge elle est confiée à sa grand-mère paternelle et combien de temps[8]. Toutefois, de récentes recherches menées au sein des archives de la Ville de Paris, conjuguées à celles déjà réalisées par Lise Maurer[9], ont permis de rectifier certaines informations transmises à Jean Dubuffet. Il a notamment été possible de retrouver la date de naissance exacte de Laure, et corriger le lieu, Paris et non Val-d'Izé. Par ailleurs, on apprend que sa mère décède lorsque qu'elle a cinq ans et non à sa naissance, comme l'écrit Jean Dubuffet en 1966[10], et qu'elle aurait donc vécu avec elle pendant un certain temps.

1913_ Le père de Laure, Eugène Pierre Marie Pigeon, veuf, aurait été marié à Berthe Marguerite André, dont il aurait divorcé pour épouser Léonie Clerc le 29 juillet[11]. Le couple habite 220, rue du Faubourg-Saint-Denis, dans le 10e arrondissement de Paris.

1917_ Le 3 mars, âgée de trente-quatre ans, Laure Pigeon épouse à la mairie du 10e arrondissement de Paris Edmond Émile Rey, chirurgien-dentiste vivant à Lille. Elle prend alors le nom de famille de son mari et se fera appeler Laure Rey jusqu'à son décès. L'acte de mariage mentionne que le père de Laure

legitimisation on 2 January 1884. The young couple live together at 49 Rue des Maraîchers in the 20th arrondissement.

1887_ Laure Pigeon is five years old when, on 2 November, her mother gives birth at midnight to a stillborn male child in Hôpital Tenon.[4] A few hours later, Alida Aimée Léau Pigeon dies of birth complications.[5] The family has changed their address between the date of the marriage and the death of Laure's mother. The address on the death certificate is 41 Rue des Pyrénées, in the 20th arrondissement.

Information about Laure Pigeon's biography is incomplete and comes mainly from a single source. Indeed, years later, in 1965, Jean Dubuffet will visit Laure's sister-in-law, Célina Émilie Lombard, to gather information about the creator whose works he has just acquired.[6] According to her, Laure had been brought up by her paternal grandmother, of a 'modest but comfortable background', who provided her with 'a good though not very advanced education'.[7] Laure is thought to have spent her childhood in Val-d'Izé at the home of Anne Marie Goupil, a widow aged about sixty. We do not know at what age Laure was entrusted to the care of her paternal grandmother or for how long.[8] However, recent research conducted in the City of Paris archives, combined with the findings of Lise Maurer,[9] has led to the rectification of some pieces of information given to Jean Dubuffet, in particular the exact date and place of Laure's birth: Paris rather than Val-d'Izé. We also learn that her mother died when she was five years old and not at birth, as Jean Dubuffet wrote in 1966,[10] and that she would have lived with her for some time.

1913_ Laure's father, Eugène Pierre Marie Pigeon, a widower, is said to have been married to Berthe Marguerite André, from whom he is believed to have divorced in order to marry Léonie Clerc on 29 July.[11] The couple lives at 220 Rue du Faubourg-Saint-Denis in the 10th arrondissement in Paris.

1917_ On 3 March, aged thirty-four, Laure Pigeon marries Edmond Émile Rey, a dental surgeon living in Lille, at the Town

est employé à la Société du Gaz. Ses beaux-parents, Edmond Joseph Rey, directeur de cinématographe, et Cécile Marie Adélaïde Garnier résident à Saint-Maurice, dans le Val-de-Marne[12].

En pleine Première Guerre mondiale, Edmond Émile Rey est mobilisé juste après son mariage et Laure habitera pendant ce temps dans le même immeuble que son père rue du Faubourg-Saint-Denis. On peut supposer qu'à la fin de la mobilisation, le couple s'installe à Lille, où Edmond avait déjà son cabinet de dentiste établi. Plus tard, ils partent vivre à Roubaix. D'après le récit de Mme Lombard, Laure aurait eu avec son époux « une vie idéale » pendant vingt ans. Le commentaire faisant probablement référence à la situation aisée du couple. Edmond « était brillant praticien et ses cabinets prospéraient ; il aimait, une fois ceux-ci lancés, les céder et s'en aller en ouvrir un autre ailleurs[13] ».

1933_ Laure découvre l'infidélité de son mari. Un conflit éclate dans le ménage qui se sépare peu de temps après[14]. Laure est décrite par sa belle-sœur comme étant une femme très jalouse et intransigeante, chose qui serait d'après elle la cause du conflit[15]. Jean Dubuffet écrit toutefois dans son texte que Laure « se montrait fort jalouse, et cela non sans bonne raison, car son mari était, à ce qu'il semble, enclin au changement dans ses amours comme dans ses résidences[16] ».

Au moment de la séparation, le couple habite probablement à Nogent-sur-Marne. Il semble que Laure quitte le domicile conjugal pour aller vivre dans une pension de famille où elle résidera une dizaine d'années. Dans cette pension, elle fait la connaissance de Marthon, une jeune femme qui l'initie au spiritisme. Selon le récit de sa belle-sœur, Edmond était également radiesthésiste et guérisseur, et il aurait soigné des malades jusqu'à la veille de sa mort. Laure aurait ainsi déjà eu une première approche du monde ésotérique au travers du don de son mari.

1934_ Vers 1934, Edmond serait parti à Villeneuve-Saint-Georges. Ses parents, Cécile et Edmond Joseph Rey, auxquels Laure était très attachée, décèdent cette même année.

D'après Mme Lombard, Laure commence à dessiner après la

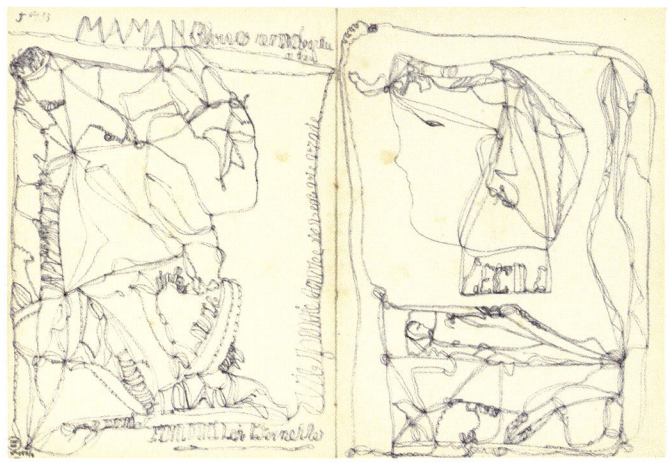

Hall of the 10th arrondissement. Laure takes her husband's surname and refers to herself as Laure Rey until her death. The marriage certificate mentions that Laure's father was employed by the Société de Gaz. Her parents-in-law, Edmond Joseph Rey, cinema manager, and Cécile Marie Adélaïde Garnier live in Saint-Maurice in Val-de-Marne.[12] During the First World War, Edmond Émile Rey, Laure's husband, will be mobilised shortly after the marriage and, for this period, Laure will live in the same building as her father on Rue du Faubourg-Saint-Denis. It can be assumed that once the mobilisation ends, the couple settle in Lille, where Edmond already has a dental surgery practice. They will later move to Roubaix.

According to Célina Lombard's account, Laure and her husband enjoy 'an ideal life' for twenty years, by which she probably refers to the couple's comfortable financial situation. Edmond 'was a brilliant dentist, and his practices prospered; once they were established, he enjoyed selling them and moving on to open another'.[13]

1933_ Laure discovers her husband's infidelity, prompting a quarrel between the couple and their separation shortly thereafter.[14] Laure's sister-in-law describes her as being very jealous and uncompromising, which, in her opinion, is the

sans titre (cahier nº 3), de novembre à décembre 1938
encre bleue sur papier
31 × 48 cm
cab-1957

untitled (sketchbook no. 3), November–December 1938
blue ink on paper
31 × 48 cm
cab-1957

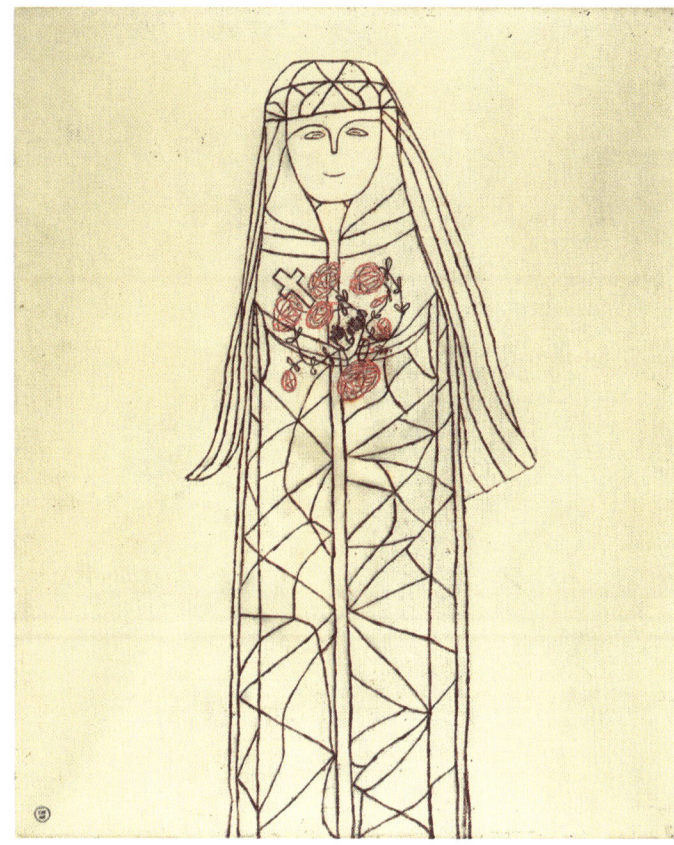

cause of the discord.[15] However, Jean Dubuffet will write that Laure 'was highly jealous, and not without good reason, for her husband liked, it would appear, change in his love affairs as much as in his place of residence'.[16]

At the time of the separation, the couple is probably living in Nogent-sur-Marne. It seems that Laure leaves the marital home to live in a boarding house, where she will remain for about ten years. There she meets Marthon, a young woman who introduces her to spiritism. According to her sister-in-law's account, Edmond was also a dowser and a healer, and he is said to have treated patients until just before he died. Thus, Laure may have already had a first exposure to the esoteric world through her husband's gift.

1934_ It is around this year that Edmond is thought to have moved to Villeneuve-Saint-Georges. And it is this same year that both his parents, Cécile and Edmond Joseph Rey, to whom Laure is very attached, pass away. According to Célina Lombard, Laure begins drawing after her separation from Edmond. Dubuffet will write that the event caused Laure 'a very strong emotional shock', which he links to the start of her creative activity. He initially considers 1934 as the year of creation of a series of drawings featuring references to planets: *Jupitérien*, *Lunarien*, *Saturnien*, *Femme Saturnienne*, and *Martien*. These five drawings in black ink on paper, with their astrologically inspired titles, were originally thought to have been Laure's first works, but they were later recorded in the collection's inventory as having been executed 'around 1935'.

1935_ Laure Pigeon included the date of creation on most of her works. The first such mention appears on a drawing 'begun on 9 January 1935, finished on 23 January 1935'.[17] Twenty-six drawings are attributed to this year, of which eight have no date written on them. The series is composed of webs of blue or black lines, sometimes with figures in the interlacing.

1936_ Thirteen drawings in two different formats are recorded for this year.

séparation du couple. Jean Dubuffet écrit que cet événement occasionne chez Laure « un choc émotionnel très fort », qu'il associe au début de son activité créatrice. Dans un premier temps, il attribue d'ailleurs cette année comme date de création à une série de dessins ayant une inscription évoquant les planètes ; *Jupitérien*, *Lunarien*, *Saturnien*, *Femme Saturnienne* et *Martien*. Ces cinq dessins, à l'encre noire sur papier et aux titres d'inspiration astrologique, considérés comme les premiers dessins de Laure, seront finalement enregistrés dans l'inventaire avec l'indication : autour de 1935.

1935_ Laure Pigeon note la date de création sur la plupart de ses œuvres. La première mention d'une date figure sur un

sans titre, ca. 1939
huile sur toile
55 × 45 cm
cab-1982

untitled, ca. 1939
oil on canvas
55 × 45 cm
cab-1982

dessin qui porte l'inscription « commencé le 9 janvier 1935, terminé le 23 janvier 1935[17] ». Vingt-six dessins sont au total répertoriés pour cette même année, dont huit ne comportent pas de date inscrite. Cette série de dessins se compose de lacis bleus ou noirs, avec parfois des personnages qui émergent des entrelacs.

1936_ Treize dessins de deux formats différents sont répertoriés pour l'année 1936.

1938_ Aucune œuvre n'est datée de 1937 et un seul dessin comporte l'inscription de 1938[18]. En revanche, à partir du mois de mars de cette année, Laure Pigeon couvre de dessins les pages de trois cahiers. Si les compositions aux lacis bleus sinueux restent proches de celles de 1936, on relève la présence d'inscriptions, en particulier de noms répétés, ainsi que de formes représentant des personnages distincts. C'est notamment dans le cahier n° 2[19], daté d'août à novembre 1938, que les mots deviennent très abondants. Laure prend soin d'inscrire les dates, en précisant quelquefois le début et la fin exacts de la création. Parfois, elle remplit le recto et le verso des pages en y annotant des messages, moins longs toutefois que ceux qu'elle rédige à la fin de sa vie.

1939_ Laure Pigeon réalise à nouveau quatre grands formats composés de lacis, générant tantôt des noms, tantôt des visages. Pour cette période, on compte également trois cahiers, dont l'un comporte aussi des réalisations de 1941 au verso, ainsi que des messages, probablement dictés avec la technique du *oui-ja*, connue des spirites.

Le corpus de Laure Pigeon comprend des peintures sur toile dont la date de création est estimée aux alentours de 1939. Ces six œuvres sont totalement uniques dans sa production[20]. Elles diffèrent du reste de son travail tant par la technique que par les motifs, notamment une crucifixion et une femme de face. L'utilisation des couleurs rouge et rose sont en outre inédites. Les lacis sont moins fins et moins précis. Cette incertitude dans le trait pourrait être liée à la qualité et à la grosseur de la toile,

1938_ No works are dated 1937, and only one drawing is inscribed 1938.[18] Conversely, starting in March this year, Laure Pigeon fills the pages of three sketchbooks with drawings. Although the drawings feature sinuous blue interlacing, similar to those of 1936, Laure begins to include inscriptions, especially names, which she repeats, and distinctive figures. In sketchbook no. 2,[19] dated from August to November 1938, words are increasingly included. Laure takes care to register dates, sometimes specifying the exact beginning and end of a work. Occasionally, she will fill both sides of a page, noting down messages, though these will be shorter than those she will write towards the end of her life.

1939_ Once again, Laure creates four large-format works composed of interlacing, sometimes including names, sometimes faces. Three sketchbooks exist for this period, one of which also contains drawings made in 1941 on the backs of certain pages, as well as messages that were probably dictated to her by spirits using the Ouija board.

Laure Pigeon's corpus includes six paintings on canvas, unique in her production, whose date of creation is estimated to have been around 1939.[20] They differ from the rest of her work in both technique and motifs, notably a crucifixion and a woman seen frontally. The use of red and pink is another innovation. The interlacing is less delicate and less precise. The uncertainty in the lines may have been due to the quality and heaviness of the canvas, but also because she was using paint, very different from her customary stylograph.

Until 1951, Laure mainly will use sketchbooks, some of which will cover a period of two years.

1940_ Laure uses black ink in her sketchbooks, like in no. 8.[21]

1942_ Laure's marriage to Edmond is dissolved by the Paris Court of Appeal on 24 June.[22]

No work by Laure Pigeon exists in the Collection de l'Art Brut for the period from 1942 to 1946. For Jean Dubuffet, this 'gap' in the artist's production, like that of 1937, may not have been due exclusively to an interruption in her output but to a loss or later

233.

Rey

et

Pigeon

Le Trois mars mil neuf Cent dix Sept à Onze
heures Cinquante du matin, devant Nous Maurice
Meusnier, Adjoint au Maire du dixième arrondissement
de Paris, ont Comparu publiquement en la Maison
Commune, Edmond Emile Rey, chirurgien-dentiste, né
à Paris, dixième arrondissement le treize juin mil
huit Cent quatre vingt Six, demeurant à Lille (Nord)
4 place Philippe Lebon, résidant à Paris, 220 rue du faubourg Saint Denis, actuellement mobilisé, fils majeur
de Edmond Joseph Rey, directeur de Cinématographe
et de Cécile Marie Adélaïde Garnier, Son épouse, sans
profession, domiciliés à Saint Maurice (Seine) 9 avenue de
l'Asile, d'une part; Et Laure aimée Eugénie Pigeon
Sans profession, née à Paris, Vingtième arrondissement
le huit juillet mil huit Cent quatre vingt deux, demeurant à Paris, 220 rue du faubourg Saint Denis,
fille majeure de Eugène Pierre Marie Pigeon, employé à la
Société du Gaz, domicilié à Paris, 220 Rue du faubourg
Saint Denis, et de Alida Aimée Leau, Son épouse
décédée, d'autre part. Les futurs époux ont déclaré
qu'il n'a pas été fait de Contrat de mariage. Aucune opposition
n'ayant été faite les Contractants ont déclaré l'un après l'autre vouloir
Se prendre pour époux et Nous avons prononcé au nom de la Loi que
Edmond Emile Rey et Laure aimée Eugénie Pigeon Sont unis par le
mariage. Dont acte en présence de: Charlotte Ollie, quarante ans,
professeur de Piano, 220 Rue du faubourg Saint Denis, Louis Gambey,
trente ans, propriétaire, 220 Rue du faubourg Saint Denis, Suzanne
Clerc, quarante neuf ans, Sans profession, 220 Rue du faubourg
Saint Denis, belle mère de l'épouse, Marie Rousseau, trente
un ans, Sans profession, 210 Rue du faubourg Saint Denis —
Lecture faite les époux et les témoins ont signé avec Nous.

L. Pigeon

Léonie Clerc

M. Rousseau

Meusnier

E. Rey

L. Gambey

C. Ollie

234.

Luciani

et

Desaga

Le Trois mars mil neuf Cent dix Sept à Onze heures
Cinquante Cinq du matin, devant Nous Maurice Meusnier
Adjoint au Maire du dixième arrondissement de
Paris, ont Comparu publiquement en la Maison Com-
mune Jean Crisostome Luciani, Garde Républicain, né à
Telagh (Algérie) le trente août mil huit Cent quatre vingt
Six, demeurant à Paris, 12 Place de la République, fils
majeur de Angelin Luciani, et de Xavière Marie Peraldi
Son épouse, tous deux décédés, l'état Civil du futur résul-
tant aussi tant des énonciations de son livret militaire que
des déclarations faites sous serment par les témoins, la

ainsi qu'à l'utilisation de la peinture, différente de son stylographe habituel.

Jusqu'en 1951, Laure fait essentiellement usage de cahiers, dont certains couvrent une période qui s'étale sur deux ans.

1940_ On observe l'utilisation de l'encre noire dans les cahiers, comme dans le cahier n° 8 [21].

1942_ Le mariage de Laure et Edmond est dissous par un arrêt de la cour d'appel de Paris rendu le 24 juin 1942 [22].

Dans le fonds de la Collection de l'Art Brut, il n'existe aucune œuvre de la période allant de 1942 à 1946. Selon Jean Dubuffet, ce « trou » dans la production de Laure Pigeon, tout comme celui de l'année 1937, pourrait ne pas être exclusivement imputable à une interruption de l'activité créatrice, mais à une perte ou à une dispersion ultérieure des œuvres [23]. Quant à l'interruption, elle serait sans doute liée au divorce de Laure et à son déménagement.

1943_ Laure quitte la pension familiale pour s'installer dans un appartement de Nogent-sur-Marne, 7, rue Paul Doumer, où elle demeure jusqu'à sa mort. C'est sa belle-sœur, Lily, qui prend en charge ses frais de subsistance.

Edmond part pour Auxerre.

1946_ Laure Pigeon reprend une nouvelle et intense période de création, et ce jusqu'en 1951. Il s'agit de sept cahiers, ainsi que des pages de cahiers volantes dont le verso est parfois utilisé des années après le premier dessin sur le recto.

1947_ Cédant une nouvelle fois son cabinet de dentiste pour en fonder un autre, Edmond Rey obtient le droit d'exercer au Maroc le 20 décembre 1947 [24], et s'installe vraisemblablement à Mogador, avec sa nouvelle femme.

1948_ À la fin de l'année, Laure Pigeon dessine quatre compositions avec de vastes lacis et treillis fins à l'encre noire. On y distingue notamment les noms de *Laure*, *Edmond* et *Alida*.

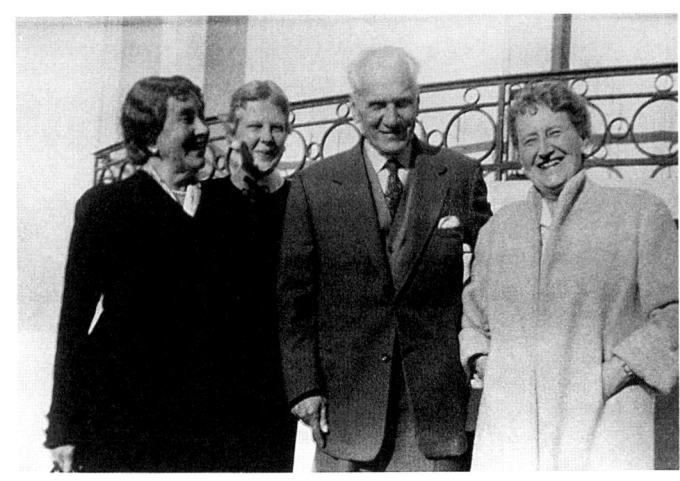

dispersion of her works.[23] As for the interruption, this would certainly have been linked to Laure's divorce and her move in 1943.

1943_ Laure moves out of the boarding house and into an apartment in Nogent-sur-Marne, at 7 Rue Paul Doumer, where she will remain until her death. Her sister-in-law, Lily, pays her living expenses.

Edmond leaves for Auxerre.

1946_ Laure Pigeon enters a new and intense period of creation that will last until 1951. She fills seven sketchbooks, as well as loose sheets of which the backs are sometimes used years after the original drawing is made on the front.

1947_ Once again selling his dental surgery practice so he might leave and create a new one, on 20 December Edmond Rey obtains the right to practise dentistry in Morocco,[24] and likely moves to Essaouaira with his new wife.

1948_ At the end of the year, Laure Pigeon creates four drawings with vast interlacing and fine latticework in black ink. The names 'Laure', 'Edmond', and 'Alida' are all apparent.

Acte de mariage d'Edmond Rey
et Laure Pigeon, Paris,
3 mars 1917.
En marge, date de la dissolution
du mariage : 24 juin 1942.

Marriage certificate of Edmond Rey
and Laure Pigeon, Paris,
3 March 1917.
Margin: date of dissolution
of marriage, 24 June 1942.

Laure Pigeon (à gauche)
avec des proches (probablement
tout à droite sa belle-soeur), 1960
Archives de la Collection
de l'Art Brut, Lausanne

Laure Pigeon (left) with relatives
(probably her sister-in-law
on the far right), 1960
Archives de la Collection
de l'Art Brut, Lausanne

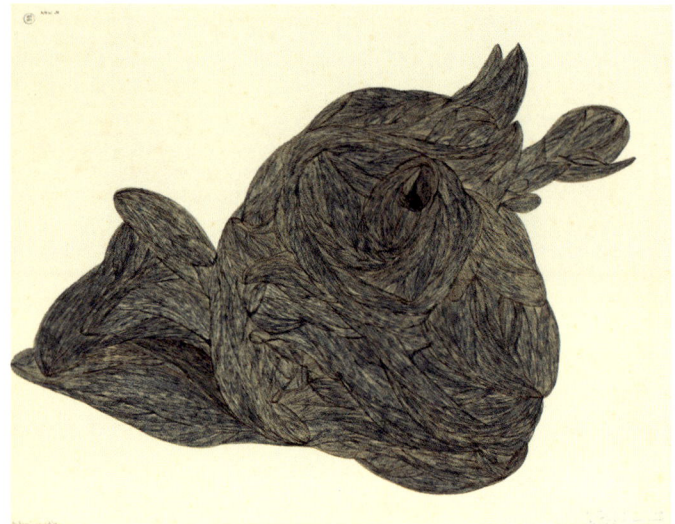 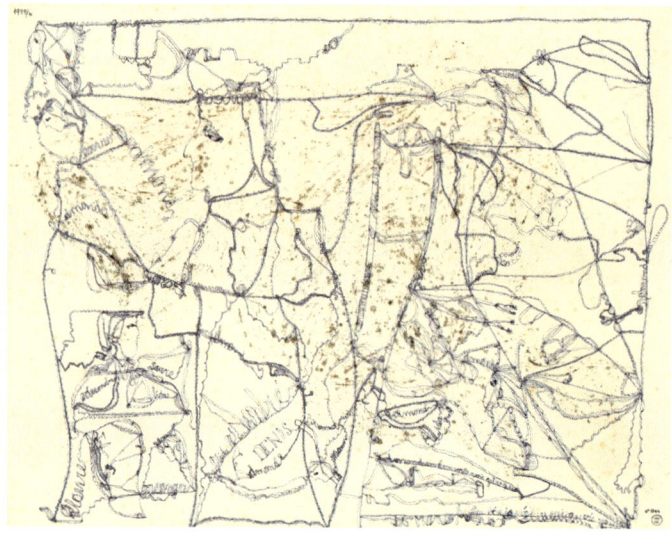

1949_ Laure réalise plusieurs dessins et messages à l'aide du *oui-ja*, en utilisant comme support, peut-être pour la première fois, du papier d'emballage[25]. On peut supposer l'absence de ressources en cette période d'après-guerre. Quelques années auparavant, probablement en manque de papier, elle avait fait usage du verso d'anciennes réalisations.

1952_ Laure Pigeon interrompt une nouvelle fois son travail de création entre septembre 1951 et avril 1953.
Autour de l'année 1952, à la suite du décès de la femme d'Edmond, Lily entreprend de ramener son frère auprès de Laure. Malgré ses efforts, la cohabitation entre les anciens époux s'avère impossible, le conflit toujours aussi vif reprenant d'emblée.

1953_ La brusque mort d'Edmond survient le 22 janvier 1953 à Saint-Maurice, dans le Val-de-Marne[26].

Dès le mois d'avril, alors âgée de presque soixante et onze ans, Laure Pigeon entame une nouvelle phase de création. Jusqu'en 1964, sa production est remarquablement foisonnante. Environ

1949_ Using wrapping paper as a support, perhaps for the first time, Laure produces several drawings and messages with the help of the Ouija board.[25] It may be supposed that this was due to a lack of materials in this postwar period. A few years earlier she used the backs of old works, probably due to a lack of paper.

1952_ Laure Pigeon ceases her creative activity once again between September 1951 and April 1953. Around 1952, following the death of Edmond's new wife, Lily convinces her brother to return to live with Laure. In spite of these efforts, life together between the former spouses proves impossible, with their quarrels still flaring up as strongly as before.

1953_ Edmond dies suddenly on 22 January in Saint-Maurice in Val-de-Marne.[26]

Beginning in April, now almost seventy-one years old, Laure Pigeon enters a new creative phase: until 1964 her output will be profuse. Approximately two hundred large drawings in blue ink are particularly distinguishable and stand out as emblematic of her work. Jean Dubuffet will later write that they are 'the

sans titre, du 27 avril
au 11 mai 1939
encre noire et bleue sur papier
49 × 64 cm
cab-1744 (recto)

untitled, 27 –11 May 1939
black and blue ink on paper
49 × 64 cm
cab-1744 (front)

sans titre, du 27 avril
au 11 mai 1939
encre bleue sur papier
49 × 64 cm
cab-1744 (verso)

untitled, 27 April–11 May 1939
blue ink on paper
49 × 64 cm
cab-1744 (back)

deux cents grands dessins à l'encre bleue, particulièrement reconnaissables, s'imposent comme emblématiques de son œuvre. Jean Dubuffet écrira qu'ils sont « la vraie moisson de ses travaux, dont tous ses dessins antérieurs n'étaient que les préliminaires[27] ». Laure adopte un style différent, les plages encrées de bleu étant davantage présentes et forment un contraste marqué avec le blanc du papier. Il n'y a aucun signe de tâtonnement; au contraire, cette technique révèle une grande sûreté du geste. Parfois, les fibres du papier s'écorchent sous la plume. Les noms se font plus rares, surtout celui d'Edmond qui n'apparaîtra plus dans ses compositions.

En 1953, Laure utilise le verso d'un dessin daté de 1939 pour la réalisation d'un motif composé d'une masse intense à l'encre bleue, caractéristique de sa production actuelle. Outre les dissemblances stylistiques, les datations du recto et du verso confirment les années d'intervalle entre les deux œuvres (voir ci-contre).

1958_ Laure écrit ses premiers longs messages médiumniques, à l'aide du *oui-ja*. Toutefois, au vu de la longueur de ces textes, Dubuffet suppose que cette technique n'a plus pour fonction que de déclencher un état psychique requis, voire serait superflue, Laure entendant désormais les voix lui parler directement[28]. Les écrits de sa main sont difficilement déchiffrables, les mots étant liés les uns aux autres. Lorsque sa belle-sœur Lily lui rend visite, elle écrit à son tour ce que Laure lui dicte.

Les quatorze messages parvenus à Jean Dubuffet sont datés d'entre 1958 et 1962. En dehors de ces textes, sinon des lettres à sa famille, Laure n'écrivait pas. À sa mort, Mme Lombard conserve ces messages dans sa résidence de vacances. Lors de la visite de Jean Dubuffet, elle fait mention de ces manuscrits, mais ce n'est qu'en 1969 qu'il reprendra contact avec elle pour les lui demander.

1964_ Laure Pigeon réalise cinq dessins de grand format à l'encre bleue. Sa production connue s'arrête avec le dessin du 13 novembre 1964.

true harvest of her work, for which all her earlier drawings were merely preliminaries'.[27] Laure adopts a different style, with areas inked in blue becoming more prominent and creating a striking contrast with the white of the paper. There is no sign of hesitation; on the contrary, this technique reveals great confidence in her touch. Sometimes the fibres of the paper are broken by her pen. She includes names less frequently; Edmond's in particular never appears again in her compositions.

In 1953, Laure uses the back of a drawing dated 1939 to create a motif composed of a concentrated mass of blue ink, exemplary of her contemporary production. Apart from the stylistic differences, the dates on the front and back of the sheet confirm the interval between the creation of the two drawings (see opposite).

1958_ Laure writes her first mediumistic messages using the Ouija board. Dubuffet will suggest that the length of the texts indicates that she used this technique purely to induce a necessary psychic state, which might even have been superfluous as she was hearing the spirit voices speaking to her.[28] The texts, which are all gathered together in a manuscript in her hand, are not easy to decipher, as the words are not separated. When Lily visits, she writes in turn what Laure dictates to her.

The fourteen messages acquired by Jean Dubuffet are dated between 1958 and 1962. With the exception of letters to her family, Laure wrote nothing apart from these messages. On Laure's death, Lily will keep the collection of messages in her holiday home. When Jean Dubuffet visits her there, she will mention these manuscripts, but only in 1969 will he request them from her.

1964_ Laure Pigeon produces five large drawings in blue ink. She completes her last known drawing on 13 November.

1965_ Laure Pigeon dies at Nogent-sur-Marne on 26 August at the age of eighty-three. Following her death, Mme Lombard contacts the Maison des Spirites, remembering that Laure had once consulted the organisation, which was recognised in the world of spiritism. She asks if they would like to collect

Paris , 12 décembre 1965

Monsieur Hubert Forestier
Soual (Tarn)

Cher monsieur Forestier ,

La bande d'envoi de mon exemplaire de la Revue Spirite mentionnait
que mon abonnement est expiré ; je fais donc envoyer à l'adresse des Editions
Jean Meyer un mandat de Frs. 115 , savoir Frs. 15 pour le renouvellement de
l'abonnement et Frs. 100 pour versement à la souscription de soutien .

J'ai fait une étude très approfondie des dessins de Madame Laure
Rey qui m'intéressent extrêmement ; et j'ai rédigé un texte de présentation
de ces dessins qui paraîtra , accompagné de nombreuses reproductions , dans
le fascicule de " L'Art Brut " Nº 6 , en mars prochain . Avant cela sera
publié (ce mois ci) le Nº 5 , traitant de plusieurs autres cas .

Je vous reste bien vivement reconnaissant , à vous-même et à monsieur
Jean Booss d'avoir si aimablement enrichi nos collections de ce si remarquable
ensemble de dessins de Mme Laure Rey .

Nous sommes tous très intéressés , à L'Art Brut , par les dessins
de cette autre dame dont vous nous avez communiqué des photographies et qui
habite à Toulouse . Nous avions pris accord vous et moi en vue de rendre
visite à cette dame après le 15 décembre . Cependant , terriblement casanier
comme je suis , et toujours journellement si occupé par mes travaux , je me
sens un peu paresseux pour entreprendre ce voyage à Toulouse ; je me demande
si notre bonne collaboratrice de l'Art Brut , Madame Michèle Edelmann , très
aimable personne , parfaitement compétente et dévouée , ne pourrait pas me
suppléer pour cette expédition ? Elle est jeune et alerte , meilleure voya-
geuse que moi .

J'ai correspondu avec la dame de Nice , avec laquelle vous m'avez
mis en relation , pour l'aviser que je me rendrai à Vence le 15 janvier et
prendrai contact à ce moment avec elle pour lui faire visite .

Veuillez bien croire , cher monsieur Forestier , à mes sentiments
de respect dévoué .

Jean Dubuffet

Mme Ruffié
Toulouse

Lettre de Jean Dubuffet
à Hubert Forestier, Paris,
le 12 décembre 1965
Archives de la Collection
de l'Art Brut, Lausanne

Letter from Jean Dubuffet
to Hubert Forestier, Paris,
12 December 1965
Archives de la Collection
de l'Art Brut, Lausanne

1965_ Laure Pigeon décède le 26 août à Nogent-sur-Marne, à l'âge de quatre-vingt-trois ans. À la suite de son décès, Mme Lombard prend contact avec la Maison des Spirites, se souvenant que sa belle-sœur avait autrefois consulté cette institution reconnue dans le milieu du spiritisme. Elle leur propose de venir récupérer les dessins oubliés dans l'appartement vidé de Laure. Jean-François Booss vient chercher plus de quatre cents productions entre fin août et début octobre.

Dans sa démarche de prospection d'œuvres d'autrices et d'auteurs spirites, Jean Dubuffet visite la Maison des Spirites en 1963, où il rencontre Hubert Forestier, directeur de la *Revue Spirite*[29]. Jean-François Booss devient alors l'intermédiaire de Dubuffet, lui transmettant des informations sur Laure Pigeon, et sur d'autres spirites. Le 11 et le 14 octobre, ainsi que le 26 novembre 1965, Jean-François Booss apporte trois lots de dessins de Laure à la Compagnie de l'Art Brut. L'acquisition définitive de l'ensemble a lieu en novembre. En contrepartie, Jean Dubuffet verse 4 000 F à la Maison des Spirites.

En vue de la publication du fascicule *L'Art Brut* n° 6, Dubuffet consulte les œuvres de Laure à plusieurs reprises en novembre 1965. Afin d'obtenir de plus amples informations à son sujet, il se rend chez Mme Lombard. Une première fois, le 5 novembre, avec Hubert Forestier et Jean-François Booss, puis le 13 novembre, tout seul. Il se serait par ailleurs entretenu avec le Dr Manoury au sujet de l'autrice et de sa pratique. Dans son texte, Jean Dubuffet indique qu'il a soumis les dessins et écrits de Laure à « des spirites experts, des docteurs de la chose », lesquels auraient conclu « à un petit spiritisme élémentaire de valeur médiocre ». Laure Pigeon, qui avait acquis quelques ouvrages de vulgarisation sur le sujet, pratiquait de manière isolée, sans appartenir à aucun groupement[30].

Dans une lettre datée du 12 décembre 1965, Jean Dubuffet écrit à Hubert Forestier : « J'ai fait une étude approfondie des dessins de Madame Laure Rey qui m'intéressent extrêmement ; et j'ai rédigé un texte de présentation de ces dessins qui paraîtra, accompagné de nombreuses reproductions, dans le fascicule *L'Art Brut* n° 6, en mars prochain. […] Je vous reste bien vivement reconnaissant, à vous-même et à

the drawings that had been left in Laure's empty apartment. Between late August and early October, Jean-François Booss takes away roughly four hundred works.

During his search for works by spirit artists, in 1963 Dubuffet visits the Maison des Spirites, where he meets Hubert Forestier, editor of *La Revue Spirite*.[29] Jean-François Booss became Dubuffet's intermediary, passing on information about Laure Pigeon and other spirits. On 11 and 14 October and 26 November, Jean-François Booss delivers three batches of Laure's drawings to the Compagnie de l'Art Brut, in return for which Jean Dubuffet makes a donation of four thousand francs to the Maison des Spirites. The acquisition of all the works is finalised in November.

In preparation for the publication of *L'Art Brut* booklet no. 6, Dubuffet studies Laure's works on several occasions during November 1965. To find more information about her, he goes to visit Mme Lombard: the first time on 5 November, with Hubert Forestier and Jean-François Booss, then on 13 November, on his own. He is also thought to have consulted Dr Manoury about Laure Pigeon and her practice. In his text, Dubuffet indicates that he had presented Laure's drawings and writings to 'spiritist experts, the high priests of the subject', who concluded that they amounted to a 'limited and simplistic form of spiritism of mediocre value'. Laure Pigeon, who had gotten hold of a few popular works on the subject, practised in isolation and was not part of any group.[30]

In a letter dated 12 December 1965, Jean Dubuffet writes to Hubert Forestier: 'I have made a detailed study of Madame Laure Rey's drawings, which interest me greatly; and I have written an introductory text for these drawings, which will appear, accompanied by many reproductions, in March in the sixth *Fascicule de l'Art Brut*. [. . .] I remain extremely grateful to you and to Monsieur Jean Booss for having so very kindly contributed to our collections with this remarkable set of drawings by Madame Laure Rey' (see p. 180).

1966_ Jean Dubuffet's text 'La double vie de Laure' is published in *L'Art Brut* booklet no. 6.

monsieur Jean Booss, d'avoir si aimablement enrichi nos collections de ce si remarquable ensemble de dessins de Mme Laure Rey » (voir p. 180).

1966_ Publication du texte de Jean Dubuffet « La double vie de Laure », dans le n° 6 des fascicules *L'Art Brut*.

1967_ L'exposition *L'Art Brut*, regroupant plus de sept cents œuvres de soixante-quinze autrices et auteurs d'Art Brut, est présentée du 5 avril au 7 juin 1967 au musée des Arts décoratifs de la Ville de Paris. Les réalisations de Laure Pigeon, qui deux ans plus tôt se trouvaient encore dans l'intimité de son appartement, puis montrées uniquement à des yeux experts dans les collections de la Compagnie de l'Art Brut, y sont pour la première fois dévoilées au grand public. C'est d'ailleurs un de ses dessins à l'encre bleue qui est choisi pour l'affiche de l'exposition. Cette œuvre datée du 10 novembre 1961 sera par la suite une des plus fréquemment exposées (voir p. 21).

1969_ Le 4 janvier 1969, à la suite d'un échange épistolaire, Mme Lombard fait parvenir à Jean Dubuffet quatre feuillets et une feuille de messages rédigés par Laure[31].

1971_ Jean Dubuffet fait don de l'ensemble de sa collection d'Art Brut, qui représente quelque cinq mille pièces, à la Ville de Lausanne, y compris bien sûr tout le corpus d'œuvres de Laure Pigeon.

1976_ Après des travaux d'aménagement au Château de Beaulieu à Lausanne, la Collection de l'Art Brut ouvre ses portes au public le 26 février 1976. Des œuvres de Laure Pigeon y sont présentées dès le début.

1978_ Michel Thévoz, alors directeur du musée lausannois, présente l'exposition monographique *Laure*, du 22 mars au 28 mai 1978. C'est la première fois que son œuvre est montrée de manière individuelle.

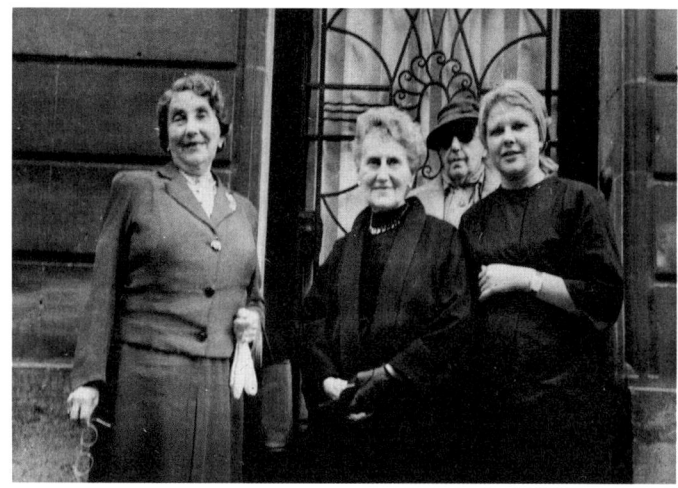

1967_ The exhibition *L'Art Brut*, including seven hundred works by sixty-nine Art Brut artists, is held in the museum of the Arts Décoratifs school in Paris from 5 April to 7 June. Laure Pigeon's drawings, which two years earlier had not yet left her apartment, and then shown only to expert eyes in the collection of the Compagnie de l'Art Brut, are displayed to the public for the first time. And it is one of her blue-ink drawings that is chosen to adorn the cover of the catalogue. This work, dated 10 November 1961, will become one of the most exhibited of her works (see p. 21).

1969_ Following an exchange of letters, on 4 January Lily sends Jean Dubuffet four sheets of drawings and a page of messages written by Laure.[31]

1971_ Jean Dubuffet donates all of his Art Brut collection – some five thousand works – to the City of Lausanne, including all of Laure Pigeon's drawings and writings.

1976_ The Collection de l'Art Brut opens to the public on 26 February in the Château de Beaulieu in Lausanne, following renovations. Laure Pigeon's works are displayed from the start.

Laure Pigeon (à gauche) avec des proches (probablement sa belle-sœur à ses côtés), 1960 Archives de la Collection de l'Art Brut, Lausanne

Laure Pigeon (left) with family members (probably her sister-in-law next to her), 1960 Archives de la Collection de l'Art Brut, Lausanne

1987_ Le 13 février 1987, Philippe Mianes écrit à Michel Thévoz et lui envoie des diapositives représentant sept dessins de Laure Pigeon dont il souhaite se séparer. D'après un article daté du 3 mai 1980 qu'il joint à sa lettre, ils auraient été présentés jusqu'au 6 mai 1980 à la Maison du Peuple, dans l'exposition *Arts parallèles*, organisée par l'école des Beaux-Arts de Nîmes.

C'est sans hésitation que le directeur de la Collection de l'Art Brut fait l'acquisition de ces œuvres, qui arrivent au musée entre le 24 et le 25 février 1987.

2024_ Des recherches ont permis de retrouver les coordonnées de Philippe Mianes. En 1987, au moment de la vente des sept dessins de Laure, il était alors resté discret au sujet de leur provenance. En 2024, il informe le musée que ces œuvres lui ont été offertes par sa mère, Aline Berger, professeure de philosophie à Albi. Elle les aurait elle-même reçues vers 1974, avec un ensemble de petites œuvres médiumniques et d'Art Brut, de la part de son ami Jean-Louis Victor – écrivain spécialisé dans le domaine de la parapsychologie, alors qu'elle collaborait à l'écriture de l'encyclopédie *L'Univers de la Parapsychologie et de l'Ésotérisme*, dirigée par ce dernier.

Contacté par la Collection de l'Art Brut, Jean-Louis Victor ne se souvient malheureusement pas de la manière dont il a obtenu les dessins de Laure Pigeon.

2025_ Une nouvelle exposition monographique est consacrée à Laure Pigeon à la Collection de l'Art Brut, du 10 octobre 2025 au 1er février 2026., sous le commissariat d'Anic Zanzi, conservatrice.

VÂNIA VAZ DE FREITAS

1978_ Michel Thévoz, then director of the Art Brut museum, holds the solo exhibition *Laure* from 22 March to 28 May. It is the first time her work is shown in a monographic exhibition.

1987_ On 13 February, Philippe Mianes sends Michel Thévoz slides of seven drawings by Laure Pigeon, which he offers to sell to the museum. According to an article dated 3 May 1980, which he includes in his letter, the works had been presented in the exhibition *Arts parallèles* organised by the École des Beaux-Arts de Nîmes, held through 6 May in the Maison du Peuple.

Michel Thévoz jumps at the chance to acquire the works, which arrive at the museum on either 24 or 25 February.

2024_ Research turns up information on how Philippe Mianes can be contacted. In 1987, when he had sold Laure's seven drawings, he had been discreet about their provenance. In 2024, he informs the museum that these works were given to him by his mother, Aline Berger, a philosophy teacher in Albi. She had received them around 1974, together with a small set of mediumistic and Art Brut works from her friend Jean-Louis Victor – a writer on parapsychology – when she was working on the text of the encyclopaedia *L'Univers de la Parapsychologie et de l'Ésotérisme* that Victor was editing.

When contacted by the Collection de l'Art Brut, Jean-Louis Victor is unable to remember how Laure Pigeon's drawings had come to be in his possession.

2025_ A new monographic exhibition of Pigeon's work is held at the Collection de l'Art Brut, from 10 October 2025 to 1 February 2026, curated by Anic Zanzi.

VÂNIA VAZ DE FREITAS

1 Archives numérisées de la Ville de Paris, Acte de naissance du 20e arrondissement, 1882-07-10 : n° 2586.
2 Archives numérisées de la Ville de Paris, Acte de mariage du 20e arrondissement, 1883-11-10 : n° 932.
3 Archives numérisées de la Ville de Paris, Acte de naissance du 5e arrondissement, 1861-11-12 : n° 3325.
4 Archives numérisées de la Ville de Paris, Acte de décès du 20e arrondissement, 1887-11-04 : n° 4018.
5 Archives numérisées de la Ville de Paris, Acte de décès du 20e arrondissement, 1887-11-04 : n° 4016.
6 Des précisions concernant les deux visites de Jean Dubuffet à Mme Lombard se trouvent dans cette chronologie sous l'année 1965. Mme Lombard est appelée par Laure « Lily », qu'elle orthographie Lili dans ses dessins.
7 Notes de Jean Dubuffet lors de sa visite à Mme Lombard le 5 novembre 1965, Archives de la Collection de l'Art Brut, [ACAB], Lausanne.
8 La date de décès de sa grand-mère n'est pas connue, cependant en 1913, l'acte de mariage de son père Eugène Pigeon mentionne qu'Anne Marie Goupil est décédée.
9 Lise Maurer, « Laure Pigeon, la femme plume », *L'Art Brut*, n° 25, Lausanne/Gollion, Collection de l'Art Brut/Infolio, 2014.
10 Jean Dubuffet, « La double vie de Laure », *L'Art Brut*, n° 6, Paris, Compagnie de l'Art Brut, 1966, p. 70.
11 Archives numérisées de la Ville de Paris, Acte de mariage du 10e arrondissement, 1913-07-29 : n° 1157.
12 Archives numérisées de la Ville de Paris, Acte de mariage du 10e arrondissement, 1917-03-03 : n° 233.
13 Jean Dubuffet, « La double vie de Laure *», op. cit.*, p. 70.
14 Le récit de la belle-sœur de Laure change quelque peu entre les deux visites de Jean Dubuffet. La première fois, celle-ci mentionne une séparation vers 1945 ou 1947, alors qu'à la deuxième visite elle indique l'année 1933. C'est la deuxième version qui est privilégiée, car Laure va vivre en 1933 dans une pension de famille, et Edmond semble avoir quitté Nogent-sur-Marne en 1934.
15 Notes de Jean Dubuffet lors de sa visite à Mme Lombard le 5 novembre 1965, [ACAB].
16 Jean Dubuffet, « La double vie de Laure *», op. cit.*, p. 70.
17 Voir p. 46.
18 Cab-1740.
19 Voir notamment p. 62-63.
20 Cab-1981 à cab-1986, et voir notamment p. 174.
21 Voir notamment p. 74-76.
22 Voir mention marginale de l'Acte de mariage p. 176.
23 Jean Dubuffet, « La double vie de Laure *», op. cit.*, p. 76.
24 Secrétariat général du protectorat, « Liste nominative du personnel médical autorisé à exercer au 1er janvier 1950 », *Bulletin Officiel Empire Chérifien, Protectorat de la République Française au Maroc*, n° 1953, 31 mars 1950, p. 392, disponible sur : https://archive.gazettes.africa/archive/ma/1950/ma-bulletin-officiel-dated-1950-03-31-no-1953.pdf.

1 Digital archives – Archives de Paris, birth certificate issued by the 20th arrondissement, 1882-07-10: no. 2586.
2 Digital archives – Archives de Paris, marriage certificate issued by the 20th arrondissement, 1883-11-10: no. 932.
3 Digital archives – Archives de Paris, birth certificate issued by the 5th arrondissement, 1861-11-12: no. 3325.
4 Digital archives – Archives de Paris, death certificate issued by the 20th arrondissement, 1887-11-04: no. 4018.
5 Digital archives – Archives de Paris, death certificate issued by the 20th arrondissement, 1887-11-04: no. 4016.
6 Details of the two visits made by Jean Dubuffet to Célina Lombard are given in this chronology under the year 1965. Laure Pigeon spells Mme Lombard 'Lily', particularly in her drawings and messages.
7 Notes made by Jean Dubuffet during his visit to Célina Lombard on 5 November 1965, Archives de la Collection de l'Art Brut, [ACAB], Lausanne.
8 The date of her grandmother's death is unknown. However, on Eugène Pigeon's marriage certificate, dated 1913, it is mentioned that Anne Marie Goupil was already dead.
9 Lise Maurer, 'Laure Pigeon, la femme plume', *L'Art Brut*, no. 25 (Lausanne/Gollion: Collection de l'Art Brut/Infolio, 2014).
10 Jean Dubuffet, 'La double vie de Laure', *L'Art Brut*, no. 6 (Paris: Compagnie de l'Art Brut, 1966), p. 70.
11 Digital archives – Archives de Paris, marriage certificate issued by the 10th arrondissement, 1913-07-29: no. 1157.
12 Digital archives – Archives de Paris, marriage certificate issued by the 10th arrondissement, 1917-03-03: no. 233.
13 Dubuffet, 'La double vie de Laure', p. 70.
14 The account given by Laure's sister-in-law changed a little between Jean Dubuffet's two visits. The first time, she mentioned the separation occurred around 1945 or 1947, whereas during the second visit, the year was changed to 1933. The second version is preferred, as it was in 1933 that Laure moved into a boarding house, and in 1934 that Edmond appears to have left Nogent-sur-Marne.
15 Notes of Jean Dubuffet's visit to Célina Lombard on 5 November 1965, [ACAB].
16 Dubuffet, 'La double vie de Laure', p. 70.
17 See p. 46.
18 Cab-1740.
19 See in particular pp. 62–63.
20 Cab-1981 to cab-1986, and see in particular p. 174.
21 See in particular pp. 74–76.
22 See the note in the margin of the marriage certificate p. 176.
23 Dubuffet, 'La double vie de Laure', p. 76.
24 Secrétariat général du protectorat, 'Liste nominative du personnel médical autorisé à exercer au 1er janvier 1950', *Bulletin Officiel Empire Chérifien, Protectorat de la République Française au Maroc*, no. 1953, 31 March 1950, p. 392, https://archive.gazettes.africa/archive/ma/1950/ma-bulletin-officiel-dated-1950-03-31-no-1953.pdf.

25 Cab-1968 à cab-1970.
26 Archives numérisées de la Ville de Paris, Acte de naissance du 10ᵉ arrondissement, 1886-06-16 : n° 2609. (Voir note marginale du 26 janvier 1953)
27 Jean Dubuffet, « La double vie de Laure » *op. cit.*, p. 87.
28 *Ibid*, p. 95.
29 Journal de Bord, 1963, p. 42, [ACAB].
30 Jean Dubuffet, « La double vie de Laure », *op. cit.*, p. 83.
31 Ces messages sont conservés dans un premier temps dans les archives du musée, avant d'être enregistrés en 2014 en tant qu'œuvres.

25 Cab-1968 à cab-1970.
26 Digital archives – Archives de Paris, birth certificate issued by the 10th arrondissement, 1886-06-16: no. 2609 (see the margin note of 26 January 1953).
27 Dubuffet, 'La double vie de Laure', p. 87.
28 Ibid., p. 95.
29 *Journal de Bord*, 1963, p. 42, [ACAB].
30 Dubuffet, 'La double vie de Laure', p. 83
31 These messages were initially kept in the museum's archives, before being registered as works in 2014.

Biographies des rédactrices

Authors' Biographies

Flavie Beuvin est docteure en arts et esthétique, art-thérapeute et artiste plasticienne. Ses recherches plastiques et théoriques portent sur les échos entre le corps créateur et le corps de l'œuvre. Sa réflexion s'inscrit dans une esthétique de la « végétalité **»,** concept développé dans sa recherche doctorale parue aux Presses Universitaires du Septentrion, V*égétalité, Art Brut et féminins*. Elle pratique également le dessin de façon assidue et y engage divers médiums comme la broderie ou le collage.

Vânia Vaz de Freitas est titulaire d'un bachelor en conservation-restauration de la Haute École Arc de Neuchâtel. Elle poursuit actuellement un master en études muséales à l'Université de Neuchâtel. Grâce à divers stages et mandats, notamment au centre de recherche de la Cinémathèque suisse et à la Maison d'Ailleurs, elle acquiert une expérience en conservation préventive. De 2023 à 2024, elle effectue un stage à la Collection de l'Art Brut, travaillant principalement sur le corpus de Laure Pigeon.

Sarah Lombardi est historienne de l'art et directrice de la Collection de l'Art Brut depuis 2013. Dès son arrivée à la tête de l'institution lausannoise, elle a mis l'accent sur la valorisation des collections du musée, en créant les biennales de l'Art Brut – des expositions thématiques présentant exclusivement des œuvres issues du fonds du musée – et une nouvelle série édi-

Flavie Beuvin is a doctor of arts and aesthetics, an art therapist, and a visual artist. Her artistic and theoretical research focuses on the relationship between the body as a means of recovery and the body of the artwork. Her thinking is rooted in an aesthetic of 'vegetality', a concept she developed in her doctoral research dissertation published by Presses Universitaires du Septentrion, *Végétalit*é*, Art Brut et féminins*. She is also devoted to drawing, which she combines with such media as embroidery and collage.

Vânia Vaz de Freitas is a graduate in conservation and restoration from the Haute École Arc in Neuchâtel. She is currently pursuing a master's degree in museum studies at the University of Neuchâtel. Through various internships and assignments, particularly at the research centre of the Swiss Film Archive and at La Maison d'Ailleurs, she gained experience in preventive conservation. In 2023–24, she completed an internship at the Collection de l'Art Brut, working primarily on Laure Pigeon's body of work.

Sarah Lombardi is an art historian and has been the director of the Collection de l'Art Brut since 2013. Since taking charge of this Lausanne institution, she has given emphasis to promoting the museum's collections by creating the Art Brut biennials – themed exhibitions of works exclusively held by the museum – and a new bilingual editorial series called *Art Brut, la collection*.

toriale bilingue intitulée *Art Brut, la collection*. Elle est commissaire de nombreuses expositions au sein de l'institution et à l'international et a édité un grand nombre d'ouvrages sur des auteurs d'Art Brut, ainsi que l'*Almanach de l'Art Brut* (2016) – un projet éditorial initié par Jean Dubuffet en 1948 – qui constitue un ouvrage clé dans l'histoire de l'Art Brut et *Les Albums photographiques de Jean Dubuffet* (2017).

Anic Zanzi est conservatrice à la Collection de l'Art Brut depuis 2003. Historienne de l'art et diplômée en relations publiques, elle a été collaboratrice scientifique, puis conservatrice adjointe auprès de la Fondation Toms Pauli, à Lausanne, de 1998 à 2011. À la Collection de l'Art Brut, elle est en charge de la coordination de différents ouvrages édités par l'institution, et assure le commissariat d'expositions, dont *People* (2016), *Henriette Zéphir* (2017), *Ernst Kolb* (2018), *Carlo Zinelli, recto verso* (2019), *Michel Nedjar* (2023) ainsi que deux biennales de l'Art Brut *Véhicules* (2013) et *Croyances* (2022). Elle a rédigé des articles sur l'Art Brut dans des catalogues et des revues spécialisées.

She has curated numerous exhibitions within the institution and internationally, and has published many works on Art Brut creators. In addition, she published the *Almanach de l'Art Brut* (2016), an editorial project originally taken up by Jean Dubuffet in 1948 and a key work in the history of Art Brut, and *Les Albums photographiques de Jean Dubuffet* (2017).

Anic Zanzi has been a curator at the Collection de l'Art Brut since 2003. An art historian with a degree in public relations, she worked as a scientific collaborator and then as assistant curator at the Fondation Toms Pauli in Lausanne from 1998 to 2011. At the Collection de l'Art Brut, she coordinates the institution's various publications and curates exhibitions: these have included *People* (2016), *Henriette Zéphir* (2017), *Ernst Kolb* (2018), *Carlo Zinelli, recto verso* (2019), *Michel Nedjar* (2023), and two Art Brut biennials, *Vehicles* (2013) and *Beliefs* (2022). She has authored articles on Art Brut for catalogues and specialised journals.

Bibliographie sélective
Selected Bibliography

VINCENT MONOD

Monographies | Monographs

Laporte, Dominique Gilbert, *Laure ou la prosopopée du ciel*, Genève, Furor, 1982.

Maurer, Lise, « Laure Pigeon, la femme plume », in *L'Art Brut*, nº 25, Lausanne/Gollion, Collection de l'Art Brut/Infolio, 2014.

Catalogues d'expositions | Exhibition catalogues

Danchin, Laurent, « Laure Pigeon, dite Laure » in *Art spirite, médiumnique, visionnaire : messages d'outre-monde*, Paris, Halle Saint Pierre/Hoëbeke, 1999, p. 133.

Dubuffet, Jean, « Laure » in *Jean Dubuffet & Art Brut*, Venezia, The Solomon R. Guggenheim Foundation - Arnoldo Mondadori, 1986, p. 87.

Dubuffet, Jean, *Laure*, Lausanne, Collection de l'Art Brut, 1978.

Dubuffet, Jean, *L'Art Brut*, Paris, Compagnie de l'Art Brut/ Union Centrale des Arts Décoratifs, 1967.

Lombardi, Sarah, « Weibliche Art Brut im Sinne von Jean Dubuffet » in *Flying high : Künstlerinnen der Art Brut*, Heidelberg, Kehrer, 2019, p. 225.

Lombardi, Sarah, Bellini, Andrea, Mack, Pauline... [*et al.*], *Écrire en dessinant : quand la langue cherche son autre*, Milano, Skira, 2020 (éditions française et anglaise).

Peiry, Lucienne, « Laure Pigeon » in *Le cahier dessiné : l'exposition*, nº 10, Paris, Les Cahiers dessinés, 2015, p. 244.

Peiry, Lucienne, Thévoz, Michel... [*et al.*], *L'art spirite*, Lausanne, Collection de l'Art Brut, 2005.

Pijaudier-Cabot, Joëlle, « Entrée des médiums : art brut et spiritisme » in *L'Europe des esprits ou la fascination de l'occulte, 1750-1950*, Strasbourg, Éd. des Musées de Strasbourg, 2011, p. 338.

Roman, Pascal, Mack, Pauline, Cleeremans, Émilie... [*et al.*], *Visages*, Lausanne/Milano, Collection de l'Art Brut/5 Continents Editions, 2023 (éditions française et anglaise).

Rudorfer, Veronika, « Laure Pigeon » in *Flying high : Künstlerinnen der Art Brut*, Heidelberg, Kehrer, 2019, p. 246.

Thévoz, Michel, « Laure Pigeon » in *Du ciel à la terre*, Montauban, Musée Ingres, 1997, p. 60.

Zanzi, Anic, Grimaud, Emmanuel, Stewart-Harris, Josefina... [*et al.*], *Croyances*, Lausanne/Milano, Collection de l'Art Brut/5 Continents Editions, 2021 (éditions française et anglaise).

Articles de presse et revues | Press and journal articles

Agassi, Meir, Roulin, Geneviève, « Triptych Art Brut » in *Studio: Art Magazine*, nº 89, Tel Aviv, Tel Aviv Museum of Art, 1998, p. 28.

Bernard, Héliane, Faure, Alexandre, Peiry, Lucienne, « Entretien avec Lucienne Peiry » in *9 de cœur*, nº 3, Paris, Seuil, 2005, p. 8.

Cardinal, Roger, « Étrangeté de l'Art Brut » in *Art et thérapie*, nº 30/31, Blois, Art et thérapie, 1989, p. 22.

Cardinal, Roger, « The art of entrancement » in *Raw Vision*, nº 2, London, Raw Vision, 1989, p. 22.

CARDINAL, Roger, « Art Brut » in *Orbit : a review of the arts in south east England*, vol. 1 number 6, Eastbourne, South East Arts Association and Vance-Offord Ltd., 1975, p. 4.

COUSSEAU, Henry-Claude, « Origins and deviations : a short history of Art Brut » in *Art & Text*, n° 27, Sydney, Art & Text, 1988, p. 6.

CUNIN, Cécile, «Guirlandes de fleurs et sorcellerie. Féminin naturel, féminin surnaturel et autres perspectives sur l'art brut au prisme du genre » in *Déméter* [En ligne], 8 | Été | 2022, mis en ligne le 15 septembre 2022, consulté le 12 décembre 2024. URL : https://www.peren-revues.fr/demeter/825

CUTLER, Carol, « Dubuffet at work » in *Art in America*, vol. 58, n° 4, New York, Art in America, 1970, p. 108.

DELACAMPAGNE, Christian, « Des artistes inspirés par l'au-delà » in *Psychologie : le magazine du mieux-être*, n° 119, Paris, Retz-C.E.P.L., 1979, p. 31.

DI STEFANO, Eva, « L'avvento dei grafomani stravaganti » in *Osservatorio Outsider Art*, n° 21, Palermo, Associazione Culturale Osservatorio Outsider Art, 2021, p. 160.

DUBUFFET, Jean, «La double vie de Laure » in *L'Art Brut*, n° 6, Paris, Compagnie de l'Art Brut, 1966, p. 69.

GÓMEZ, Edward M., ERNEST, Nuala, « Women in Outsider Art » in *Raw Vision*, n° 103, Watford, Raw Vision, 2019, p. 14.

HUGLI, Pierre, «Collection de l'art brut : Laure, artiste spirite » in *Journal de Genève*, Genève, 3 avril 1978.

HUGLI, Pierre, «Collection de l'art brut : Laure, artiste spirite » in *Gazette de Lausanne*, Lausanne, 29 mars 1978.

JAUNIN, Françoise, «Laure au musée de l'Art Brut : spiritisme et poésie » in *Tribune de Lausanne, Le Matin*, Lausanne, 17 mai 1978.

KISTER, Pierre (dir.), «Art Brut » in *Les muses : encyclopédie des arts*, n° 20, Paris, Éditions Encyclopédiques Alpha, 1970, p. 394.

KUENZI, André, «Dessins médiumniques de Laure : un enchantement! » in *24 Heures*, Lausanne, 24 avril 1978.

KUENZI, André, «Vernissage à la Collection de l'art brut : l'œuvre dessinée de Laure » in *24 Heures*, Lausanne, 22 mars 1978.

LOMBARDI, Sarah, «Note à propos du statut des écrits conservés à la Collection de l'Art Brut» in *Archipel*, n° 37, Lausanne, Archipel, 2014, p. 43.

MACLAGAN, David, « Beyond the doodle » in *Raw Vision*, n° 82, Watford, Raw Vision, 2014, p. [24].

MACLAGAN, David, « Mediumistic art » in *Raw Vision*, n° 30, London, Raw Vision, 2000, p. 50.

MACLAGAN, David, « The hidden cost of Outsider Art: ethical and psychological issues » in *Raw Vision*, n° 12, London, Raw Vision, 1995, p. 30.

MAURER, Lise, «Laure Pigeon, la femme plume » in *L'Art Brut*, n° 23, Lausanne/Gollion, Collection de l'Art Brut/Infolio, 2011, p. 37.

MONTEIL, Annemarie, «Das zweite Leben der Laure Pigeon » in *Solothurner Zeitung*, Solothurn, 30 mars 1978.

MONTEIL, Annemarie, « Die Visionen der Laure Pigeon im Musée d'art brut Lausanne » in *Basler Zeitung*, Basel, 28 mars 1978.

190

Nizzoli, Caterina, Mazzeo, Nicola, « L'art brut est femme » in *Le voci della luna: quadrimestrale di informazione e cultura letteraria e artistica*, nº 55, Sasso Marconi, Le Voci della Luna, 2003, p. 54.

Pluchart, François, « Saveur et authenticité de l'art brut » in *Flammes et fumées*, n° 52, Paris, S.E.I.T.A., 1967, p. [64].

Raynal, Henri, « Le personnage infini » in *Cahiers de l'Herne*, nº 22, Paris, L'Herne, 1973, p. 234.

Renko, Jean-Paul, « Laure Pigeon, peintre de l'au-delà » in *La Tribune de Genève*, Genève, 17 mai 1978.

Schwander, Marcel, « Er will die Suppe nicht mit dem Löffel essen, er legt die Schuhe auf den Kopf » : Jean Dubuffets Collection de l'Art Brut kommt von Paris nach Lausanne » in *Tages Anzeiger Magazin*, nº 2, Zürich, Tages-Anzeiger für Stadt und Kanton Zürich, 1973, p. 10.

[s.n.], « Exposition : « Le saviez-vous ? [Laure Pigeon] » in *La Femme d'aujourd'hui*, nº 12, Genève, 25 mars 1978, p. 40.

[s.n.], « Lausanne : Laure » in *L'Œil,* Paris, avril 1978.

[s.n.], « Laure au Musée de l'Art brut » in *La Nouvelle revue de Lausanne*, Lausanne, 14 mars 1978.

Szeemann, Harald, « Ein neues Museum in Lausanne: die Collection de l'Art Brut » in *Kunstmagazin: das deutschsprachige Kunstmagazin*, nº 1, Mainz, Alexander Baier Presse, 1977, p. 90.

Thévoz, Michel, « Ge vous Entvoiye feaires fouttre » in *Création Franche*, nº 4, Bègles, Création Franche, 1991, p. 17.

Thévoz, Michel, « La Collection de l'Art Brut » in *Graphis*, nº 216, Zürich, Graphis Press Corp., 1981, p. 338.

Thévoz, Michel, Galle, F., Perrin, C. ... [*et al.*], « Existe-t-il vraiment un art brut ? » in *Dri a di : tapisserie, arts textiles*, nº 7, Colombes, Groupe Tapisserie, 1978, p. 20.

Zanzi, Anic, « Art Brut tra riferimenti religiosi e rituali » in *Osservatorio Outsider Art*, nº 23, Palermo, Associazione Culturale Osservatorio Outsider Art, 2022, p. 36.

Zanzi, Anic, « Raw classic : *Pierre* by Laure Pigeon » in *Raw Vision*, nº 67, Herts, Raw Vision, 2009, p. 53.

Ouvrages généraux et divers | General and various publications

Beuvin, Flavie, *Végétalité, Art Brut et féminins*, Villeneuve d'Ascq, Presses universitaires du Septentrion, 2024.

Dubuffet, Jean, « La double vie de Laure » in *Art Brut et créateurs d'Art Brut : textes et lettres, 1945-1985*, édition établie, annotée et présentée par Lucienne Peiry, Strasbourg, L'Atelier Contemporain, 2023, p. 379.

Dubuffet, Jean, *Catalogue de la Collection de l'Art Brut*, Paris, Compagnie de l'Art Brut, 1971.

Dubuffet, Jean, « La double vie de Laure » in *Prospectus et tous écris suivants*, réunis et présentés par Hubert Damisch avec une mise en garde de l'auteur, t. 1, Paris, Gallimard, 1967, p. [385].

Grinberg, Anouk (éd.), *Et pourquoi moi je dois parler comme toi ? : écrits bruts (et non bruts)*, préface de Jean-Pierre Siméon ; postface de Sarah Lombardi, Paris, Le Passeur, 2020.

Maurer, Lise, « Le grand jeu bleu de Laure Pigeon » in *Actes 1 : séminaire sur l'art brut : 2010-2011 : de quoi parle l'art brut ?*, [Montreuil], abcd, 2012, p. 91.

Peiry, Lucienne, *Écrits d'art brut : graphomanes extravagants*, Paris, Le Seuil, 2020.

Peiry, Lucienne, Lombardi, Sarah, Béguin, Martine... [*et al.*], *La parole aux écrits bruts, Lausanne*, Collection de l'Art Brut, 2012. + 2 disques compacts.

Peiry, Lucienne, *Art Brut : Jean Dubuffet und die Kunst der Aussenseiter*, Paris, Flammarion, 2005.

Peiry, Lucienne, *Art Brut: the origins of Outsider Art*, Paris, Flammarion, 2001.

Pigeon, Laure... [et al.], *Ecrits bruts*, textes choisis et présentés par Michel Thévoz, Paris, Presses Universitaires de France, 1979.

Thévoz, Michel, *Les écrits brut : le langage de la rupture*, préface de Jean Dubuffet, Paris, Éditions du Canoë, 2021.

Thévoz, Michel, *Art brut, psychose et médiumnité*, 2e éd., Paris, Éditions de la Différence, 1999.

Travaux de chercheuses | Works by women researchers

BARDELOT, Brigitte, *Jargonneurs & écrituristes: (... autour de Jean Dubuffet.)*, Aix-en-Provence: Université de Provence, 1988.

BEUVIN, Flavie, *L'Art Brut au féminin: la végétalité à l'œuvre*, Lille, Flavie Beuvin, 2021.

BOCCARD, Anne de, *La place de l'art brut sur le marché de l'art aujourd'hui*, Lyon, Anne de Boccard, 2016.

BOUCHER, Flavie, *L'Art Brut, qu'est-ce que c'est?: l'Art Brut d'hier à aujourd'hui*, Montréal, Flavie Boucher, 2015.

BRANLY, Jade, *Les femmes de l'Art Brut et l'au-delà: la recherche du réconfort dans l'invisible*, Lyon, Jade Branly, [2023].

BUNTZ, Odile, *Jean Dubuffet et les créateurs d'Art Brut*, [Grenoble], Odile Buntz, 1993.

CHRISTEN, Joëlle, *Histoire de torsions: l'icono-textualité brute chez Laure Pigeon, August Walla et Carlo Zinelli*, [Lausanne], Joëlle Christen, 2012.

CUNIN, Cécile, *Des créatrices d'art brut et des «objets à charge»: Jeanne Tripier, Laure Pigeon et Judith Scott: entre essentialisation et émancipation*, Rennes, Cécile Cunin, 2020.

DIEZI, Anne-Sylvie, *Pratique spirite, esthétique médiumnique: l'œuvre du facteur Lonné (1910-1989), artiste médium*, Lausanne, Anne-Sylvie Diezi, 2000.

FRENOIS, Léonore, À *la marge de la marge: la place des artistes femmes au sein de l'Art Brut*, Louvain, Léonore Frenois, 2024.

GARCÍA MUÑOZ, Graciela, *Procesos creativos en artistas outsider*, Madrid, Graciela García Muñoz, 2010.

GOUTAIN, Pauline, *Les mythologies matérielles de l'Art Brut (1945-1976): dimensions, processus créateurs et matériaux à l'œuvre*, Paris, Pauline Goutain, 2017.

MAURER, Lise, «Laure Pigeon, la ménade bleue», *Essaim*, nº 23, 2009, p. 8.

NAHUM-ADAMSBAUM, Edith, *L'art brut et les femmes*, Paris, Edith Nahum-Adamsbaum, 1999.

SARTOR, Chiara, *Exposition, publication, mise en scène: la réception des écrits d'art brut dans la France du xxie siècle sous l'angle de la médiation*, Berlin, Chiara Sartor, 2019.

Crédits photographiques Photo Credits

Toutes les œuvres reproduites appartiennent à la Collection de l'Art Brut, Lausanne.

Les photographies des œuvres ont été réalisées par l'Atelier de numérisation – Ville de Lausanne :
Sarah Baehler, Danielle Caputo, Julie Casolo, Mario Ceresola, Arnaud Conne, Morgane Détraz, Claudina Garcia, Marie Humair, Olivier Laffely, Michael Legentil, Maïna Loat, Giuseppe Pocetti, Kevin Seisdedos et Caroline Smyrliadis.

Pour les pages mentionnées ci-dessous :

p. 8, 21, 34 : Claude Bornand, Lausanne.
p. 20, 170, 177, 182 : photographe non identifié, Archives de la Collection de l'Art Brut, Lausanne.
p. 176 : Archives de Paris, Acte de mariage du 10ᵉ arrondissement, 1917-03-03 : n° 233.

All works reproduced in this catalogue belong to the Collection de l'Art Brut, Lausanne.

The photographs have been taken by the Atelier de numérisation – Ville de Lausanne:
Sarah Baehler, Danielle Caputo, Julie Casolo, Mario Ceresola, Arnaud Conne, Morgane Détraz, Claudina Garcia, Marie Humair, Olivier Laffely, Michael Legentil, Maïna Loat, Giuseppe Pocetti, Kevin Seisdedos, and Caroline Smyrliadis.

For the following pages:

pp. 8, 21, 34: Claude Bornand, Lausanne.
pp. 20, 170, 177, 182: unidentified photographer, Archives de la Collection de l'Art Brut, Lausanne.
p. 176: Archives de Paris, 10th arrondissement Marriage Act, 1917-03-03: no. 233.

Couverture Cover:
sans titre untitled, 15 mai 15 May 1953
encre bleue sur papier blue ink on paper
31,5 × 24,5 cm
cab-1979 (recto)

Quatrième de couverture Back cover:
sans titre untitled, 20 mai 20 May 1954
encre bleue sur papier blue ink on paper
49 × 64 cm
cab-1756